MAGIC CINÉ

PIERRE TCHERNIA

MAGIC CINÉ

Présenté par Olivier Barrot

Fayard

Je me presse de rire de tout de peur d'être obligé d'en pleurer.

BEAUMARCHAIS,
Le Barbier de Séville.

À propos

« Tu ne connais pas Serrault ? Je vais arranger ça... » Deux semaines plus tard, dans un restaurant du XVIIe arrondissement, le sien depuis toujours hormis l'enfance à Levallois, nous voici attablés en la compagnie de son exact contemporain.

Ce fut l'une de ces soirées dont on conserve pour toujours en tête et au cœur l'atmosphère : je dirais même l'esprit. L'acteur, ce soir-là, esquissa devant nous ce qui pourrait devenir l'essence même d'un prochain spectacle. Il racontait, mimait, improvisait autour de certains épisodes de sa carrière, passant de la durée variable des représentations de *La Cage aux folles* aux conseils décourageants d'interprétation que lui prodiguait Claude Sautet lors du tournage de *Nelly et M. Arnaud.* Pour *L'Avare* monté par Planchon, Serrault descendait du plateau dans la salle et parlait le texte, s'adressant au milieu d'eux aux spectateurs. Ce que le metteur en scène prétendit lui interdire alors que Molière, selon Serrault, avait écrit les répliques à cette fin. Nul besoin de relance, le grand comédien se sentait en confiance, nous étions, Pierre, nos compagnes et moi, totalement captifs et éblouis, à l'instar de Mme Serrault, Nita, l'unique, sa première spectatrice depuis un demi-siècle. Le spectacle, car c'en était bel et bien un, une scène au sens propre de commedia dell'arte, se poursuivait, rythmé de nos pleurs de rire et d'émotion.

Le cercle de notre table s'élargit à celles de tout l'établissement, à leur tour captivées et conquises. Quand Serrault mit un terme à cette prestation dont je voudrais avoir conservé d'autres traces que celles du souvenir, chacun applaudit l'artiste. Il pleuvait, nous nous sommes séparés rapidement, je revois le couple Serrault regagner la voiture, Pierre et moi demeurer sur le trottoir, encore émus de ce moment rare. « Désormais, tu vois un peu le bonhomme », me dit-il.

Cette anecdote, c'est tout lui, Pierre. Ce qu'il aime, c'est le partage des émotions et donc de l'amitié. La nôtre, ancienne, n'est devenue intime qu'avec l'arrivée de mes enfants. Quatre. Quand mes derniers, des jumeaux, sont venus au monde, il m'a écrit : « Tu es le seul de mes amis à avoir autant d'enfants que moi. » Il me plaît bien qu'aux siens – Nicole, Isabelle, Jean-François, Antoine – la vie ait fait succéder ce même nombre des miens, Othilie, Térence, John et Valère. Tant pis si le mot est un peu galvaudé, mais Pierre est de ces êtres chez qui l'esprit d'enfance est demeuré. Bonheur et étonnement de la découverte, du talent des autres en premier lieu. Cet homme de spectacle aime tous les spectacles et tout du spectacle. Le septième art a plus que les autres établi sa célébrité, mais il ne se sent pas moins attiré par le cirque, les marionnettes, le music-hall, les pages qui suivent en donnent l'illustration.

J'ai connu Pierre par la télévision et l'ai approché une première fois quand deux de nos amis furent successivement couronnés lauréats de « Monsieur Cinéma ». C'était il y a... plus de trente ans. Rencontre furtive, dont nous ne conservons qu'un vague souvenir.

Quelques années plus tard, j'écrivis avec l'irremplaçable Raymond Chirat, à qui rien de ce qui touche au cinéma français n'est étranger, plusieurs ouvrages dévolus à ceux que nous avons appelés, selon une terminologie désormais reçue, les « excentriques », ces merveilleux acteurs de fantaisie, silhouettes ou premiers rôles, qui peuplent et illuminent les écrans du samedi soir. Hommages à Carette et à Marguerite Moreno, à Jules Berry et à Saturnin Fabre, à Gaston Modot et à Pauline Carton. Ce sont eux qui nous ont définitivement rapprochés.

Disons-le, nous avons depuis passé bien plus de temps à nous raconter sans lassitude la gestuelle de Berry dans *Le jour se lève* ou les accents alanguis de Jean Tissier dans *L'Amant de Bornéo* qu'à disserter sur la mise en scène chez Godard ou chez Jean-Marie Straub...

Je reviens un moment sur Michel Serrault pour mieux camper encore l'esprit Tchernia. L'anecdote est toute récente, moins d'une année. Au Théâtre du Rond-Point, chez l'astucieux Jean-Michel Ribes – encore un créateur qu'à ses débuts Pierre a soutenu vigoureusement –, je propose au public le portrait d'un dramaturge de notre temps. Ce soir-là, Poiret et Serrault sont en vedette, je fais découvrir ou retrouver à un public en pleurs (de rire) les premiers sketches de nos duettistes. Dont le prodigieux *Permis de conduire les orchestres*, véritable classique du burlesque verbal, proprement génial. Dans la salle, des amis, dont Pierre, René de Obaldia, Pierre Bouteiller, Bernard Lavalette, et Serrault venu en famille. Ribes a convié notre petit groupe à un dîner d'après spectacle, que Serrault anime avec la verve qu'on lui connaît. Une fois encore, le silence se fait pour lui laisser la parole. Bien qu'attablé, il est en scène. Un récital qu'il conclut de façon imprévisible. Sollicitant l'attention, il change de registre et se lève. « Nous sommes entre amis, alors j'ai choisi cette occasion pour remettre à Pierre Tchernia la rosette d'officier dans l'ordre de la Légion d'honneur. » Discours de l'un, réponse de l'autre. Ils se tombent dans les bras, tous nous sommes profondément émus et encore un peu incrédules. S'agit-il d'un canular ? Ils seraient bien capables de l'avoir conçu. Nullement. Depuis deux ans, Pierre avait été distingué et attendait le moment approprié pour que son vieux complice lui en accroche l'insigne. Et il avait choisi ce soir-là, à l'insu de tous, de moi en particulier, pour monter le coup avec Serrault que je venais de célébrer. J'en ai été bouleversé, et honoré par contrecoup. C'est Pierre, ce geste, l'attention pudique et la gaieté, toujours.

« Nous étions des instituteurs souriants », aime-t-il à dire de ses années de bateleur pionnier de la télévision. Un bon demi-siècle de métier – plutôt que de carrière –, et une aptitude que je crois sans égale à séduire aussi bien ses contemporains que le gamin à cyclomoteur qui livre ses pizzas et ne manque jamais « Les Enfants de la télé ». Combien de fois chaque jour est-il reconnu ou abordé dans la rue, timidement ou familièrement, avec le plus souvent dans la voix ou le regard de son interlocuteur une franche dose de gratitude ? La vraie popularité, qui rassure et qui rapproche : il a tant raconté de belles histoires à tous.

Il existe une chaîne, seulement accessible par le câble ou le satellite, qui se consacre au cinéma d'autrefois, surtout en noir et blanc, Ciné-Cinéma Classic. Longtemps j'y ai collaboré : avec un petit groupe de passionnés érudits et diserts, nous présentions les films à venir sur l'antenne. C'était chaleureux et sans prétention. J'eus l'idée d'introduire Pierre dans le cercle, dont il devint d'emblée le plus symbolique ornement.

On nous demanda, à lui et moi, d'imaginer ensuite une émission à nous, dans laquelle nous évoquerions alternativement un acteur, un studio, un film, un metteur en scène. Enfin nous allions vibrer de conserve, face aux caméras, devant les intonations de Carette ou de Saturnin Fabre, la voix canaille et si distinguée d'Arletty, la prestance de Claude Dauphin ! Deux saisons épuisantes et joyeuses, au cours desquelles nous avons revu des dizaines de films, rédigé des dizaines de fiches, répété nos interventions des dizaines de fois. Nous avions baptisé cette série « Petites Histoires du cinéma », car il s'agissait bien plus de répliques, de souvenirs, de citations, que d'exégèse savante. Nous y avons pris un plaisir extrême, ainsi, l'espérons-nous, que le public. Eh bien, je puis affirmer que dans les journées qui précédaient le tournage de ces émissions bien modestes – rien à voir avec le prime time de TF1 où il figure en compagnie d'Arthur –, je voyais la tension monter, l'insomnie s'annoncer sur les traits de Pierre, qui le jour dit arrivait épuisé et énervé au studio. Et cela après tant d'années de direct, de programmes lourds en tout genre, d'expérience. Ce que je dis là, bien sûr, n'a rien d'un reproche, mais tout d'un hommage. « Maître, je ne comprends pas, quand j'entre en scène, je n'ai pas le trac », confiait l'une de ses élèves à Louis Jouvet. Et l'autre : « Tu verras, quand tu auras du talent... » Tchernia ? Beaucoup, beaucoup de talent.

Depuis longtemps, nous entretenons des habitudes commensales. Dans notre petite bande, des couples amis, les Bouteiller, Danièle Delorme et Yves Robert, les Tourenne. Plusieurs sont présents dans ces pages, un jour compagnons de travail qui ne se perdent plus jamais de vue. Yves n'est plus, lui qui faillit s'enrôler comme quatrième Frère Jacques, desquels Paul Tourenne, toujours vaillant photographe, était le benjamin en même temps que le mémorialiste. Je les revois tous les quatre, André et Georges Bellec, François Soubeyran et Paul Tourenne, sur la scène du Casino de Paris, il y a six ou sept ans. Leur ultime prestation, orchestrée bien sûr par Pierre, *La Marie-Joseph* une dernière fois entonnée, le public debout. Des émotions de cet ordre, comment ne pas les garder au cœur ?

Je m'aperçois que les mots me viennent précisément dans le registre du cœur, avec cette sincérité-là chez lui plus éprouvée que soulignée. Au reste, on constatera dans les pages qui suivent que Pierre se garde de tout épanchement par trop personnel. Je n'ai pas souhaité ici compenser cette retenue qui lui est une seconde nature, mais simplement faire allusion, sans indiscrétion je l'espère, à de mémorables instants. Une bienveillance authentique, le goût du travail que ne quitte guère le sentiment de pouvoir mieux faire, la curiosité pour le métier, tous les métiers à condition qu'ils soient bien faits. La belle ouvrage, quoi, encore plus digne d'intérêt quand les praticiens y ajoutent une pincée d'humour ou d'étrangeté : à cet égard, on accédera en lisant Pierre à des dévoilements furtifs, silencieux parfois, toujours dans la note juste. Ainsi avec Antoine Blondin, Marcel Aymé, René Goscinny, Michel Audiard, Jean Carmet, Lino Ventura, parmi bien d'autres.

Notre duo télévisé fonctionnant harmonieusement, l'idée vint de le prolonger sous forme livresque. Nous raconterions à notre façon, sans cérémonie, notre propre histoire du cinéma, anecdotique et non conformiste. Banco : et nous voici attelés à l'établissement d'une liste d'entrées de A à Z, d'Arletty à Zecca, cet inventif pionnier de la maison Pathé. Reconnaissons-le, ce bouquin, nous n'arrivions pas à le construire. Nous sommes par deux fois allés à Lyon, capitale historique du cinéma français puisque c'est là que les Lumière perfectionnèrent leur invention et qu'y prospère depuis vingt ans le si précieux institut qui porte leur nom. En compagnie de Raymond Chirat – toujours ! –, de Thierry Frémaux et de Jean-Claude Romer, nous avons cherché à imaginer le contenu de ce livre fantôme. Peine perdue, ce dictionnaire amoureux du cinéma nous échappait. C'est alors que j'ai entrevu l'évidence : ce qui pouvait à coup sûr constituer la substance d'un ouvrage, c'était une promenade faite de détours dans la longue vie professionnelle de Pierre. Le cinéma ? Parmi bien d'autres exercices. Nous reviendrions sur la naissance de la télévision française après la guerre, sur Saint-Germain-des-Prés, sur les années d'étude et celles d'apprentissage, sur le nom même de cet immigré d'Odessa qui avait choisi la France par amour de sa littérature et de son esprit. Nous nous attarderions le long des chemins de traverse, sans autre guide que le souvenir ému. Un été normand a fourni le cadre à nos conversations préparatoires, dûment consignées, annotées, rédigées. Des pages de vie, c'est bien le mot.

« Ce n'est pas ennuyeux ? Ce n'est pas trop long ? Et si on coupait ce passage ? Ou celui-là ? » Nous voici chez Pierre, de part et d'autre de la grande table de la salle à manger semée de l'attirail du bon élève. Papier, crayons, gomme, Scotch, dictionnaires. On écrit, on relit à haute voix, on corrige. Pas un bruit dans le vaste appartement – famille nombreuse ! – de la plaine

Monceau, dont parlait si bien un autre de ses résidents d'alors dans ses premiers romans, Patrick Modiano. Ce livre, c'est comme une pièce de menuiserie. On rabote, on élague, on affine. On n'est pas convaincu par le résultat. Un nouveau coup de stylo. Ça y est, le passage se tient. Pas mal, finalement.

La liste des oublis et des oubliés. L'équilibre entre les chapitres. Le poids du passé par rapport au présent. Silence, perplexité. Lui : « Je t'ai raconté ce que m'a répondu Machin quand... ? » Nouvel assaut du souvenir. Je souris. Et si on intégrait l'anecdote au bouquin ? Oui, mais où ? On réfléchit... Que de monde en ces pages ! Que de situations fortuites, ou provoquées par la seule envie de les vivre ! Il m'emmène au bistrot. Légumes, jambon et vin de pays, c'est ce qu'on aime avant tout. Et vous, lecteurs ? Pareillement, nous en sommes certains. Je lève mon verre. À Pierre, à vous, son public. Santé !

Olivier Barrot.

Août 1994

Août 1994. Au-dessus de notre maison bretonne, le ciel est bleu, avec juste un petit nuage blanc dans un coin. Les martinets et les hirondelles filent « ventre à ciel », les abeilles bourdonnent sur les lavandes, et la petite brise marine est douce comme une gorgée de vin blanc frais : le rêve. Le téléphone sonne : rien n'est jamais parfait.

Avec une sage lenteur, je vais décrocher. Franck, le garçon qui m'appelle, est le porte-parole d'une jeune équipe de télé que je ne connais pas, il me parle d'une émission pour France 2 : quelques invités autour d'une table à qui on présente des extraits d'émissions d'hier, d'avant-hier. Les nostalgies de la trentaine.

« C'est une bonne idée, dis-je.

– On voudrait que vous soyez le premier invité de la première émission. Parce que, pour nous, vous êtes... (suivent quelques aimables compliments dont je vous fais grâce).

– Merci d'avoir pensé à moi. Qui va présenter l'émission ?

– Arthur.

– Arthur ! Il va falloir qu'il mette de l'eau dans son vin. »

C'est l'expression que j'ai utilisée, car moi qui ne

regarde pas tellement la télé, je l'avais déjà vu. L'hiver précédent, mon fils Antoine m'avait dit : « Il y a une émission délirante le samedi soir sur TF1, ça s'appelle "Émission impossible", il faut que tu voies ça. »

J'aime bien mes enfants, je leur fais confiance, j'ai donc regardé. Et je ne regrette pas. C'était, en effet, une émission délirante.

À cette époque, la télévision secouait petit à petit sa respectabilité et se livrait au goût de la provocation. L'« Émission impossible » était diffusée à minuit, et l'équipe s'en donnait à cœur joie : les derniers de la classe prenaient le pouvoir. L'ensemble n'était pas d'une finesse excessive, oh non, mais le plus intéressant c'était le personnage central. Arthur, qui n'était alors connu que sur Europe 1 menait tout ça avec un mélange de culot et de naïveté qui le sortait de l'ordinaire.

Il faudrait en effet qu'il mette de l'eau dans son vin, puisque l'émission était prévue pour une heure d'écoute familiale. À cette époque, il était déjà extrêmement vif et malin, et il avait à son côté, un ami de son âge, Stéphane Courbit, qui l'est tout autant.

Quinze jours plus tard, on se retrouve dans un restaurant de la porte Maillot. Ils sont quatre. Il y a là Arthur, Franck, Stéphane et Thierry. J'apprendrai, par la suite, que dans l'équipe qu'ils vont constituer il y a plusieurs camarades de classe de Stéphane, ce qui me paraît fort sympathique. Ajoutons qu'il est originaire de la Drôme et qu'il tient à ses racines, ce que j'aime bien aussi.

On nous donne les menus.

« Vous buvez du vin ? dit l'un des quatre.

– Oui... Pas vous ?

– Nous on boit du... »

Là, le nom d'un liquide à qui je n'ai aucune raison

de faire de la publicité. J'ai choisi, pour moi, une demi-bouteille de bourgueil, ça va avec tout et c'est le pays de Jean Carmet.

On s'est mis à parler. Ce jour-là, je n'imaginais pas que cette émission allait durer dix ans, peut-être plus, et qu'elle allait s'appeler « Les Enfants de la télé ».

En fait, c'est moi qui parlais. J'étais leur premier invité, leur première occasion d'évoquer leurs souvenirs d'enfance avec quelqu'un qui les avait suscités : ils avaient à peu près l'âge de mes enfants.

J'ai raconté « Walt Disney » et « Monsieur Cinéma », et « Mardi Cinéma », et « La Caméra cachée »... Ils m'ont fait raconter le temps où ils étaient devant le poste de télé et moi derrière. Je faisais des émissions à regarder en famille. J'essayais de leur apprendre quelque chose en gardant le sourire. Je parlais de dessins animés, de cinéma. Ils aimaient ça, moi aussi.

Ils ne m'ont pas demandé de souvenirs plus anciens. C'est normal : rien n'existait auparavant puisqu'ils n'étaient pas là.

Et pourtant j'aurais pu... J'aurais ouvert le sac aux souvenirs, et en route ! En commençant par le début, les années 1930...

La famille

... Oui, les années 1930... Car je suis né en 1928, et j'ai vécu vingt ans à Levallois-Perret, à l'orée de Paris.

En ce temps-là il n'y avait pas de télévision, et dans les rues bien tranquilles, entre les pavés, poussaient encore des brins d'herbe. J'habitais justement une rue tranquille, la rue Danton, troublée deux fois par jour par le passage des énormes camions bleus des Galeries Lafayette, de lourds camions à bandages pleins qui faisaient trembler les vitres en allant ou revenant de leur garage près de la Seine.

C'est une commune très particulière, Levallois, la seule ville de la banlieue parisienne dont les rues se coupent à angle droit, comme les villes américaines. Pourquoi ? Elle n'a pas grandi par ajouts successifs, elle a été conçue par un homme.

Au début du XIXe siècle, ce qui sera Levallois-Perret est une étendue de chasses, de champs, de friches, et un certain monsieur Émile Perret décide de faire de ses terres un lotissement qu'on appelle le Champ-Perret. D'autres propriétaires voisins vont confier la suite de ce lotissement à un Nicolas Levallois que je suis bien obligé d'appeler un urbaniste, bien que, vraisemblablement, on n'utilisait pas ce mot à cette époque, et que son métier était de vendre du vin en gros. C'est lui qui décide du quadrillage des rues, de l'emplacement de la mairie, de l'église : il invente un village auquel il donne son nom.

Tout va très vite : le second Empire est le temps de la création des industries, de la construction des « immeubles de rapport » (la belle expression des propriétaires), et, en 1861, la loi établit l'existence de la commune de Levallois-Perret, qui inclut les bourgs de Levallois et du Champ-Perret. En 1861, il y a déjà vingt-sept blanchisseries, quarante-cinq industries diverses, une école... et cent vingt-six cafés.

C'est dans son usine de Levallois que Gustave Eiffel va préparer les éléments qui lui permettront d'élever la Tour, « la plus belle hampe dont le drapeau français ait rêvé », comme disait un poète de l'époque.

C'est là aussi que Blériot construit l'avion avec lequel il traversera la Manche. C'est d'ailleurs sans doute à Levallois qu'il achètera sa célèbre casquette avec visière à l'arrière.

Levallois était la ville de l'auto, avec les usines Citroën, disparues aujourd'hui. Il y avait un endroit bien particulier : l'immense parking-garage G7, une compagnie de taxis remarquables par leur commodité, de très gros taxis dans lesquels on pouvait installer un passager à côté du chauffeur, deux strapontins dépliants et trois places sur la banquette arrière. Les clients étaient protégés du chauffeur, ou le chauffeur des clients, par une vitre coulissante.

Dans les plaisanteries traditionnelles, Levallois était toujours associé à la notion de taxi introuvable : « Chauffeur, vous êtes libre ? – Non, je vais à Levallois. » C'était la continuité du dialogue du temps des fiacres : « Cocher, vous êtes libre ? – Non, bourgeois, j'vas remiser. » On plaisantait aussi à propos des chauffeurs de taxi russes – car après la révolution de

1917 beaucoup de nobles russes qui savaient conduire une automobile et n'avaient pas de ressources furent, pendant des années en France, des chauffeurs de taxi modèles.

Au coin de la rue, près de chez nous, il y avait un endroit extrêmement bruyant : une grande boutique dans laquelle on vendait des motos Harley-Davidson. Ils faisaient leurs essais sous nos fenêtres. Ma mère n'aimait pas beaucoup ce vacarme. Quand les Harley-Davidson s'arrêtaient, on pouvait entendre les hirondelles et les martinets. C'est un bruit délicieux, et quand je les entends siffler en vol, aujourd'hui, immanquablement je me retrouve une seconde à *L'vallois*, car on disait L'vallois et non pas Levallois.

La population était bigarrée. On y trouvait des artisans, des ouvriers, des petits-bourgeois, beaucoup d'étrangers. Dans l'école que j'ai fréquentée jusqu'à ce que j'aille au lycée à Neuilly, il y avait des gens venus de partout, et à aucun moment on ne manifestait de mépris ou de méfiance vis-à-vis du Yougo, du Rital ou de l'Africain. En 1941, quand on fit porter aux juifs l'étoile jaune, j'ai même vu des garçons qui portaient une étoile en carton, de même forme, avec l'inscription « Parisien ». Toutes les nations étaient représentées, il y avait Stoïgovic qui était yougo, Dauba qui était noir, García, espagnol, et moi, Tscherniakowsky, j'étais français.

Quand je suis venu au monde, mon père avait cinquante-trois ans. Il était né en Ukraine dans le village de Koroliovka, qu'il a quitté pour Odessa à quinze ans. Il y travaillera huit ans dans un grand atelier de ferronnerie et de serrurerie.

Sa volonté, son courage, on les devine quand on sait que sur son salaire il économisait un pécule qui allait lui permettre d'aller au bout d'un projet : devenir ingénieur. Il part alors pour l'Allemagne, travaille un temps dans une entreprise de mécanique et, le soir, apprend la langue. Comme il n'y avait pas de cours du soir pour devenir ingénieur, il va se payer des études de technique avec ses économies le jour, et, le soir, lire des ouvrages scientifiques et dévorer la littérature, à défaut de repas consistants. Il fut ébloui, paraît-il, en découvrant Jean-Jacques Rousseau. Ça ne m'étonne pas de lui.

Le voici ingénieur, n'ayant, à la vérité, accompli que la moitié de son projet. Le grand but, c'était d'aller en France : partir pour le pays de la Révolution française, des droits de l'homme, du socialisme ! Il voulait y vivre loin de toute tyrannie, loin des tsars et des kaisers, et détaché de toute religion : la religion, quelle qu'elle fût, était pour lui une manifestation d'obscurantisme.

Il voulait s'installer en France et avoir des enfants français. C'est ce qu'il a fait, et je lui en suis très reconnaissant. C'était un homme de courage et de culture. Il dormait peu la nuit, il lisait. J'ai toujours connu dans la maison des piles de livres qu'il achetait chez les bouquinistes. En russe, en allemand, en français. Il dévorait les livres, il m'en a donné le goût.

Arrivé en France, mon père a vite trouvé du travail. Son diplôme et surtout sa compétence ont fait de lui un ingénieur remarqué. Il s'est spécialisé dans une technique nouvelle, le chauffage central, inventant un système d'accélération d'eau chaude.

Il a travaillé dans des entreprises importantes, mais sa volonté et son orgueil ont fait qu'il a toujours voulu monter son propre atelier, être son propre patron. Quand il y est arrivé, bien avant ma naissance, rue Rivay, à Levallois, il a fait imprimer des cartes avec son nom, l'adresse, le téléphone, et deux titres écrits en lettres gothiques : *Calodor*, la chaleur, et *Aérodor*, la ventilation.

Ma mère portait un bon nom français, Dufour, et un prénom qu'elle méritait bien, Aimée. Elle était couturière, fille de couturière. Ses parents habitaient une petite rue de la colline de Chaillot : la rue Pauquet. Les promenades du bébé, le dimanche, les menaient autour de l'Arc de triomphe. Un jour, un vieillard à barbe blanche s'est penché en souriant sur Aimée : c'était Victor Hugo. Elle est né en 1884, il est mort en 1885.

Les Dufour étaient du Nord. Son père avait été fait prisonnier en 1871 à Sedan, à la fin de la guerre franco-allemande. Il était mécanicien, un excellent mécanicien, et c'est comme ça qu'il a beaucoup estimé mon père, parce qu'il était ingénieur mais qu'en même temps il savait travailler comme un ouvrier, de ses mains, avec ses outils. J'ai toujours vu mon père, quand j'allais lui rendre visite à l'atelier, avec des lunettes noires sur les yeux et un bec à soudure autogène dans la main.

Quand il prenait quelques jours de vacances, ce qui était extrêmement rare, il allait en général à Auxerre, dans l'Yonne, où vivait ma sœur aînée. Là, on lui mettait de côté les pendules boiteuses ou les serrures rebelles, et il était tout heureux...

Lorsque je pense à lui, ce que je revois d'abord, ce sont ses mains. Il avait des mains robustes d'ouvrier, des pouces très forts. Curieusement, je sens encore le contact de ma main d'enfant dans la main chaude de mon père quand je traversais la rue avec lui.

Un jour, un de ses collègues lui dit : « Vous passez vos soirées à lire, il faut sortir ! Je vous emmène. » Il l'a conduit dans un bal de société, dans les salons de l'hôtel Moderne, place de la République. Il y avait là une jeune couturière que sa patronne avait entraînée pour la même raison, le même jour, en lui disant : « Allez Aimée, il faut connaître un peu le monde ! » Et ce jeune homme de vingt-huit ans et cette jeune fille de dix-huit ans se sont rencontrés, se sont plu, comme dans une romance de l'époque : on est en 1902. Ils se sont mariés en 1903 et ils ont eu quatre enfants.

Je sais peu de chose de l'enfance et de l'adolescence de mon père. Parfois, il en rapportait quelques bribes : un oncle qui était paysan..., il montait à cheval chez lui... Quand venait la belle saison, il évoquait un verger et des champs de tournesols... Il aimait beaucoup les cerises – il paraît qu'en Ukraine, quand juin arrivait, elles étaient délicieuses. Cela m'étonnait : « Des cerises en Russie ! » Pour moi, la Russie, c'était une isba dans la neige, et la troïka qui entraîne Natacha au son des balalaïkas... *Michel Strogoff !* Eh bien, pas du tout ! J'ai eu l'occasion de faire une croisière qui m'a conduit jusqu'à Odessa, sur la mer Noire : je me suis retrouvé avec des gens qui avaient des physiques plutôt méridionaux, sous un très beau soleil. Et comme j'étais à Odessa, je suis allé me faire photographier sur l'escalier du *Cuirassé Potemkine !* (Je signale au passage que cette fameuse fusillade n'a pas eu lieu en cet endroit devenu légendaire, il s'agit d'une sublime invention d'Eisenstein.)

Nous étions quatre enfants : une fille née en 1904, un fils en 1905, une autre fille en 1910, et moi qui suis arrivé, accident délicieux qui m'enchante encore, en 1928... Mes deux sœurs et mon frère auraient pu être mes parents. Même ma seconde sœur, qui a dix-huit ans de plus que moi.

J'ai vécu une petite enfance tout à fait heureuse,

complètement protégée, parce que j'avais en fait deux pères et trois mères.

Quand j'étais petit, mon père m'appelait Petia, le diminutif de Piotr. Un des rares mots de russe que je lui ai entendu dire. Il voulait avoir des enfants français, et il ne nous a jamais parlé russe. Il s'est passé une chose curieuse en 1968. Souvent, le dimanche, j'emmenais ma mère, qui était veuve depuis 1943, au cinéma. Trente ans plus tôt, c'est elle qui m'y emmenait. Ce jour-là, on va voir *Guerre et paix* de Bondartchouk, un film magnifique. Quand le régime soviétique mettait de gros moyens à la disposition d'un cinéaste, les Américains étaient battus à coup sûr. On y voit l'entrée de Napoléon au Kremlin : une série de décors fastueux, avec une caméra posée sous un rail surélevé qui franchit chaque porte l'une après l'autre et dans ces immenses salons, l'armée française est en train de tout saccager, de voler. Et aussi la retraite de Russie, avec l'hélicoptère qui survole des centaines de figurants sur des kilomètres.

Je suis là avec ma mère, et à un moment apparaît une *baba* russe qui berce un enfant. Elle chante une berceuse du genre *Fais dodo, Colin mon petit frère* (en russe, cela donne *Baïouchki, baïou...*). Surpris, je dis à ma mère : « Je connais ça. – Oui, ton père te le chantait. C'est une chanson russe. Tu étais tout petit, tu avais deux ou trois ans, ensuite il ne t'a plus jamais dit un mot de russe. » J'ai appris qu'il avait fait la même chose avec les trois autres. À quarante ans de distance, voilà que *Baïouchki, baïou* me revenait et que je le reconnaissais.

Ça a été un moment très fort. Je suis rentré chez moi, je me suis dit que je devais absolument trouver quelqu'un qui puisse me chanter cette chanson.

Alexandre Tarta n'était pas chez lui. J'appelle Pierre Dudan, qui était d'origine russe. Je lui explique ce qui s'est passé. Il me dit : « Attends, je mets le téléphone près du piano », et il m'a chanté *Baïouchki, baïou...*

De mon enfance avec mon père, je n'ai pas le souvenir de beaucoup de conversations. Mais je me souviens de moments émouvants. Mon père est mort d'un œdème cardiaque. Les derniers jours ont été très durs. Je le revois dans son lit, il regarde ses mains, il frotte ses doigts les uns contre les autres, il murmure : « Je ne pourrai plus me servir de mes outils. »

Un autre jour, je reviens du lycée. Mai 1943, il fait beau, il me dit : « Je ne sais pas ce que tu feras quand tu seras grand... mais essaie d'être libre. » Trois mots : c'est la phrase la plus importante que j'aie entendue de ma vie, et c'est mon père qui me l'a dite.

Et j'ai été libre. Ce désir de liberté, bien sûr, il faut avoir les moyens de l'assumer. J'ai eu beaucoup de chance : je n'ai jamais été chômeur. Il est plus facile d'être libre quand on ne vit pas dans la peur du lendemain. Il y a quelques années, ma femme m'a fait observer que nos enfants ont suivi la même ligne de conduite. Ils exercent des professions où ils sont leur propre maître. Ils en assument les risques, mais ils en goûtent aussi le plaisir.

Mon père était un homme paisible, mais, bien sûr, si quelqu'un exprimait devant lui des idées philosophiques ou politiques qui ne lui convenaient pas, il se faisait grondeur. Il était fidèle à ses idées de jeunesse : il lisait *L'Humanité*. Il n'a jamais été inscrit à quoi que ce soit. Libre ! Et libre penseur, bien sûr. Ma sœur a retrouvé une lettre de lui dans laquelle il écrivait : « Je n'ai aucune religion. Ma religion, c'est le travail. »

Je la regarde de loin, cette famille, et je l'aime bien, comme j'aime celle que nous avons fondée à notre tour, ma femme et moi, et celles que mes enfants ont fondées depuis. La lignée.

On était respectueux de la liberté des autres, en souhaitant qu'ils nous rendent la pareille, et j'en suis toujours là : j'ai découpé un jour dans le magazine satirique britannique *Punch* un dessin que j'aime. Dans un sous-bois, un amoureux de la nature s'arrête pour cueillir un champignon. Il a une boîte à herboriser sur l'épaule, il porte un chapeau de paille, il est habillé d'un bermuda. Il avance la main vers le champignon qui est d'une forme particulière : il est doté de deux petites fenêtres et d'une porte. Devant, un minuscule lutin, fort courroucé, dit : « Il est possible que, pour vous, il s'agisse d'une variété de cryptogame, mais moi c'est ma maison ! »

Chez nous, dans notre maison, on a été bien élevés par des parents attentifs et courtois : on ne disait jamais de gros mots. Je les réservais pour la cour de récré. Mes sœurs disaient volontiers, en parlant de quelqu'un de méchant : « Ah ! quel vieux chameau ! » Qui dirait ça aujourd'hui ? On dit : « Quel enfoiré ! » et même pis... Qu'est-ce qu'on va trouver de plus fort après « enculé » ? Il faut chercher plus grossier, plus provocant... Ou alors on pourrait aussi, pourquoi pas, en revenir à des expressions plus imagées : comme gueule d'empeigne, tête de nœud ou peau d'hareng...

L'école

1933 : le petit Petia, le petit Pierrot, va entrer à l'école, où il sera Tscherniakowsky Pierre, avec quinze lettres et le prénom cité en second, comme *Lacombe Lucien*. Mon père s'est toujours appelé officiellement Tscherniakowsky, mais tout le monde coupait en deux et ne gardait que le début : Tchernia. À l'école, on m'appelait bien souvent « Scaslagueulenski ».

Couper officiellement le nom était très compliqué. En Amérique, ce n'est rien du tout. Mon père s'était installé en France, mais son frère, qui était plus jeune, avait décidé, lui, de quitter la Russie pour aller en Amérique. Arrivé là-bas, très vite, il s'est appelé Chernoff. Son fils a voulu faire encore plus américain : il s'est appelé Cherington. En France, ce n'est pas si simple, il y faut un avocat, et le Conseil d'État doit dire son mot.

Mon père avait quitté la Russie avec en poche un passeport où son nom était écrit en caractères cyrilliques, il passera par l'Allemagne où le nom était écrit en caractères allemands gothiques – Tscherniakowski comme Tschaïkowski, puis se retrouvera en France avec un patronyme en caractères latins.

Un jour, mon frère a pensé que vis-à-vis de ses enfants il fallait que Tchernia soit officialisé. Il a dû le faire vers 1950. Moi, j'ai entrepris ça plus tard, il fallait que je me décide, que je m'en occupe vraiment, que j'aille voir un avocat... Bref, nous nous appelons maintenant Tchernia, ce qui veut dire noir. S'appeler Tchernia à Paris, c'est exactement aussi rare que de vivre à Moscou et de s'appeler Lenoir...

Certains de mes amis gardent de mauvais souvenirs de leurs premières années d'école. Moi, pas du tout. En quatre ans, j'ai vécu avec deux institutrices et deux instituteurs qui entretenaient dans le décor de l'école la quiétude de la maison. Je pense même que ce que j'ai de meilleur en moi vient de là. Il est vrai que dans les classes régnaient la paix et le respect de l'autre, et que les récréations ne se réduisaient pas à des empoignades.

Je crois comprendre ce qui me plaisait tant. Mon anxiété naturelle se trouvait apaisée dans un monde bien établi où le bien et le mal sont équitablement répartis.

Il y a les bons points et les mauvaises notes, le brave Du Guesclin et le traître Ganelon, les soldats de l'an II et les rois fainéants, le foie d'un homme sain et celui d'un alcoolique. Il suffisait de s'asseoir bien droit sur son banc pour éviter la scoliose et d'apprendre sa poésie de la semaine :

... Pourtant quand reviendra le temps des violettes
Nous ne trouverons pas leurs délicats squelettes
Dans le gazon d'avril où nous irons courir.
Est-ce que les oiseaux se cachent pour mourir ?

Et puis, surtout, dès la première année j'ai connu le délice suprême : j'ai appris à lire. Toute la famille lisait autour de moi et je les enviais. À la vérité (et les instituteurs ne souhaitaient pas qu'on le fît), ma chère maman m'avait déjà un peu initié à l'apprentissage tant désiré...

J'ai su vraiment lire en 1934, et c'est cette année-là qu'est né *Le Journal de Mickey*. Je suis définitivement un enfant de la bande dessinée, dont les années 1930 constituent l'âge d'or. *Pim, Pam, Poum*, *Mandrake*, *Illico*, *Luc Bradefer*, sont très vite devenus mes amis de papier.

Mon père n'était pas enchanté de ces nouveautés. Il ne m'a jamais dit : « Tu vas t'abrutir avec tes illustrés », mais il n'en pensait pas moins. Lui déplaisaient en particulier *Aventures* et *L'Aventureux*, d'origine italienne, c'est-à-dire Mussolini, c'est-à-dire le fascisme. Comment savait-il ça ? Ma mère, je suppose, devait cacher les BD quand elles s'offraient un peu trop au regard. J'étais déjà désordonné en ce temps-là...

J'ai compensé, dans les années qui suivirent, avec des livres sans images qui m'ont fait rêver : *Sans famille*, *Le Petit Chose* et mes inépuisables *Misérables*. Vitalis et Banban ne devaient rien à un illustrateur, c'est ma tête qui les inventait.

J'ajouterai que, conjointement à la lecture de ces BD contemporaines, je me suis mis à jour : j'ai dévoré *Bécassine* et *Les Pieds nickelés*, nés vers 1905, *Bicot* et *Zig et Puce*, nés vingt ans plus tard, sans oublier *La Famille Fenouillard*, *Cosinus* et *Camember*.

À Levallois, la bibliothèque municipale a été importante pour moi, je m'y suis inscrit quand je suis allé au lycée. J'étais frappé parce que j'avais le numéro 2000. J'arrive chez moi et je dis à mon père : « Regarde, j'ai le numéro 2000, c'est rare ! – Ce qui te frappe, ce sont les trois zéros, mais le nombre 2000 est exactement aussi rare que le 1643 ou le 1222... » Mon ego en a pris un coup.

J'allais à la bibliothèque municipale chaque jour. J'y ai dévoré Dumas, Zola, Hugo, Balzac. J'y allais de 18 heures à 20 heures, les heures d'ouverture, et avant de repartir avec le livre que j'allais dévorer dans la nuit je lisais les collections reliées de *L'Illustration*, des pièces de théâtre de *La Petite Illustration*, des numéros du *Miroir des sports*. Je me remplissais la tête et les yeux.

Un jour, mon frère m'a fait un beau cadeau, il m'a offert mon premier dictionnaire : un *Petit Larousse*. MON *Petit Larousse*. Je ne sais pas ce qu'il est devenu et je le regrette. C'était une édition de 1930. Ce *Petit Larousse* m'a accompagné toute ma vie d'enfant. Les têtes de chapitres, évoquant les mots commençant par la lettre en question, étaient dessinées admirablement. À la lettre I, on voyait un incendie, un invalide, une inondation et des Indiens adorant des idoles !

Par la suite j'ai été infidèle (encore un i !) : le *Grand Robert* est arrivé. Et des dictionnaires de rimes, de synonymes, d'argot, de proverbes, de citations... Le très beau *Dictionnaire du français non conventionnel*... Le très indispensable *Dictionnaire analogique* qui vous enrichit le vocabulaire quand vous êtes en panne : des mots par les idées, des idées par les mots...

Ce qui complète bien les dictionnaires, ce sont les catalogues. En particulier celui de la Manufacture d'armes et cycles de Saint-Étienne (plus tard Manufrance), toute une civilisation.

Les dictionnaires et les catalogues vous rassurent : tout est là, en ordre (merci l'alphabet !). Ensuite, confortablement pourvu de l'essentiel, vous pouvez vous mettre à rêver et inventer des *vistemboirs*[1] ou

1. C'est une invention de Jacques Perret.

des *anemelectroreculpedalicoupeventombrosoparacloucycles*[1], qui, eux, ne sont pas rangés dans les dictionnaires.

Mon *Petit Larousse* a été la première pièce de mes collections de mots. J'avais une dilection particulière pour les pages des drapeaux du monde entier, les seules pages en couleurs. J'aimais les hommes qui font de la natation, posés sur un pliant, des hommes moustachus qui miment les gestes du crawl, de la nage indienne, de la brasse ou de l'over-arm-stroke. Il y avait aussi des gymnastes qui tournaient autour d'un mât, exercice dénommé « vindas ou pas de géant ».

Un jour, ce dictionnaire m'a troublé terriblement. J'ai environ treize ans, je cherche des mots et j'ouvre au hasard. C'est le soir, il est dix heures, ma mère a dû me dire : « Il faut éteindre ta lumière. » Je tombe sur le mot *ubiquité* : don d'être en plusieurs endroits à la fois... Je suis tombé en catalepsie métaphysique, car un dictionnaire, c'est quelque chose de sérieux, quelque chose de définitif, qui établit le sens des mots et leur orthographe : il ne peut rien y avoir de fou dans un dictionnaire. Or être en plusieurs lieux à la fois est une chose vraiment folle. Je me suis endormi quand même. Je ne savais pas que peu de temps après, Marcel Aymé allait me révéler que l'ubiquité était un don assez répandu dans l'univers de ses héros.

À la maison, un autre vent nouveau soufflait. Il est difficile de réaliser le bouleversement qu'a représenté dans la vie des Français l'arrivée de la radio. Quand on évoque les débuts, on parle toujours des essais de Marconi, mais il faut aussi dire la vitesse à laquelle s'est développée la radio dès qu'on est sorti des postes à galène. La grande vogue des postes de TSF se situe dans les années 1935-1939. On achetait des appareils

1. C'est une invention du savant Cosinus.

qui coûtaient assez cher, mais qui étaient tout de même des postes – je revois la publicité – super-hétérodyne six lampes. Six lampes ! Et si on regardait à l'intérieur, on s'apercevait que ces lampes ne s'allumaient pas mais qu'elles étaient très jolies et pleines de poussière.

On pouvait écouter Moscou ou des stations dont le nom mystérieux apparaissait sur le mica où l'on déplaçait l'aiguille de repérage des émetteurs : Hilversum, Monte-Ceneri ou Beromünster. C'est grâce à la puissance de ces postes qu'on a pu écouter Radio-Londres pendant l'Occupation.

La radio a engendré très vite un univers nouveau. Il y a eu d'abord le ton très compassé de la Radiodiffusion française, où les nouvelles étaient lues par des speakers qui parlaient de façon extrêmement sentencieuse : « Et voici maintenant, transmis de notre studio, un concert de musique légère. » Prononcé par eux, le mot *légère* devenait pesant.

Avec la radio privée, Radio-Cité, Radio 37, les choses ont changé. En plus de cela, il s'est produit avec la radio privée, la « radio publicitaire », exactement ce qui s'est passé avec la télévision publicitaire. Très vite, les gosses chantaient les petites chansons de la « réclame ».

La plus vive de toutes les stations, c'était Radio-Cité. Bleustein-Blanchet, qui était tout jeune, y avait rassemblé tous les chansonniers, tous les amuseurs publics. Il y a une émission que j'ai adorée à cette époque-là, qui s'appelait « Les Incollables ». On y entendait un meneur de jeu, dont je ne me rappelle plus le nom, et de jeunes chroniqueurs : Robert Beauvais, Max Favalelli, qui deviendront plus tard des amis précieux. On devait répondre à des questions posées par des auditeurs. « Mme Marinette Chouilloux, de Dijon, nous demande : Savez-vous l'origine de l'expression "se mettre sur son trente et un ?" » Ils cherchaient, plaisantaient. C'était le principe qu'ont repris « Les Grosses Têtes », mais sur un autre ton...

Le trente et un, semble-t-il, est une déformation de trentain, un tissu luxueux pour vêtements de cérémonie. Je me souviens d'une émission extrêmement courte à l'enseigne de l'huile Lesieur. Le jeu : en direct, en studio, un animateur appelait un numéro de téléphone pris au hasard, et disait : « Bonjour monsieur. Si je vous dis allô, qu'allez-vous me répondre ? » Il fallait répondre : « À l'huile... » On devait gagner une bouteille d'huile Lesieur, j'imagine.

Il y avait aussi des émissions pour les enfants. Notamment celle commanditée par le Bonhomme en bois, le logo des Galeries Barbès. La chanson disait : « Je suis le bonhomme en bois des fameuses Galeries Barbès... » Et ensuite : « Allez aux Galeries Barbès, au coin de la rue là-bas... » On croyait qu'il s'agissait de la rue là-bas, au sens d'éloignée ; en fait, c'était de la rue Labat qu'il était question, la petite rue qui effectivement fait le coin des Galeries. Tout cela dit sur l'air d'une chanson populaire :

Elle avait une jambe de bois
Mais pour que ça ne se voie pas
Elle avait mis par en dessous
Une rondelle en caoutchouc...

Cette musique a aussi servi à Stravinsky. Dans *Petrouchka*, on danse en effet sur le thème de *Elle avait une jambe de bois...* À l'inverse, bien des musiques célèbres ont servi de support à des paroles nouvelles. Ainsi, la *Marche turque* de Mozart fut dévolue à un produit d'entretien des chaussures en daim qui s'appelait Marcadaim. Ça donnait :

Marcadaim, Marcadaim,
pour la chaussure la jouvence,
Marcadaim, Marcadaim,
pour la chaussure c'est très bien.

Il y avait aussi un produit à faire reluire les carrosseries de voitures qui s'appelait Tumbler, et ses créateurs, pour en vanter les mérites, avaient repris la *Marche militaire* de Schubert. Ça donnait cette fois :

D'un coup de Tumbler je fais briller mon auto,
Oui mon auto brille, elle scintille grâce à Tumbler...

En 1938, quand les souverains britanniques viennent en visite en France, ils descendent les Champs-Élysées en compagnie du président Albert Lebrun, leurs deux filles à leurs côtés. Les enfants des écoles, dont je fais partie, agitent des petits drapeaux français et anglais. On était contents, on n'allait pas en classe ce jour-là. À un moment, la musique de la Garde républicaine joue la *Marche militaire* de Schubert. Jean Nohain, qui me l'a raconté, entend une personne dans la foule s'exclamer : « Oh ! quand même, ils pourraient jouer autre chose que les petites musiques de la réclame ! »

Puis on s'est mis à dire « la publicité », et la TSF est devenue « la radio ». Ainsi, pendant l'Occupation, on disait la radio anglaise, pas la TSF anglaise (TSF = télégraphie sans fil...). C'est le soir, à neuf heures et quart, qu'on écoutait la radio anglaise. J'entends encore Maurice Schumann, quand de Gaulle devait parler (il était le porte-parole) : « Honneur et patrie, voici le général... de Gaulle ! » Il y avait une petite césure entre « général » et « de Gaulle ».

Les voix nous parvenaient derrière une sorte de vague rythmée émise par les Allemands pour gêner l'écoute : le fameux brouillage. Je suis sûr que le programme, en écoute normale, aurait été moins excitant. Ce bruitage agaçant donnait la dimension de la guerre, sans compter qu'on écoutait à faible intensité pour ne pas risquer d'être dénoncé.

Il y avait aussi tous ces messages personnels dont je me souviens bien, toutes ces phrases incompréhensibles que l'on savait pleines de sens pour celui à qui elles étaient destinées. Ainsi : « Le merlan n'aime pas la crevette. » C'était mystérieux comme une contrepèterie : « Les rossignols du caroubier enchantent ma belle-mère. »

Et un jour on a entendu, sans y prêter attention, ces vers de Verlaine : « Les sanglots longs des violons de l'automne bercent mon cœur d'une langueur monotone ». On ne savait pas qu'ils annonçaient le débarquement.

Magic Ciné

« Quel est le premier film que vous avez vu ? » On m'a souvent posé la question, et ma réponse est imprécise, j'ai plusieurs souvenirs anciens. Il me semble tout de même que mon plus vieux souvenir, c'est le rideau de perles. J'ai eu l'occasion de le revoir, plusieurs fois même, à la télévision : un homme sort d'une maison en écartant un rideau de perles. C'est le tout début du *Marius* de Pagnol, et l'homme en question, c'est Pierre Fresnay. Il sort du bar de son père, et pour moi, petit Parisien, ce rideau de perles était un objet mystérieux, inquiétant même, accompagné d'un cliquetis inconnu, précurseur, si l'on veut, du Passe-Muraille.

À la suite, pêle-mêle, je me revois avec ma grande sœur découvrant Charlot et hurlant de rire. Je donne des coups de pied dans le dossier du fauteuil devant moi : le spectateur qui y est assis se retourne et se plaint : « Arrêtez cet enfant, c'est insupportable... » Je me revois avec mon frère aîné, un esquimau glacé à la main, devant Tarzan, sa compagne et Cheetah.

J'allais beaucoup au cinéma avec ma mère. Elle avait découvert, au métro Rome, dans un grand hangar devenu depuis une fourrière, un petit cinéma dont les séances étaient assez brèves, comme celles qu'on proposait, gare Saint-Lazare et gare Montparnasse, aux voyageurs qui avaient raté leur train. On y offrait deux ou trois bandes d'actualités, un documentaire et deux dessins animés. Ça s'appelait Ciné-L'Auto. L'auto était écrit en majuscules gothiques, c'était le titre du quotidien sportif, tiré sur papier jaune, qui devint, à la Libération, *L'Équipe*.

C'est là que j'ai vu tant de dessins animés de Walt Disney, *Le Lièvre et la tortue*, *Les Trois Petits Cochons*, *Mickey pompier*..., des *shorts* de sept minutes, brillants d'inventions et rutilants de Technicolor.

C'est avec ma mère que j'ai pris ce goût de voir un film en compagnie de quelqu'un que j'aime. Pour parler en sortant. Je vais rarement seul au cinéma, il me faut une raison professionnelle, et j'en sors alors toujours rapidement, je fuis vers le métro ou vers ma voiture. Ma mère aimait le cinéma et adorait en parler. Je l'entends encore, pendant l'Occupation, me dire : « Quand la guerre sera finie, tu verras Buster Keaton. » Et elle en parlait comme d'un cadeau. Elle avait bien raison. Keaton est un des visages du cinéma auxquels je suis le plus affectueusement attaché.

En ces temps sans télévision, en 1930-1931, il y avait deux cent douze cinémas à Paris, et dans mon Levallois, cinq ou six salles. Je me souviens du Fantasio, de l'Éden, du Roxy et surtout de MON cinéma : le Magic Ciné. C'était une salle de mille deux cents places, avec des premiers rangs à sièges de bois abattants : un ressort solide les remettait droits quand on se relevait, ce qui produisait un claquement sec et sonore. Le jeudi après-midi, devant un film de cowboys, les coups de feu se confondaient avec les coups de siège quand l'agitation gagnait la salle.

Derrière, il y avait des sièges de velours et, tout au fond, des loges. Ajoutez sur la façade des entourages lumineux autour des affiches, une petite sonnette grelottante, une dame qui vend les tickets, un monsieur qui les déchire, et vous avez un cinéma ordinaire des années 1930 à 1960. Ordinaire peut-être, mais c'était MON cinéma. C'est là qu'on venait voir les photos du prochain programme, c'est là qu'on avait rendez-vous, au cœur de Levallois, 2 bis, rue du Marché. On y avait nos habitudes, on y avait nos places, on y avait nos rêves.

J'allais au Magic Ciné le jeudi avec des copains ou le mercredi soir avec mes parents (car le lendemain matin, jeudi, je pouvais dormir). Quand mon père disait, le mardi : « Le film qui passe au Magic a l'air bien, on va y aller », j'étais jouasse, j'étais même vachement jouasse (langage d'époque). Le mercredi soir, je houspillais mes parents pour qu'on n'arrive pas en retard.

Dans la rue, le plaisir commençait et je chantonnais, sur l'air de *Ils sont dans les vignes les moineaux*, une sorte de comptine familiale dont l'origine m'est inconnue :

*On va au Tsinn Tsinn Cinéma (*bis*)*

Dans les salles de quartier, certains spectateurs venaient un certain jour, chaque semaine, et s'installaient à *leur* place, que l'ouvreuse leur gardait. Mon oncle Marcel et ma tante Marthe allaient au Marcadet-Palace le vendredi. Le directeur les saluait par leur nom, et quand le film leur plaisait ils lui en faisaient compliment à la sortie. Je crois me rappeler que le vendredi était considéré comme un jour chic.

On arrivait, et dès la rue Carnot on entendait la petite sonnette qui annonçait que la séance était proche. On commençait à saluer des habitués. Les cinémas de quartier étaient des cinémas de village, un habitant de la rue de Tolbiac n'allait pas au Maillot-Palace.

On disait bonjour à des voisins, papa prenait nos places, des « réservées » (il y avait aussi des « premières », des « secondes »...), et on entrait. Un grand rideau était tiré devant l'écran où étaient dessinées des annonces locales : « Julien Damoy, épicerie fine, Buvez la Tasse » (une marque de café) et « Au Galant Parrain » (un confiseur), où un vieux dandy tendait un cornet de bonbons à une petite fille.

Ma mère cherchait des places qui ne soient pas trop entourées de fumeurs, car au cinéma, à cette époque-là, on fumait. Quand la salle était pleine, le samedi, un nuage stagnait au-dessus des spectateurs, nauséabond et sombre. Les faisceaux de la projection avaient du mal à le percer, et ces jours-là l'image était grise. Si l'action nous entraînait aux Baléares, on se croyait au Spitzberg. Fumer au cinéma était malsain aussi, mais surtout, extrêmement dangereux : l'incendie du cinéma de Rueil-Malmaison causa la mort de quatre-vingt-sept personnes. On n'usait pas encore de la pellicule ininflammable préconisée par un arrêté ministériel de 1927 et qui ne fut vraiment utilisable, et utilisée, qu'à partir de... 1960 – trente-trois ans plus tard !

En général, le spectacle commençait par les actualités. À la télé, on en voit parfois des extraits, illustrant des émissions historiques, et l'on entend une voix solennelle (celle des speakers professionnels, parfaitement compréhensibles mais lugubres) enchaînant les sujets les plus divers. Et cela dura jusqu'aux années 1950 : « En Corée, c'est la guerre de part et d'autre du cinquante-deuxième parallèle, mais en Floride de jolies baigneuses font du ski nautique, joie de l'onde, joie du sport ! »

Les bobines des maisons d'actualités (Gaumont, Pathé, Éclair, mais aussi Fox Movietone, Paramount) étaient louées aux exploitants de salles. Les plus fraîches étaient les plus chères. Dans les grandes salles des Boulevards, on voyait des sujets tournés trois jours plus tôt, mais à Levallois on était sans doute en « deuxième ou troisième vision », et il pouvait arriver que l'on regarde Vietto ou Speicher se décarcasser dans les Alpes alors que le Tour de France était arrivé l'avant-veille au parc des Princes.

Au début du Journal télévisé, nous rencontrions les as de la presse filmée, les Persin, les Mejat, qui nous parlaient amicalement en jetant un coup d'œil un peu protecteur sur nos petites caméras 16 millimètres. Plusieurs d'entre eux, quand le JT devint la grande source d'informations en images, entrèrent à la télévision. Ainsi Gilbert Larriaga, dit « Biscotte », qui deviendra un excellent réalisateur et que j'écoutais avec joie parler dans le jargon franco-américain des *news*. Son jour de repos c'était son *day-off*, une pellicule surexposée était « fromage blanc », une pellicule trop sombre était « dans le *schwarz* » (tiens ! de l'allemand), et quand il était mécontent de son travail, bon à jeter, il posait la bobine sur la table en lâchant un méprisant : « Panier-palace ! »

Un joli mot de métier au passage : le cameraman Gilles Bonneau rend visite à un vieil opérateur très malade, Conquet, qui lui dit : « Mon pauvre Gilles, je suis en fin de bobine. »

Comme je n'aurai sans doute pas l'occasion de placer plus loin une autre histoire d'actualité qui m'amuse beaucoup, la voici. Dans les années 1950, l'une des quatre sociétés françaises d'actualités, Éclair Journal, avait pris l'habitude d'accommoder ses sujets pour les rendre plus... vendeurs. Un titre : « Le problème des embouteillages ». Des images de rues bloquées, d'agents de police débordés, et un texte qui dit : « Dans les grandes villes le problème des embouteillages devient insoluble, etc. » Brusquement, une vue d'usine avec des milliers de bouteilles sur un tapis roulant. Texte : « ... mais dans ses usines modernes La Vittelloise a su résoudre le problème de l'embouteillage avec une machine miracle qui... » Pas mal, non ?

La télévision a tué les actualités avec ses événements tournés le jour même ou, mieux, diffusés en direct.

Au programme, il y avait, bien sûr, la bande-annonce. Elle embarrassait parfois mon père. Quand nous allions au cinéma, il choisissait toujours un film tout à fait convenable, mais comment contrôler la bande-annonce du film de la semaine suivante ?

Je me souviens d'en avoir vu une qui l'agita un peu. Quel était le titre, je n'en sais plus rien, mais il s'agissait à coup sûr d'un film français : on y voyait une femme attachant lentement ses bas à son porte-jarretelles, des baisers sur la bouche, et c'est l'embarras où se trouvait mon père qui fixa mon attention et me laisse à présent ce souvenir vague.

La joie d'une soirée de cinéma, il fallait la payer. Pour moi, la punition c'était le documentaire. Quoi qu'il raconte, je m'ennuyais : la pêche au thon, la cueillette des olives ou la construction d'un barrage... Les speakers (les mêmes qu'aux actualités) pontifiaient sur des textes assommants et sempiternels... le geste ancestral de l'artisan... la noblesse de cet animal qui... le ralenti nous permet d'observer... blottie au confluent de la Rouelle et du Godiveau, la riante bourgade de Saint-Taupin offre au visiteur...

Souvenez-vous : les fleurs s'ouvraient, les troupeaux

transhumaient, la pellicule tournait – et le speaker parlait.

Et tous ces docus consacrés à l'Afrique ! Les cinéastes français avaient là-bas des milliers de kilomètres carrés de savane, de jungle et de marigots à leur disposition, et j'imagine qu'à la longue, dans les villages les plus facilement accessibles, leur arrivée était annoncée par des guetteurs : « Attention, c'est Pathé Journal ! » – et les habitants de se préparer au tournage. Les femmes s'accroupissaient, un bébé dans le dos, posaient une calebasse à terre et commençaient à piler le mil, cependant que les hommes s'habillaient de plumes pour invoquer, au choix, la pluie s'il faisait sec ou le soleil si le sol était boueux.

Je pense même que le chef du village disait volontiers à l'opérateur disposant son trépied : « Moi, je serais vous, je me mettrais de l'autre côté de la hutte, ici vous allez être en plein contre-jour. »

Nul ne pourra jamais calculer le nombre de kilos de mil qui ont pu être pilés à la demande des cinéastes du XXe siècle, entre le Sénégal et le Dahomey. Les documents que nous montrent aujourd'hui les chaînes de télévision sont d'un autre intérêt.

Et puis après venait la récompense : le dessin animé. En dehors de ceux que je voyais ou que je revoyais au Ciné-L'Auto, j'ai l'impression que jusqu'en 1940 il y avait un dessin animé à chaque séance. C'était pour moi le plaisir absolu du programme, qu'on vienne voir Gary Cooper ou Fernandel.

Il y avait la production Disney, une vingtaine de films courts par an, avec Mickey ou Donald et les sujets sans héros récurrents, les *Silly Symphonies*. Il y avait aussi le magnifique Popeye de Segar, commandité par l'American Spinach Syndicate. Quand il avalait sa boîte d'épinards, on voyait une machine à vapeur dans son biceps se mettre en marche (j'ai vu, plus tard, les Popeye des années de guerre : dans le biceps apparaissait un char d'assaut !).

Les enfants, en général, détestent les épinards, et je ne crois pas que l'affection qu'ils portaient à Popeye ait pu y changer quelque chose.

Mickey avait nos suffrages, Mickey qui avait avalé le monde de l'animation, puisqu'on disait du premier dessin animé venu : « C'est un petit Mickey », comme on avait dit quinze ans plus tôt des films comiques : « C'est un Charlot. »

Je cite quelques lignes d'un excellent ouvrage :

« Né avec la crise de 1929, Mickey porte en lui l'optimisme courageux dont les États-Unis avaient besoin. Ce caractère de brave petit pionnier, ce fut son succès, ce fut aussi sa perte. Donald vint au monde, comique furibond qui préfigurait de Funès, et devint la grande vedette du Studio, car ceux qui font rire ont toujours le pas sur les raisonneurs. »

Oui, on ne peut pas parler du cinéma des années 1930 sans célébrer les dessins animés, condensés de rire, moments privilégiés d'un programme dont ils étaient, comme on dit, la cerise sur le gâteau.

Après cela venait l'entracte. Ceux qui allaient boire une bière se faisaient timbrer la main avec un coup de tampon. Ma mère, elle, apportait toujours une mandarine ou une orange, et nous en partagions les quartiers.

Puis le noir se faisait, ombre délicieuse, nuit propice au merveilleux rêve du cinéma.

Mes parents boudaient les gangsters et les cowboys, ils aimaient surtout les comédies. Mon père a déliré de joie devant *Circonstances atténuantes*, de Jean Boyer, et il avait bien raison. Ce film, qui n'est cité dans aucune histoire du cinéma, est épatant, Arletty et

Michel Simon y sont magnifiques. J'entends encore mon père chanter : « Comme de bien entendu » avec son reste d'accent russe. J'ai vu aussi les comédies adaptées des grands succès du boulevard français : *Fric-frac*, *Le Roi*, *Le Bois sacré*, *L'Habit vert*, etc. C'est là que j'ai commencé à prendre le goût de ces merveilleux acteurs qu'étaient Jules Berry, Saturnin Fabre, Victor Boucher...

On voyait aussi des films américains, bien sûr, et je me souviens d'avoir été passionné par les comédies où je regardais les Amerlos (langage d'époque). Ils avaient des réfrigérateurs grands comme des armoires et des autos grandes comme des bateaux. Ils couchaient dans des lits jumeaux, et quand ils étaient malades ils se glissaient un thermomètre dans la bouche, alors que chez mes parents le renseignement venait d'une autre source. Il y avait aussi, souvent, des scènes d'ivresse : on voyait un type se réveiller le lendemain et se mettre une poche de caoutchouc remplie de glaçons sur la tête. Que les parents couchent dans deux lits et qu'un pochard se soigne aux glaçons me stupéfactionnait de renversement, comme dit le sapeur Camember.

En fait, les comédies américaines, pour moi, étaient avant tout des documentaires exotiques sur l'Amérique. J'étais beaucoup plus intéressé par un presse-orange électrique que par une calebasse à piler le mil. Comme Zig et Puce, je rêvais d'aller là-bas.

Mais le cinéma n'était pas seulement la source d'un immense plaisir, c'était aussi un mystère. Ce mystère commençait avec « la cabine » (la cabine de projection), et l'un de mes délices était de monter m'asseoir tout en haut de la salle, au-dessous des trous carrés par où passaient les faisceaux lumineux. Si le projectionniste recevait un copain, on l'entendait parler d'une voix forte pour couvrir le bruit des appareils qu'il surveillait.

DES appareils, car il y en avait deux. Les films étaient constitués d'une demi-douzaine de bobines qu'il fallait enchaîner les unes après les autres le plus habilement possible, sans faire remarquer la césure.

En haut de la salle, on « entendait » ces enchaînements : on entendait le démarrage d'une machine puis l'arrêt de l'autre, et entre ces roulements le bruit d'une plaque de tôle commandée par un levier qui permettait d'intercepter le faisceau d'un projecteur et de dévoiler l'autre, brusquement.

Dans le coin supérieur droit de l'écran, quelques instants avant le changement, apparaissait une petite marque imprimée sur la pellicule qui prévenait le projectionniste de l'imminence de la manœuvre. Dans les salles d'exclusivité, on diffusait des copies neuves et le changement s'opérait discrètement, mais dans nos salles de quartier les bobines avaient déjà beaucoup roulé. La pellicule était rayée, des images manquaient, et la petite marque était surchargée de croix épaisses, tracées au crayon gras, et parfois même remplacée par un trou dans la pellicule. Le public avalait ça sans y prêter attention, mais moi qui savais, je jouissais de ma science. Je disais alors, très fier, à mon copain assis à côté de moi : « Ils vont changer de bobine » – ce dont il se moquait comme de son premier chewing-gum.

Il y a bien des différences entre les cinémas de quartier des années 1930 et les multiplex de l'an 2000, entre aller au ciné et se faire une toile.

Quand un nouveau film arrivait, on pouvait le voir à Paris dans une ou deux salles qui le présentaient « en exclusivité ». Trois ou quatre ou dix semaines plus tard, il passait « en seconde exclusivité » dans une douzaine de cinémas, avant d'arriver, « en sortie générale », dans les petites salles. Selon le succès de l'œuvre, le trajet pouvait être long.

Aujourd'hui, dans la France entière, le nouveau film sort le même jour dans deux cents, cinq cents salles. À chaque salle sa copie, dont le nombre augmente chaque année : en 2003, en France, ont roulé simultanément 752 copies de *Terminator 3*. Cette méthode est justifiée : si le film n'a pas grand succès, on aura toujours attrapé un certain nombre de spectateurs en première semaine avant que le bouche-à-oreille ne joue contre lui. Et puis il faut que tout soit en place dans la France entière lorsque les comédiens sont interviewés à la télévision, à la veille de la sortie (c'est Simone Signoret, je crois, qui avait baptisé ces obligations « le service après-vente »).

Une autre différence : on a vu petit à petit, sans qu'on en parle, disparaître le cinéma permanent. Les séances s'enchaînaient sans interruption de quatorze heures à minuit ; on pouvait entrer ou sortir à tout moment. Bien sûr, quand il ne restait qu'une place libre au milieu d'un rang, on écrasait un peu les pieds des spectateurs déjà installés, mais qu'importait, on pouvait voir le film deux fois de suite. Moi qui vous parle, ou plutôt qui vous écris, j'ai vu trois fois de suite *La Règle du jeu* quand elle a été à nouveau présentée, en 1946 ou 1947, après sa carrière chaotique de 1939.

En fait, aujourd'hui, toutes les salles de cinéma (à l'exception des salles d'art et d'essai, les salles de reprise et de répertoire, bénies soient-elles de continuer d'exister !) sont « en exclusivité », et c'est la télévision qui a pris la place de la salle de quartier.

Le lycée

Après quatre ans à l'école de la rue Marius-Aufan, à Levallois, je vais au lycée, et le lycée auquel est rattachée notre commune, c'est Pasteur (à Neuilly), le seul établissement secondaire de la banlieue nord-ouest. Les quelques élèves des écoles communales alentour qui poursuivent leurs études après le certif' vont au lycée Pasteur.

J'y suis arrivé en octobre 1937, et d'emblée j'ai pris un grand coup sur la cafetière (langage d'époque) en découvrant mon nouvel univers. À la communale, j'étais, en général, le premier ou le deuxième de la classe, à qui l'instituteur, M. Ferrand ou M. Boussuge, disait : « C'est très bien. Je suis content. » L'instituteur était content, et mes parents allaient l'être aussi. Quand je suis entré à l'école, à cinq ans et demi, j'ai été le dernier de la classe le premier mois. En juin, j'étais premier. Sur le livret scolaire, mon père a signé et écrit : « Merci mon fils. »

Au lycée Pasteur, je perds mon instituteur, j'ai des professeurs différents pour chaque matière : français-latin, mathématiques, histoire-géographie. On change de classe sans arrêt : il faut toujours avoir auprès de soi sa besace avec tous les livres dedans : sciences nat, allemand... Oui, je faisais de l'allemand. Comme mon père le parlait couramment, il avait décidé que je ferais de l'allemand : « C'est la langue de la science et de la technique. » Il ne pouvait pas prévoir que je serais un saltimbanque.

Je me souviens de mon professeur de gymnastique. La gym, ce n'était pas mon affaire, je n'ai jamais été capable de grimper à la corde jusqu'à l'anneau. J'étais un gros grand petit garçon qui n'avait aucun goût pour le football et le basket. Le seul sport qui m'ait jamais intéressé, c'est le vélo, parce qu'on est assis. J'ai toujours été mal avec les profs de gym. Je faisais partie de ceux qui traînent, et c'est vrai que j'y mettais de la mauvaise volonté, en plus.

Je ne résiste pas ici à rapporter le fameux mot de Winston Churchill, ce gros monsieur mort à quatre-vingt-un ans. À un journaliste qui lui demande : « Qu'est-ce qui vous a donné cette vitalité extraordinaire qui vous permet d'être l'homme que vous êtes encore aujourd'hui ? », il enlève son cigare de sa bouche et répond : « *No sport.* » On imagine Hitchcock disant cela.

C'est au lycée que j'ai découvert les classes sociales. Dans mon école de Levallois, ni mon père ni les pères de mes copains n'avaient d'auto – nous sommes en 1937 : les autos témoignaient d'un certain niveau social. Là, j'ai des copains dont les pères ont même des « américaines ». Un autre monde.

Au début de l'année, les profs demandent la profession des parents, et j'entends un garçon répondre : « Agent de change. » À la maison, le soir, j'ai demandé : « Qu'est-ce que c'est, un agent de change ? » Mon père a essayé de m'expliquer, d'abord le change, et la Bourse, et les banques, toutes choses que j'ignorais, et qui ne m'intéressaient d'ailleurs pas.

Il y avait tous ceux qui avaient des chaussettes

anglaises à carreaux. Je trouvais ça superbe, mais ça coûtait beaucoup plus cher que les tristes chaussettes de laine grise ou marron que nous portions à Levallois.

Et puis il y avait ceux qui faisaient du tennis. Je voyais beaucoup de courts de tennis dans les environs du lycée Pasteur. Les hommes portaient des pantalons blancs, et les femmes, des jupettes blanches. Il y avait de grands grillages qui nous séparaient d'eux – et l'on entendait des mots anglais lancés d'une voix un peu amortie.

Le lycée Pasteur s'était fait une spécialité des profs écrivains qui n'avaient pas envie de corriger trop de copies. Il y avait Jean-Paul Sartre. Quand je suis entré en sixième, il était prof de philo. Il commençait à écrire. Il y avait aussi un romancier qui a eu le prix Goncourt, Robert Merle, prof d'anglais. Romancier aussi et prof d'anglais, Georges Magnane. Prof d'anglais encore, le Carpentier des livres d'anglais Carpentier-Fialip.

Je garde surtout le souvenir de Philippe Van Tieghem, que j'ai eu comme prof de littérature en première, séduisant au possible. Avec ses vestes en tweed, sa pipe et cette façon un peu persifleuse de parler, il ressemblait à Jean Dutourd. Il nous traitait comme des étudiants. Il nous a fait toute l'année Voltaire et Rousseau. On disait qu'un jour il avait envoyé au bac un fils de famille qui l'avait emmerdé toute l'année avec cette mention sur son livret scolaire : « Choisit bien ses cravates. »

Un de mes meilleurs amis a fait ses études au lycée Buffon. Il y avait en face un bistrot qui s'appelait Le Buffon, et le prof avait fait cadeau de cette appréciation à un garçon qui n'était pas très assidu en classe : « Est plus souvent au Buffon qu'à Buffon. » Très vache, mais drôle.

Le plus célèbre de tous les professeurs, Daniel-Rops, dont le nom était Henri Petiot, avait un port de tête extraordinaire. Le cou était décharné et le visage toujours levé. Il souffrait d'une maladie rare, la ptôsis. Elle paralyse le muscle qui relève la paupière.

Un corps fragile, mais un professeur de grande qualité. Au début de l'année, il nous a dit : « Messieurs, c'est vous qui passez votre bachot, ce n'est pas moi. Chaque semaine je vous donnerai les chapitres d'histoire que vous devrez étudier. Si vous avez des questions à poser, je suis à votre disposition. En classe je vous ferai un exposé sur un sujet particulier concernant cette époque. »

Je me rappelle notamment que, quand on a étudié la révolution de 1830, il ne nous a pas parlé de la France mais de la Belgique, car les Belges ont fait une révolution, dans la foulée et à l'exemple de la France : c'est alors que la Belgique est devenue une monarchie constitutionnelle. Cet exemple lui permettait d'évoquer la révolution française sous un angle différent, en montrant ce qu'elle était devenue, vue par les Belges. Un homme remarquable.

Il a écrit un *Jésus en son temps* qui a eu un immense succès. On raconte que Mauriac, rencontrant Mme Daniel-Rops vêtue d'un très beau manteau de fourrure, le caressa doucement en murmurant : « Doux Jésus... ».

En 1939, quand on a distribué à tous les Parisiens des masques à gaz – dont les boîtes métalliques et cylindriques ont très vite servi à transporter des casse-croûte ou une bouteille de côtes-du-rhône –, mes parents, qui avaient vécu la guerre de 1914 et se souvenaient de l'ypérite qui avait brûlé les poumons de centaines de soldats, se sont dit : « Les Boches vont utiliser les gaz, c'est sûr. Hitler est prêt à tout, il ne faut pas que Pierre reste là. » On décida alors que je ne passerais pas l'année scolaire à Paris. On m'envoya à Auxerre, dans l'Yonne. Pour moi, la guerre a été un entracte délicieux dans ma vie, parce que je me trouvais en province.

Une de mes sœurs vivait à Auxerre, son mari était professeur d'histoire-géo au lycée Jacques-Amyot. Ils habitaient avenue Marceau, devant la caserne. Petit garçon, j'allais déjà passer les vacances de Pâques et les grandes vacances à Auxerre et dans un très joli village non loin de là, où ils avaient une petite maison, Vincelottes, au bas de la côte d'Irancy – un excellent vignoble. C'est pour moi l'expression parfaite de la beauté du paysage français. Et si l'on parle campagne devant moi, je revois la colline d'Irancy, et l'Yonne qui coule tout en bas.

J'ai fait mon année scolaire de quatrième là-bas, comme je l'aurais faite à Paris, mais, quand je sortais de classe, en cinq minutes j'étais dans les champs ou, devant une table, dans un jardin, à jouer à la grande nouveauté d'alors : le Monopoly.

J'avais des copains qui étaient internes. Ils venaient parfois en classe en charentaises. Ils avaient leurs armoires dans les dortoirs, des armoires dans lesquelles il y avait du chocolat, des bonbons, des pots de confiture, et sur la porte, placardées à l'intérieur, des photos de Danielle Darrieux, ou de dames en déshabillé. À quinze ans ils avaient des têtes de vieux garçons.

Après cette année passée loin de Paris, je retrouve mon lycée Pasteur. Mais les classes ont changé. Je vais me faire d'autres copains. Il me semble que le premier à qui je me sois vraiment lié, c'est Philippe Atger, que j'ai dû connaître en troisième et que j'ai suivi ensuite, le bachot passé, jusqu'à sa mort tellement prématurée. Protestant, cévenol, il était brun de poil et d'œil. Il a fait une carrière politique de chef de cabinet, mais aussi de journaliste, poète, critique de cinéma, fidèle et jaloux en amitié.

Ses amis proches, j'en étais, ont été amenés à partager avec lui une aventure intellectuelle pleine d'humour.

Il avait imaginé un pays dont il était le chef : l'Alfanie. Il avait inventé du même coup des personnages dont il avait choisi l'identité et les opinions. Il découpait dans des annuaires des photos de personnalités qu'il classait dans des boîtes en leur donnant un nom et une existence politique. Il avait nommé auprès de moi un ambassadeur dont je détenais la photo, dans une enveloppe. À la suite d'une dispute, il rappela son ambassadeur et, le lendemain, je lui rendis l'enveloppe.

Il nommait un gouvernement dont les ministres avaient des tâches précises : les rapports avec sa propre mère, la préparation d'un examen, des choix de spectacles. Le général Carmichael, au printemps de 1944, constitua une équipe d'union nationale. Il fallait passer le bac. Quand Philippe fut bachelier, Carmichael devint maréchal.

C'était un jeu d'une telle rigueur que tout paraissait vrai. Atger était un être gai, amusant, brillant causeur. Au fond, comme certains font collection de timbres, il faisait collection de têtes. C'était une grande plaisanterie qu'il fallait prendre au sérieux. Et comme il était passionnant, amical, chaleureux, on le faisait avec plaisir. Son intelligence et sa sensibilité baignaient dans un humour que je n'ai jamais retrouvé chez d'autres. Quand il mourut, sa femme et ses fils placèrent les boîtes de photos dans son cercueil.

En première, avec Van Tieghem, j'ai comme condisciple, comme voisin de banc, comme compagnon de chaîne, Jean-François Deniau. Deniau, sur la photo de l'année, porte des culottes courtes. Il est le seul de la classe. Il est là, avec son visage fin, son regard curieux, rieur, moqueur. Je ne sais plus comment a commencé l'intérêt que nous avions l'un pour l'autre – sans doute le goût du bizarre, du non-conformisme. Nous nous sommes repus toute l'année durant de la lecture d'auteurs comiques, en particulier Courteline. Courteline a des défauts, ses sentiments de petit-bourgeois étriqué sont un peu fatigants, mais il s'y mêle du délire.

« Nous étions sept : Trouduc, Gagadois, Lecuchet, les deux dames en claque qu'on avait rencontrées au début de la soirée et ce vieux monsieur si distingué, chevalier de la Légion d'honneur, qui a été consul en Mésopotamie... » Quand je me retrouve avec Deniau, il y en a toujours un des deux pour partir là-dessus – c'est *Théodore cherche des allumettes*.

J'ai un souvenir d'une classe de latin, car nous faisions du latin. On avait des pupitres à deux places dont le fond était ouvert : la case dans laquelle on mettait nos papiers, nos serviettes, communiquait avec l'extérieur côté estrade et professeur. Un jour, j'ai découvert une traduction juxtalinéaire de Cicéron. Une juxta, c'était un bouquin qui ne se faisait plus et qui datait des années 1910-1920, où il y avait, par exemple, un texte de Cicéron ou de Virgile sur la page de gauche, et à droite, une traduction élégante en quelques lignes, et, surtout, ce qu'on appelait la « juxtalinéaire », c'est-à-dire la traduction mot à mot du texte latin. Pour un paresseux, c'était le rêve. Ce jour-là, j'avais ce livre, dans la case, ouvert, glissé au-dessus de ma serviette. Dans un mauvais mouvement, le livre, tel un avion en vol plané, a été atterrir sous les yeux du prof, à la bonne page...

Je ne me souviens plus du tout de ce qu'il a dit. Je

vais en parler à Deniau, mais il ne va pas se le rappeler. C'est toujours pareil : quand je rencontre de vieux copains, ils me disent : « Tu te souviens du jour où... », ils me racontent un souvenir, parfois très amusant, que j'ai totalement oublié. Et je leur cite à mon tour des choses qui ne leur évoquent rien... Curieux, non ?

À l'époque, Deniau habitait rue de Chézy, à Neuilly. Sa mère avait énormément d'allure et d'humour. J'ajouterai qu'elle faisait très bien la tarte au citron.

Jean-François était persifleur, malin comme un singe. J'ai été souvent naïf devant lui. Un jour, c'est après les vacances de Noël, il me dit :

« Tu as vu le nouveau calendrier ?

– Oui. Le facteur l'a apporté.

– Tu l'as lu ?

– Non, je lis rarement le calendrier.

– Alors tu n'as pas vu un truc extraordinaire : cette année le mardi gras tombe un mercredi...

– Ah bon... » Le temps que je réalise, il avait tourné les talons.

Nous participions à une activité réservée aux élèves des grandes classes, première et philo : nous étions inscrits aux « équipes nationales », équipes destinées à aider les victimes des bombardements dans la région parisienne.

Il ne faut pas oublier que quand les Américains sont arrivés à Paris, il y a des gens qui leur ont fait grise mine : ils avaient perdu des proches dans les bombardements de la Chapelle, de Billancourt... Pour eux, comme pour beaucoup d'autres, c'était clair : les Anglais font des bombardements ciblés, ils prennent des risques, ils volent bas. Alors que les Américains, avec leurs forteresses volantes, lâchent un tapis de bombes de très haut. L'objectif est parfois atteint, mais, comme on dit aujourd'hui, moyennant de sacrés dommages collatéraux.

Un jour, on arrive en classe à 8 heures le matin, et au bout de dix minutes un homme de service passe et demande : « Il y a des équipes nationales, ici ? C'est pour aller à la Chapelle. » On se lève, on va couper au cours de maths... pas de quoi en faire une maladie. Nous enfilons le brassard que nous avions toujours dans une poche, et nous parvenons sur les lieux.

La grande gare de la Chapelle avait été bombardée. On nous entraîne dans un marché couvert vide et on nous dit : « On va faire une morgue. Installez les tables. » On nous montre le grand empilement des tables de marché : deux tréteaux, une grande planche.

Nous nous emparons des planches, nous les portons au fond, les installons, puis recommençons. Mais à chaque passage, il y avait plus de corps. Ils envahissaient entièrement la salle.

Je les revois dans la pose où la mort les avait surpris, certains avaient des membres brisés qui pendaient. Leur peau était rose. Et sur une partie de ces grandes tables il y avait des petits corps d'enfants.

Un autre jour, on déblaie le sol d'un immeuble abattu. Arrive une jeune fille affolée qui dit : « Je cherche le numéro 27 », et nous lui répondons : « C'est ici, mademoiselle », en lui montrant les tas de pierres, les morceaux de bois, la poussière...

Par la suite, on s'est souvent perdus de vue, on s'est souvent retrouvés, l'un apprenait ce que faisait l'autre dans les journaux. Je savais qu'il n'avait pas changé : homme politique libre, marin aventureux... « Homme libre, toujours tu chériras la mer... »

En philo, j'ai vu arriver Bernard de Fleury, dit Bernard Lavalette. Nous sommes en octobre 1944, dans l'état d'euphorie d'un pays libéré. Pas complètement, toutefois, il y a toujours la poche de Royan, et plus loin, dans les Ardennes, de jeunes hommes vont tomber, des Français, des Américains, des Allemands... La fin de la guerre, c'est le 8 mai 1945, et non pas le 24 août 1944. Mais nous sommes à Paris, j'ai seize ans, et le monde est à moi. On peut marcher dans la ville toute la nuit, on n'a pas à craindre quoi que ce soit, ni les rafles, ni le Service du travail obligatoire.

Des ciné-clubs commencent à ouvrir ici et là, et je sens monter en moi une envie de faire du cinéma. Pour nous, en zone occupée, les films américains étaient interdits de projection depuis juin 1940. La musique américaine était elle aussi interdite. Count Basie, Duke Ellington, on ne les écoutait que sur des 78-tours que certains copains possédaient parce que leurs parents s'y étaient intéressés en 1938-1939.

Mais si on sait qui est Fats Waller ou Duke Ellington, on ne connaît pas les plus jeunes. Et c'est sur la chaîne radio de l'armée américaine, l'AFN (American Forces Network in Europe), que nous allons les découvrir. De même, nous ne savons rien alors d'Humphrey Bogart. Le premier film très marquant qu'il ait tourné, *Le Faucon maltais*, remonte à 1941, mais nous ne le verrons qu'en 1946.

Je découvre, en parlant avec lui, que Bernard de Fleury s'intéresse au théâtre, au cinéma et aussi au tennis. Beau physique de comédien. Quand il a commencé à chanter, il lui a fallu trouver un pseudonyme. Comme son père avait un vieux château à Villebois-Lavalette, dans la Charente, je lui ai suggéré : « Pourquoi ne t'appelles-tu pas Lavalette ? C'est un nom épatant. – C'est léger, ça fait jeune premier comique. » Je parle d'une époque où il y avait encore des emplois bien définis au théâtre.

On est devenus copains et on s'est mis à faire des numéros ensemble. On faisait ça à la récréation, ou au cours des séances de plein air, quand on avait du public. Nous improvisions des numéros comiques, des mimes. Je me rappelle que je faisais notamment l'explorateur dans la jungle dévoré par les fourmis rouges... Je mimais les souffrances de ce malheureux homme. Je faisais Œdipe, aussi : il se crevait les yeux et finissait par jouer aux billes avec. On avait tout un numéro sur Guillaume Tell, où l'on reprenait une vieille entrée de clowns bien connue. Nous étions moins heureux dans les disciplines philosophiques...

Nous avions un grand copain : Pierre Denis d'Inès, le fils du doyen de la Comédie-Française. Il habitait un atelier d'artiste porte de Champerret. Un jour, en avril, le bac approchant, nous avons envisagé tous les trois notre situation : elle n'était pas fameuse. Nous étions très dissipés. Je me suis vu mal parti, je pensais à ma mère : il était si important pour elle que je réussisse mon année !

La philo, c'est aussi une question de chance, on peut tomber sur un sujet sur lequel on trouvera quelque chose à dire. Mais les disciplines scientifiques, c'est autre chose. Nous avons donc potassé les *Annales du baccalauréat*, cette brochure qui publiait annuellement tous les sujets des années précédentes dans toutes les académies de France, pour voir ce qui revenait le plus souvent.

On s'est mis au bachotage intensif. Les dernières semaines avant l'examen, nous ne sommes même plus venus en classe. « Je vous prie d'excuser mon fils de son absence due à une indisposition passagère. » Je survolais Kant et Spinoza, Bismarck et Fachoda...

Avant que j'apprenne si oui ou non j'étais recalé au bachot, est arrivé, du lycée, le bulletin du troisième trimestre, et j'ai réussi à le détourner. J'ai bien fait, parce qu'il y était consignée cette formule terrifiante : « Ne sera pas repris dans l'établissement s'il échoue au baccalauréat. »

J'ai tenté alors le tout pour le tout : j'ai appris par cœur un certain nombre de sujets, je les savais vraiment « au rasoir », comme disent les comédiens.

Le jour de l'examen, en sciences nat, l'un des trois sujets était intitulé : « La lymphe et la circulation lymphatique ». Je l'avais joué ! J'ai pris mon stylo et j'ai tout balancé. Dessins superbes. C'était noté sur 5, j'ai eu 4,75, c'est-à-dire 19/20. C'est la seule fois de ma vie où j'ai eu une note pareille, complètement imméritée puisque je n'avais pratiquement pas suivi les cours et que j'avais appris le sujet par cœur. Dans les autres matières survolées, j'ai eu des notes à peu près moyennes, et, dans la liste des reçus, j'ai fini par découvrir mon nom. Je l'ai lu, relu, je ne l'ai jamais tant contemplé.

Et je suis rentré chez nous pour annoncer la bonne nouvelle. L'enfance venait de finir.

L'envie

L'envie de faire du spectacle est venue en moi petit à petit. Elle a commencé de bonne heure. Ma mère m'a rappelé un jour une anecdote qui l'avait surprise. Quand j'étais petit garçon, six ou sept ans, à l'école communale, un inspecteur vient, pose des questions aux enfants et me demande : « Qu'est-ce que tu veux faire quand tu seras grand ? » L'instituteur a rapporté à ma mère, qui en fut très étonnée, que j'avais répondu : « Je voudrais être acteur à la Comédie-Française. » Or je n'avais jamais été au théâtre. Comment pouvais-je savoir ce qu'était la Comédie-Française ? Mystère...

Dans les années qui suivent, je vais aller au théâtre, assez peu, d'ailleurs, et je me souviens d'un spectacle que l'on donnait au Châtelet : *Le Tour du monde en quatre-vingts jours*. On y voyait, en chair et en os (c'est-à-dire *live*), oui, on y voyait l'attaque d'un train par les Indiens avec de vrais chevaux, une fausse locomotive d'une vérité confondante, le bûcher où l'on va brûler Mrs Aouda, et le paquebot, et les ballets... C'était prodigieux, le Châtelet ! Il y avait, comme toujours, un trial (dans les opérettes, c'est le chanteur comique), il jouait Passepartout, le domestique de Philéas Fogg, et quand un Espagnol lui disait bonsoir :

« *Buenas tardes !*

– *Boulevard Barbès* », répondait, avec l'accent, Passepartout.

J'avais dix ans et je hurlais de rire à ce calembour : dans ces grands spectacles populaires, c'est le talent des acteurs comiques que de les faire passer dans l'éclat des décors et le fracas de la musique.

En 1939, on m'a offert un très beau spectacle. À la Comédie-Française (enfin !), j'ai découvert *Cyrano de Bergerac*. C'était l'entrée de cette pièce de 1897 au répertoire du grand théâtre national. Les décors et les costumes étaient de Christian Bérard. Cyrano était joué par André Brunot, doyen de la Comédie-Française, professeur au Conservatoire. C'était un homme rond de soixante ans, certes, mais quelle fougue, quelle jeunesse ! Brunot avait une voix chaleureuse, et les vers chantaient. Rostand resplendissait. Moi, j'étais assommé d'émerveillement.

Dans les jours qui suivirent, je me suis procuré *La Petite Illustration*, qui publiait le texte des pièces de théâtre. Une semaine plus tard, je savais *Cyrano* par cœur.

Mais ce qui allait me donner l'envie profonde de faire du spectacle, dès l'âge de onze ou douze ans, c'est le cinéma.

Les deux années qui précèdent la guerre de 1939-1945 sont un véritable boulevard des chefs-d'œuvre. En quelques mois, la France nous offre *La Femme du boulanger*, *Le Quai des brumes*, *Hôtel du Nord*, *La Bête humaine*, *Le jour se lève*, *La Règle du jeu*. Les Américains : *L'Impossible monsieur Bébé*, *Vous ne l'emporterez pas avec vous*, *La Huitième Femme de Barbe-Bleue*.

Pour un garçon de mon âge : *Les Disparus de Saint-Agil*, *Les Aventures de Tom Sawyer*, *Les Cinq Sous de Lavarède*, *Laurel et Hardy au Far-West...*

Et *Robin des Bois*, et *Blanche-Neige et les sept nains*.

Ces deux-là, en flamboyant Technicolor, étaient à mettre à égalité. Ils étaient certes, différents, mais avaient en commun la perfection du scénario. Les légendes du Robin de la forêt de Sherwood composaient un suspense passionnant, Michael Curtiz, après cent douze films tournés en Hongrie, en Autriche, en Allemagne et aux États-Unis, réalisait là sa cinquième collaboration avec le bondissant, l'éblouissant Errol Flynn, qui avait la chance unique à nos yeux de tenir dans ses bras Olivia De Havilland. Quant à *Blanche-Neige*, la grande invention du scénario, c'est d'avoir donné aux nains, contrairement au conte des Grimm, des caractères bien identifiés par un comportement spécifique – l'un éternue, l'autre rougit, un troisième s'endort... Ajoutez-y les décors, des musiques intelligemment choisies, et vous avez une œuvre parfaitement réussie.

Je me souviens d'un déjeuner avec François Truffaut où nous avons parlé de Disney. Et nous sommes convenus de dire : « Hitchcock et Disney, même combat, plus réussi est le méchant, meilleur est le film. »

Tous les films de cette époque m'ont enchanté, mais il en est un qui m'a profondément marqué : *La Chevauchée fantastique* (*Stagecoach*), de John Ford. Une révélation pour moi. Car j'ai compris ce jour-là que toute cette aventure avait été *écrite*, *réalisée* et *jouée*, que ce formidable plaisir avait été *produit* par des gens dont c'était le métier. Quelles admirables professions que celles qui s'assemblent pour raconter un mensonge sur un grand morceau de toile ! Je l'ai revu, bien sûr, très vite, et j'ai découvert que je pouvais raffiner mon plaisir en l'analysant. Un film était une œuvre, on pouvait faire une explication de texte de *Stagecoach* comme du *Mariage de Figaro*.

Au demeurant, je ne me suis pas trompé, il s'agit bien d'un grand film. John Ford, Dudley Nichols, John Wayne, Claire Trevor, Thomas Mitchell ont donné une vérité confondante à cette aventure.

Quand on a proposé à Orson Welles de faire un film qui allait être *Citizen Kane*, lui qui était célèbre comme comédien, directeur de troupe, metteur en scène de théâtre, mais qui n'avait pas dirigé de réalisation pour le cinéma, il n'a pas voulu assister au tournage d'un autre pour apprendre. Il avait trop d'orgueil.

Il a visionné une vingtaine de fois *La Chevauchée fantastique*, parfois accompagné d'un technicien afin de se faire expliquer comment on devait procéder pour réaliser la prise de son, comment avaient été mis au point les éclairages de telle scène. Et ça lui a réussi.

C'est en voyant *La Chevauchée* que je me suis dit : « C'est ça que j'ai envie de faire : des films ! »

En attendant, je ne la reverrais pas de sitôt, *La Chevauchée*, car, je l'ai dit, les Allemands, en zone occupée, vont interdire pendant quatre ans la projection des films américains. Je n'irais pas voir non plus de films allemands, c'était un principe dans la famille. On y ajoutait ceci : « Les Boches nous prennent tout, on ne va pas, en plus, leur donner des sous. »

Les seuls films étrangers que je verrai pendant l'Occupation seront italiens. Je me souviens de Gino Cervi dans les films de Blasetti, *La Couronne de fer* ou *Une aventure de Salvatore Rosa*. Et, à défaut d'Errol Flynn, nous avions Ciro Veratti, *Le Corsaire noir* ; le nom du héros était magnifique : Zamba di Ferro ! Je me souviens aussi d'une excellente comédie dont l'héroïne était Renée Saint-Cyr, *Roses écarlates*. J'ai découvert plus tard que le magnifique jeune premier était aussi l'auteur du film (c'était son premier), Vittorio De Sica...

L'exploitation cinématographique française, de 1940 à 1944, fut triomphale. Au cours de cette triste période, le cinéma vous assurait trois heures d'oubli et de rêve. Les salles étaient pleines. Au cœur de l'hiver, on emportait des couvertures, une bouillotte, car le chauffage était souvent inexistant. Dans les grandes salles, avant la séance, le projectionniste diffusait un disque qui disait à peu près : « Mesdames et messieurs, une alerte est toujours possible. Au cas où elle surviendrait, nous vous demandons de gagner les abris selon les indications du personnel de la salle préposé à cet effet. »

Je n'ai jamais assisté à une séance troublée par une alerte. (En revanche, au lycée, ça m'est arrivé, et c'était délicieux. On descendait, en désordre, dans les caves des beaux immeubles du boulevard d'Inkermann, les fayots se groupaient autour du prof et les autres s'égayaient dans les couloirs... Hélas, à cette époque, les lycées n'étaient pas mixtes.)

Les actualités étaient diffusées salle allumée pour éviter les sifflets et les invectives lors de la projection des voyages de Pétain ou des apparitions de Hitler. Ce qui était bien utile, car de nombreux messieurs en imperméable observaient les spectateurs. Les bravos, en revanche, éclataient dans le noir dès qu'une séquence consacrée à un héros français en donnait l'occasion, dans *Pontcarral, colonel d'Empire* ou dans *La Symphonie fantastique* (la vie de Berlioz), par exemple.

Il y a des réalités dont nous n'avons eu conscience qu'après la guerre. Les auteurs, les techniciens, les comédiens juifs de films tournés en 1938, 1939, étaient rayés des génériques d'une façon systématique. Nous avons montré à Ciné-Classic un document des Archives du film : le générique de *Grisou*. Sur le carton annonçant le scénario signé Pierre Brasseur et Marcel

Dalio, le nom de Dalio était barré par un gros trait maladroit.

J'ai vu en 1942 *Macao, l'enfer du jeu*, un film de Jean Delannoy dont le héros était joué par Pierre Renoir. Or le film avait été tourné en 1939-1940 avec Eric von Stroheim, qui était juif. Le film fut donc interdit et la maison de production mise en péril, aucune rentrée d'argent ne pouvant être espérée. Delannoy retourna alors les scènes tournées par Stroheim avec Pierre Renoir, à qui la production donna l'assurance que, après la guerre, on rétablirait la première version. Ce qui fut fait, bien sûr.

Notons au passage que, en 1944, Robert Le Vigan, le merveilleux acteur très compromis pendant l'Occupation, s'enfuit en Allemagne après avoir tourné quelques scènes des *Enfants du paradis*. Qui le remplacera ? Pierre Renoir.

Le cinéma français de cette époque était plein de force créative. René Clair, Julien Duvivier, Jean Renoir, étaient partis aux États-Unis. Mais, parmi les débutants, il y avait Jacques Becker, Louis Daquin, Henri-Georges Clouzot, Claude Autant-Lara...

Un trait particulier de ce cinéma français-là : aucune des histoires contemporaines ne donne l'impression de l'être. Les films de 1942 ou 1943 ont l'air d'être tournés en 1938. Pas de semelles de bois, pas de tickets de pain, pas de camion à gazogène. On trouve certes, si l'on cherche bien, une modeste allusion aux rues plongées dans le noir, le soir (je cherche un mot français pour dire *black-out*), dans un film de Guitry où l'on parle des lampes de poche indispensables pour se déplacer, *Donne-moi tes yeux*... Mais c'est tout, ou à peu près.

Les cinémas étaient nombreux à Paris, et bien sûr nous cherchions les moins chers. Nous avions découvert une petite salle minuscule dans une des rues qui finissent avenue de Wagram, la rue de l'Étoile, qui portait un nom superbe : L'Œil de Paris. Nous avions surtout le goût du Studio Obligado, avenue de la Grande-Armée (la station de métro Argentine s'appelait alors Obligado). Ce cinéma était formé de deux salles contiguës séparées par des toilettes communes. Nous prenions un ticket pour la salle n° 1 et, par les toilettes, avec l'aide d'un petit tournevis ou d'une lime à ongles, nous allions voir l'autre film dans la salle n° 2 – sans payer. Ces petites salles ne pouvaient pas s'offrir la location de films nouveaux, et c'est là que j'ai vu, pendant ces quatre ans, une grande partie des films des années 1930.

C'est là aussi qu'est né mon émerveillement pour Michel Simon, Arletty, Carette...

Le destin de Julien Carette m'a toujours frappé. Ce petit Parigot malin, touchant, cocasse, a disparu tragiquement après avoir tourné cent vingt films. Il était né en 1897 et il fit d'abord une belle carrière d'acteur au théâtre, jouant aussi bien l'opérette que le classique. L'arrivée du parlant va mettre sa voix gouailleuse en vedette : il sera l'artiste de *La Grande Illusion*, le chauffeur de la locomotive de *La Bête humaine*, le braconnier de *La Règle du jeu*. Trois grands Jean Renoir.

Il avait un langage pittoresque. Je le revois sur les bords de la Seine, un soir de 1962. Il tourne *Le Journal de Salavin*, de Granier-Deferre. Il est très mécontent, il vient de faire de mauvais placements en Bourse : « À partir de maintenant, je ne m'occupe plus de mes actions, je m'assois dessus et c'est mon cul qui décide. » Bizarre agent de change !

On parle devant lui de ce phénomène physiologique connu qui fait ressentir à une personne amputée d'un membre une démangeaison à cet endroit-là. « Louis XVI ! Quelle migraine ! » dit-il.

À l'occasion d'un grand banquet donné en l'honneur du cinéma français, de nombreux acteurs sont invités. Une grande dame, comédienne fameuse, apprend que Carette sera là. Elle redoute ses propos, souvent salaces. Elle s'en ouvre à l'organisateur, lequel demande amicalement à Carette de se modérer. Ce qu'il fait, la soirée fut de bon ton. À la fin du repas on se lève, la grande dame passe non loin de Carette, et lui, à haute voix, se libère : « Alors, madame, je ne vous ai pas fait trop chier ? »

Il parlait volontiers de Ninette, son épouse, qu'il avait séduite en la faisant rire. Il l'avait emmenée un dimanche dans une guinguette et avait usé de ruses pour la décider à monter dans une chambre. Elle résiste encore. Il fait très chaud, Carette veut ouvrir le vasistas, il a du mal car il n'est pas très grand (1,61 mètre), il se hisse sur la pointe des pieds, s'étend, se tortille : « Je pousse, je tire, je pète !... Elle rit !... J'avais gagné ! »

Il avait aussi un compagnon fidèle, le vin blanc : Ninette se méfiait de ce faux ami. Il en dissimulait des bouteilles dans une cabane au fond du jardin de leur maison. Quand quelqu'un lui rendait visite, il l'emmenait voir ses plantations et trinquer en loucedé (en douce).

Quand il tournait en studio, Ninette venait parfois déjeuner à la cantine. Le garçon était au courant des habitudes. On commandait l'œuf mayonnaise, le sauté de veau et de l'eau de Vichy. Au bout de quelques minutes, Carette se levait, déclarait qu'il avait un coup de fil à donner. Il se dirigeait vers la cabine téléphonique, où le garçon avait placé une bouteille ouverte. Rafraîchi, il revenait un instant après : « C'est pas libre !

Il faudra que je rappelle. » Et il rappelait, il n'oubliait jamais, au moins deux fois encore pendant le déjeuner.

Eh bien, ce petit lutin aux yeux vifs va un jour devenir impotent, cloué dans un fauteuil roulant d'où il ne pourra pas sortir.

Un matin, Ninette va faire son marché, il fume une cigarette, elle tombe sur la couverture qui l'enveloppe et y met le feu. Il ne peut pas bouger et il va mourir carbonisé, comme Jeanne d'Arc, le petit Parigot rigolo qui avait tant de charme.

L'ETPC

« Je voudrais faire du cinéma », ai-je répondu à ceux des miens qui me demandaient la direction que j'entendais prendre après le bachot. Affectueux et intelligents, ma mère, mes sœurs, mes beaux-frères, ma belle-sœur, mon frère, ne m'ont pas répondu : « Un métier de saltimbanque ! Tu es fou ! » Non, ils m'ont dit : « C'est quelque chose que nous ne connaissons pas, mais si tu veux te lancer, il faut t'y prendre sérieusement. » Et c'est ainsi que je me suis inscrit à l'École technique de photographie et de cinématographie, l'ETPC. Nous étions dix-huit dans la promotion ; aujourd'hui, au concours d'entrée, il y a trois-cents candidats.

Il s'agissait d'une école technique, car il nous apparaissait, à ma famille et à moi-même, qu'il fallait apprendre le b.a.-ba avant de prétendre devenir réalisateur.

J'allais donc, pendant deux ans, apprendre les métiers de la caméra dans cette école dite « de Vaugirard », au 85, rue de Vaugirard, à l'angle de la rue Littré, près de la gare Montparnasse. Une vieille bâtisse qui avait dû être une église ou un établissement religieux, bref, un bâtiment tout à fait bizarre. Il y avait là une grande salle de projection qu'on appelait « la glacière », l'endroit le plus froid que j'aie jamais fréquenté à Paris. On apprenait aussi bien à projeter un film du commerce qu'à tirer des photos, à charger une caméra, à développer des bouts d'essai, c'est-à-dire... un mètre de pellicule, pas plus – elle coûtait si cher !

Le premier jour, M. Deshayes, un homme charmant qui parlait un excellent français, nous a réunis pour nous apprendre à faire des collures sur un film du commerce (35 millimètres de largeur). Il nous a fourni des presses à film, de la colle et de vieilles bobines sans valeur, et nous nous sommes mis à faire des collures en mettant bout à bout des fragments, quatre images par quatre images.

Le lendemain matin, il prend connaissance de nos travaux et, tirant vivement sur les films, il décolle les collures qui ne tenaient pas. C'était un spectacle navrant.

« Vous en aviez fait vingt-deux, il en reste sept, c'est un petit 30 %. »

Il était notre chargé de travaux pratiques, et, fin bricoleur, nous donnait des conseils de peinture, de cuisine, de jardinage.

Les cours de photos étaient assurés par M. Cuisinier aux doigts rongés et colorés par les bains photographiques. Il connaissait mieux que personne les lois du développement des photos sur plaque, et regardait avec méfiance un des élèves, Lang, qui possédait un superbe Leica, le fin du fin en matière de petit format. Cuisinier laissait entendre qu'avec ces appareils-là on ne pouvait pas devenir un « praticien averti ». C'était l'époque où l'on apprenait encore le repiquage et la retouche pour rattraper les défauts d'un négatif ou d'un tirage.

Nous recevions de temps en temps la visite de directeurs de la photo – je me souviens de Marcel

Grignon, de Louis Page –, et ces moments-là étaient les meilleurs parce qu'ils nous parlaient du cinéma contemporain, celui de Clouzot, celui de Becker.

La technique était le domaine de Jean Vivié, un ingénieur des Mines, la personnalité la plus compétente dans ce domaine. Il avait des formules bien à lui : « Pour juger de la qualité d'un procédé couleur, filmez un mariage. Projetez le film : si le marié est vraiment vêtu de noir et la mariée de blanc, le procédé sera réputé bon. »

L'école n'avait pas beaucoup de moyens, mais nous avons décidé de nous remuer pour faire face à la pénurie. Nous étions dix-huit dans la promotion, et deux par deux, trois par trois, nous avons commencé à organiser des visites de studios, de labos.

Exemple. Pour nos cours de projection, nous disposions d'une copie de *Tempête sur l'Asie*, un chef-d'œuvre du cinéma soviétique, un film de Poudovkine. C'est beau, mais voir ça semaine après semaine, c'était casse-pied (langage d'époque) ! On s'est débrouillés avec de grandes sociétés de tirage qui nous ont fait cadeau de bobines un peu ratées, un peu rayées... qui nous changeaient du chef-d'œuvre.

Le fleuron de cette petite cinémathèque était la dernière bobine des *Enfants du paradis* avec les plans généraux du carnaval dans le décor de Trauner et les gros plans d'Arletty dans le fiacre.

Il nous manquait un ciné-club. Je suis allé à la Cinémathèque française pour en parler à Henri Langlois, l'un de ses fondateurs[1]. Je ne doutais de rien. J'ai réussi à me faire recevoir dans un bureau extrêmement sombre, tendu de noir, me semble-t-il. Langlois se

1. La Cinémathèque française avait été créée en 1936 par Georges Franju, Pierre-Auguste Harlé, Henri Langlois et Jean Mitry.

tenait derrière une table, méfiant, pas très heureux de voir arriver ce grand énergumène. Je lui ai dit que nous voulions organiser nos séances de ciné-club avec le matériel de la Cinémathèque.

« Je voudrais consulter votre catalogue, votre fichier...

– Je n'ai pas de catalogue... »

Cette bribe de dialogue, c'est le seul élément précis que je me rappelle. Qu'il n'y eût pas de catalogue était si extraordinaire que j'ai battu en retraite, laissant le potentat assis sur ses trésors.

Pour moi, la Cinémathèque française, c'était comme ma chère bibliothèque de Levallois : un soir on emprunte *Le Crime de monsieur Lange*, le lendemain, *À nous la liberté*... J'étais naïf.

Je n'ai plus revu Langlois que de loin, dans la salle de l'avenue de Messine, quand il venait nous présenter, avec une intelligence si vive, tel film allemand sous-titré en polonais, tout en s'excusant de ne pas projeter *Les Rapaces* de Stroheim. Celui-là, je ne le verrais que deux ou trois ans plus tard, mais ça valait la peine d'attendre.

À la fin du dernier trimestre, les élèves de deuxième année passaient un examen. Chacun d'entre eux avait, pour une demi-journée, la disposition du studio et de son matériel, une caméra et une bobine de film. Un décor, simple, était planté : deux murs, une porte, une fenêtre. Il fallait que chacun d'entre eux fasse la démonstration de ses connaissances en tournant, seul, deux minutes de film. Une action de leur choix qui devait comporter effet de lumière, jour, nuit, contre-jour...

L'élève était à la fois scénariste, réalisateur, chef-opérateur, cameraman, assistant, électricien... car il fallait charger la caméra, la mettre en place, apporter une échelle, monter à l'échelle, régler un projecteur, descendre de l'échelle, changer l'échelle de place, remonter – seul ou presque, parce que le personnage qui agissait dans chacune de ces actions, c'était un modèle vivant, un acteur... c'est moi qu'on avait choisi.

Je n'avais pas le droit de les aider mais... il y a prescription.

À part ça, on allait au cinéma, on lisait *L'Écran français*, on était libres, on était heureux et, en ce qui me concerne, j'étais amoureux.

L'ETPC, avec notre remuante promotion, était très agitée. Pour faire encore monter la température d'un petit degré, nous nous sommes mis en tête d'écrire et de jouer une revue de fin d'année. Georges Leclerc, un camarade de classe, tournait les vers agréablement, il fit des paroles sur des airs connus. Moi, j'écrivis des sketches. Pierre Denis d'Inès, le fils du doyen de la Comédie-Française, qui m'avait suivi de Pasteur à l'ETPC, demanda à son père de nous aider dans nos dernières répétitions.

J'imitais Cuisinier, le prof de photo, avec un faux crâne de chauve – aujourd'hui je le ferais parfaitement au naturel –, et c'est ainsi que nous avons reconstitué un plateau de cinéma en présentant quelques gags burlesques qui m'échappent aujourd'hui...

À la rentrée d'octobre, je me mis à parler d'un projet aux copains. En faisant le modèle vivant à l'examen des deuxième année, j'avais été frappé par l'inanité de ce travail forcé, de cet effort qui ne débouchait que sur quelques photos animées. Je rêvais d'un film collectif. Mais il était difficile de réaliser dix-huit séquences pour trois-quarts d'heure de projection. Je proposai donc un film en neuf séquences dont des duos seraient responsables.

J'ai dû bien vendre l'affaire, car la direction accepta, et je composai un scénario au fil conducteur bien clair. Le héros (qui s'appelait Arthur) était un élève de l'ETPC, fou de cinéma, qui sortait de l'école pour aller voir un film, sortait du cinéma pour aller dans un ciné-club, plongeait dans des livres de cinéma, plongeait si bien qu'il entrait dans une histoire du cinéma, se perdait dans des films recomposés – un péplum de 1910, un film noir, un film soviétique, un film de terreur, un film prévertien... – et finissait poursuivi par tout ce joli monde. Le titre ? *Le Chemin aux images.*

L'intérêt était d'avoir, à chaque fois, à composer, à éclairer une séquence en pastiche du genre. Tous les duos se mirent au travail et se donnèrent beaucoup de mal pour trouver les décors et les accessoires nécessaires. Le savant fou du film de terreur nécessitait une table d'opération dans une cave... Le film soviétique (hommage aux écrémeuses de *La Ligne générale*) évoquait un montage de machines... Le péplum supposait une grande toile peinte genre temple romain que nous avons brossée, Deheinzelin et moi, pendant les vacances de Pâques... Le destin (salut aux *Portes de la nuit*) du film prévertien se promenait dans un univers de canaux et de becs de gaz... Denis d'Inès faisait le héros, Arthur, et, pour être bien reconnaissable, portait un pull-over jacquard (salut à Jean Marais dans *L'Éternel Retour*) tricoté par sa sœur Jacqueline.

Le tournage ne fut pas simple, mais peu importe : nous eûmes l'impression de faire du cinéma. Dans notre promotion, tout le monde ne deviendra pas directeur de la photographie. Certains s'orienteront vers les laboratoires, d'autres vers les stations régionales de l'ORTF, mais certains seront d'excellents « chefs-op' » : Georges Leclerc, disparu très vite, hélas,

Jean Boffety, opérateur de Sautet, Penzer, opérateur de Bertrand Blier, René Mathelin, qui fit équipe avec Yves Robert et moi-même.

Oui, nous y sommes arrivés ! Nous avons même pu procéder à deux projections dans des salles amies en les accompagnant de disques 78-tours.

J'étais bien content.

Je le fus moins au mois de juin quand le directeur, M. Mauge, me convoqua :

« Je suis embarrassé, dit-il, vous avez été l'animateur de votre promotion et je ne peux pas vous donner de diplôme : vous avez une note éliminatoire en sensitométrie. »

La sensitométrie, c'est la science – très exacte – des surfaces sensibles, des temps de pose, des températures de développement...

Une note éliminatoire ! Deux ans d'études, pas de diplôme !

« Mais, reprit le directeur, je vous propose quelque chose. Je pense que vous serez plutôt auteur et réalisateur que directeur de la photo... J'ai un accord avec l'IDHEC (l'Institut des hautes études cinématographiques), ils vous acceptent directement en seconde année, sans concours d'entrée... »

Merci, monsieur Mauge, merci monsieur IDHEC, c'est-à-dire Jean Lods. Ainsi, je serai (j'anticipe) diplômé de l'IDHEC, mais ma formation de base, je l'aurai acquise au cours de ces deux années d'ETPC. Et, dans mes travaux de réalisateur, ce qui m'a le plus servi, c'est d'avoir appris ce qu'étaient une caméra, un objectif : grâce à cela, j'ai toujours pu parler clairement, utilement, avec l'équipe de l'image.

Avant de fermer le tiroir ETPC, un dernier mot du *Chemin aux images*. Il y a quelques années, les éléments négatifs et positifs ont été retrouvés, déposés aux Archives du film, dépoussiérés, nettoyés, grattouillés, embobinés et rangés par les soins d'amis conservateurs compétents. Comme on aurait fait avec *Citizen Kane*, pas moins...

L'IDHEC

Me voici donc à l'IDHEC, l'école des réalisateurs, rue de Penthièvre.

Curieusement, je n'ai pas grand-chose à dire de cette année-là. L'équipe que nous avions formée à l'ETPC avait vécu avec force : les travaux pratiques, le film de promotion, tout cela était très vivant. À l'IDHEC, il y a un côté étudiant, cours, discussions, fiches, papiers... Ce que j'ai retiré de meilleur, c'est ma rencontre avec Alexandre Tarta, que je réussirai à faire entrer à la télévision quand je m'y trouverai moi-même... Nous avons beaucoup travaillé ensemble, nous avons bien ri aussi. Il parle russe, lui, il joue de la guitare, nous ne nous quitterons plus.

Il y avait aussi Claude Sautet, qui avait toujours un roman américain sous le bras. Il y puisait la compréhension de l'art du récit au cinéma, nerveux, réaliste, fait de choses vues. Il deviendra le grand Sautet.

Il y avait encore Jacques Nahum, aujourd'hui producteur de télévision, René Vautier, le réalisateur courageux d'*Avoir vingt ans dans les Aurès*, Pierre Cardinal, Marie-France Méliès, Jean Namur, Roland Gritti, Jacques Brizzio (qui sera décorateur), Jean-Pierre Grédy, remarquable auteur de comédies écrites en duo avec Pierre Barillet.

Qui étaient les professeurs ? Georges Sadoul nous fit quelques conférences. Jean Laviron nous apprit le métier d'assistant. Madeleine Rousseau, l'histoire de l'art. Une petite dame souriante d'un communisme imperméable que j'ai écoutée avec un grand intérêt car je ne savais pas qu'il pût y avoir une façon marxiste de raconter l'histoire de l'art.

Yves Baudrier, excellent compositeur, nous ouvrait les yeux et les oreilles sur les rapports de l'image et de la musique.

Il y avait un professeur d'esthétique dont le nom m'échappe, et qui cherchait partout le nombre d'or. Il trouvait des lignes de force et des rapports dans le cadrage d'un plan, ce qui est souvent vrai, mais il nous troublait beaucoup en mesurant les longueurs des séquences dans chaque film : il prétendait découvrir le secret des harmonies de durée entre les scènes.

Il utilisait, pour sa démonstration, une vieille copie de *Symphonie inachevée* (Willi Forst, 1933). Disons que la rencontre entre les héros mesurait 90 mètres et leur première scène d'amour, 178, soit le double. Il en tirait des conclusions sur la rythmique du temps par rapport à la thématique du film.

Je n'ai jamais osé lui demander si cette vieille copie ne souffrait pas de morceaux manquants, ce qui nous aurait autorisés à douter de ses conclusions.

Histoire du cinéma : Jean Mitry. Un visage taillé dans le granit, une connaissance parfaite de son sujet. Et si, malheureusement, il n'avait guère de films ou d'extraits de films à nous montrer, son enthousiasme et sa façon de raconter y suppléaient parfaitement. Il avait derrière lui des recueils de poèmes, plusieurs courts métrages, et il allait bientôt tourner le plus connu de son œuvre, *Pacific 231*.

Il y avait encore Mundwiller. Il avait commencé sa

carrière d'opérateur en allant tourner dans les déserts et les jungles des images pour la collection d'Albert Kahn. Albert Kahn était, dans les années 1910-1920, un riche industriel qui envoyait des cinéastes faire pour lui des voyages qu'il regardait dans son salon, à leur retour. Mais, surtout, Mundwiller avait été, avec Burel et Hubert, l'un des opérateurs du *Napoléon* d'Abel Gance. Nous l'écoutions nous raconter comment on avait attaché une caméra automatique sur la selle d'un cheval pour filmer l'image suggestive d'un galop.

Il y avait aussi le cher Jean Vivié, qui avait été mon excellent professeur de technique pendant deux ans et qui ne rencontrait aucune assiduité chez ces jeunes gens bien éloignés des contingences d'une caméra qu'on charge ou d'un travelling qu'on pousse.

En fin d'année, Alexandre Tarta et moi-même fûmes déclarés « bons pour le cinéma ». Sautet aussi.

Au théâtre

Été 1948. Je suis diplômé de l'Institut des hautes études cinématographiques. Et c'est en 2001, cinquante-trois ans plus tard, que le directeur de la FEMIS[1], l'établissement qui a succédé à l'IDHEC, retrouvera mon diplôme soigneusement rangé et me le remettra.

Être diplômé, c'est bien, mais cela ne garantit pas qu'on va pouvoir débuter dans le métier qu'on s'est choisi. Ce n'est d'ailleurs pas plus simple aujourd'hui, très loin de là, car il y a beaucoup plus d'aspirants.

Quoi qu'il en soit, la profession, à l'époque, était sévèrement verrouillée. Il fallait faire un stage pour espérer être engagé comme second assistant. On devait ensuite faire trois films comme second pour devenir premier, et ainsi de suite.

Le système s'effritera à la fin des années 1950 quand surgiront des productions plus artisanales, fondées sur des pellicules plus sensibles et des magnétophones portables. La Nouvelle Vague sortira de là.

Pour l'instant, je dois me trouver un stage. Or je ne connais personne qui puisse m'aider. Je cherche. À ma déception de ne pas parvenir à entrer dans la profession

1. Fondation européenne des métiers de l'image et du son.

s'ajoute l'embarras de ne pas gagner ma vie et de vivre des subsides de ma famille.

Je vais au cinéma. 1947, 1948, c'est *Le Diable au corps*, *Quai des Orfèvres*, *Le silence est d'or*. Les Américains nous envoient *Le Trésor de la Sierra Madre*, *Monsieur Verdoux*, *Le Grand Sommeil*. Mais, surtout, nous voyons enfin les gros morceaux des années 1940 qui avaient été interdits pendant l'Occupation : *Casablanca*, *To be or not to be*, *Les Raisins de la colère*, *Ninotchka*, *Citizen Kane*...

Et après chaque projection, en quittant Humphrey Bogart ou Henry Fonda, je me dis : C'est pas tout ça, mais il me faut trouver un stage.

« Salut ! Comment vas-tu ?

– Pas fort, je cherche un stage. »

C'est un copain de l'IDHEC que je rencontre par hasard dans la rue. Il a l'air réjoui.

« Moi, je viens d'en trouver un... Du coup, je vais refuser un boulot qu'on m'a proposé, ça t'intéresse ?

– Oui, qu'est-ce que c'est ? »

Il allait partir pour l'Allemagne comme régisseur d'une tournée théâtrale. Ce n'est pas exactement ce que je cherche ni surtout ce que je sais faire... Tant pis, j'y vais.

« Où ça ?

– Les Productions Richard, cité Pigalle. »

J'arrive dans un bureau, je tombe sur un homme costaud, souriant, qui me reçoit très gentiment et avec qui je parle longuement. Il a six ou sept ans de plus que moi, mais nos goûts pour le cinéma, pour le burlesque, pour l'aventure du spectacle, nous rapprochent. Je l'intéresse. Il m'assure que je ferai l'affaire avec l'aide du directeur de la tournée. Je lui affirme que je parle allemand. (Ce qui est un peu excessif. J'ai fait sept ans d'allemand et je peux, certes, réciter *Die Lorelei* et *Erlkönig*, mais dire en allemand « Il faudrait guinder les feuilles[1] » ?)

Cet homme si sympathique dont le visage m'est totalement inconnu, c'est Jean Richard, le comédien qui ne l'est pas encore. Il dirige alors la production des troupes qui s'en vont jouer dans la zone française d'occupation en Allemagne, aussi bien la Comédie-Française que Tino Rossi.

Je chercherai un stage à mon retour. Pour l'instant, je me prépare à travailler deux mois : mon premier contrat est donc signé Jean Richard, et j'entraîne avec moi un copain de l'IDHEC, ingénieur du son, qui deviendra professeur d'université, Jean Schmouker.

Nous allons présenter *Un don Juan* d'Aucouturier. Suzy Prim en est la vedette. Elle a été une blonde star des années 1930, la compagne de Jules Berry. Elle est douée d'une faculté rare, elle peut pleurer à volonté. Ce qu'elle fait au cours d'un monologue émouvant lorsqu'elle s'adresse à la Vierge. Tous les soirs elle s'agenouille, et je libère alors, avec précision, le faisceau d'un petit projecteur afin de faire briller comme des diamants les précieuses larmes.

Don Juan, c'est Renaud Mary, comédien de classe, élégant à la ville comme à la scène. Pour contribuer à alléger un peu le budget, je devais jouer le rôle d'un vieux barbon jaloux de soixante-dix ans que don Juan ridiculise. Pour ce faire, j'étais vêtu comme un personnage de Velázquez, une fraise autour du cou, et c'est ainsi vêtu que j'aidais les machinistes à changer le décor. Quand le rideau fermait mal, c'était cocasse et ça faisait rire, ce qui n'était pas vraiment le propos de l'œuvre.

Au cours des répétitions, Jean Richard venait

1. Attacher ensemble deux éléments de décor.

souvent nous voir, et, dans un coin, nous parlions volontiers de cinéma. Il connaissait un nombre considérable de films, bien plus que moi. Il m'avoua que ce travail administratif n'était pas sa grande ambition, qu'il voulait être comédien et que c'était à cette fin qu'il venait de prendre le bail d'un cabaret de nus, place Pigalle. Il allait le transformer en un petit théâtre...

Au retour de la tournée, je le retrouvai au Chapiteau – c'était le nom qu'il avait donné à ce cabaret (le cirque, depuis l'enfance, le hantait). Le spectacle s'appelait *Quelques pas dans le cirage*, titre qui parodiait *Quatre pas dans les nuages*, excellente comédie italienne, peu connue, de Blasetti.

C'était un spectacle burlesque, monté par deux fantaisistes qui ne m'étaient pas inconnus : Max Revol et Benoîte Lab. Le reste de la distribution : un excellent pianiste qui se refusait à parler (pour l'instant !), André Darricau, dit Darry Cowl, un duo de fantaisistes que Max Revol avait vu *Chez ma cousine* : Roger Pierre et Jean-Marc Thibault, un comédien-pianiste qui avait tourné, dans trois ou quatre films des rôles minuscules : Louis de Funès, et un débutant de vingt-huit ans : Jean Richard.

Ce rassemblement d'inconnus est vraiment étonnant. Songeons à la place que vont tenir bientôt ces cinq hommes dans le spectacle comique !

Max Revol était un magnifique inventeur burlesque. On l'a peu vu au cinéma, et pourtant il ne passait pas inaperçu. Un corps d'athlète surmonté d'une boule à zéro où brillaient deux yeux malins. Il n'a pas fait la carrière qu'il méritait, talonné et dépassé par Gilles Margaritis et Robert Dhéry.

Roger et Jean-Marc, avec qui j'allais si souvent travailler, je les vois alors pour la première fois : ils chantent et miment *Le Grand Metinge du Métropolitain* et *Dans les fossés de Vincennes*. Gags et sketches constituent la première partie, la seconde est consacrée à *La Fille du rémouleur*, parodie des mélodrames du cinéma muet. Tout est noir et blanc, costumes et décors. L'éclairage est constitué par un projecteur devant lequel passent les pales d'une hélice afin de créer un effet de scintillement, un tremblotement, fréquent défaut des projections des années 1910...

Tout cela était drôle, délirant même. C'était le cabaret de l'époque, ce qu'on allait appeler plus tard le café-théâtre, spectacles exubérants, portés par le charme insolent de la jeunesse, si proches du théâtre forain, de la commedia dell'arte, spectacles de ceux qui brûlent les planches, qui sautent sur une estrade ou sur un banc : les *saltimbanques*.

Dans ce spectacle où Darry Cowl et de Funès sont des inconnus, je reconnais donc Max Revol et Benoîte Lab. Deux silhouettes typées, cocasses, un couple savoureux. Je les ai déjà vus, et le moment ne s'oublie pas. C'était fin juillet 1944, début août peut-être. Le temps était beau (il a fait très beau pendant la libération de Paris – comme pendant l'exode de 1940).

On avait donné, dans les jardins du Palais-Royal, pendant une semaine peut-être, une sorte de kermesse composée de plusieurs spectacles dans le genre forain, en plein air, sur des estrades.

Max Revol et Benoîte Lab étaient habillés en chanteurs de rue minables :

Sur la plage
Quand tu nages
J'aime à te voir sans corsage
La nature
Sans parure
Est bien plus belle à voir.

Il y eut aussi les Rigodons, nom d'emprunt pour des gymnastes superbes : les moniteurs de Joinville. Ils étaient habillés en tenue 1900, collants noirs, moustaches en croc. Dans un autre coin du jardin, deux comédiens grimés en clowns, Bobèche et Lapopie. Malgré le gros nez de l'un, ces clowns s'éloignaient un peu de la tradition et annonçaient les cirques raffinés d'aujourd'hui, ceux de Jean-Pierre Grenier et d'Olivier Hussenot.

Il y avait aussi, et je le découvris alors, Maurice Baquet, farfadet infatigable, acteur de cinéma comme d'opérette, ami des Prévert, skieur émérite, magnifique musicien sorti du Conservatoire, jouant à la perfection de son violoncelle Cerebos (attention, jeu de mots !). Il avait monté un numéro de variétés où il mêlait des plaisanteries musicales à des imitations de sportifs – et même de skieurs, car je l'ai vu, plus tard, dans un spectacle de Robert Dhéry, descendre avec des skis à roulettes sur une très longue planche.

Baquet, dans le même temps où il jouait au Palais-Royal, doublait (comme on dit au music-hall) : il faisait le même numéro à Luna Park, le grand parc d'attractions de la porte Maillot. Nous sommes en août 1944 : il se rend d'un spectacle à l'autre à vélo, parcourt les Champs-Élysées et ce Paris vide, sans autos ; c'est à peine si, de temps en temps, il dépasse des camions allemands où de vieux sous-officiers et de tout jeunes soldats se cachent sous des branchages qui les camouflent...

Tous ces personnages, nouveaux pour moi, je les retrouverai, en particulier les créateurs de la compagnie Grenier-Hussenot, qui vont nous révéler deux ans plus tard un spectacle empreint de la tradition française et tout barbouillé de cirque : la *Parade*, avec Yves Robert et les Frères Jacques.

Le soir, tout excité de ces rencontres et de ces découvertes, je regagne Levallois-Perret, je monte mon vélo au quatrième par l'escalier pour qu'on ne me le vole pas, et je m'endors du fameux sommeil du juste, sans savoir que demain c'est une autre porte qui va s'ouvrir.

Le Club

Un jour, à l'IDHEC, j'avais lu sur le panneau d'informations destiné aux élèves une petite note : « Si vous vous intéressez à la radio, venez donc au Club d'essai de la Radiodiffusion française : vous y ferez des improvisations. » Toujours curieux, et pas très occupé, je décide d'aller voir ça. À défaut de stage.

La radio, à cette époque, en France, c'est uniquement la Radiodiffusion française (RDF). Luxembourg est une station étrangère et Europe 1 n'existe pas. Il y a la chaîne nationale, la chaîne parisienne et des émissions sur ondes courtes vers l'étranger.

Il y a aussi une entité bizarre, qui émet trois jours par semaine, le Club d'essai de la Radiodiffusion française. Il succède en 1945 au Studio d'essai créé en 1943 par Pierre Schaeffer, polytechnicien, ingénieur des télécommunications, compositeur, initiateur de la musique concrète.

C'est une petite chaîne de radio qui couvre la région parisienne, à l'aide d'un émetteur de 1 kilowatt. Une heure de programme à midi, et trois heures le soir. C'est Jean Tardieu qui dirige ce Club. Avoir confié le sort d'un émetteur de radio à un humoriste, à un poète, témoigne de la grande ouverture d'esprit qui dominait alors au ministère de l'Information – car il y avait encore un ministère de l'Information.

L'intérêt de ce Club d'essai, c'est qu'on y réalise des émissions qui sont bien plus dans le goût de Saint-Germain-des-Prés que dans celui de la radio traditionnelle. D'ailleurs, les deux studios du Club sont installés dans un très vaste hôtel particulier de la rue de l'Université, tout près du métro Bac. Saint-Germain est à deux pas.

La petite annonce précisait : « Improvisations, le mardi à dix-sept heures. » J'arrive en retard, je frappe à la porte et je vois sur le sol d'une grande pièce des garçons et des filles, une quinzaine peut-être, assis en tailleur, à même la moquette. Sur deux chaises, deux hommes.

« Excusez-moi, je suis en retard.

– Vous venez pour l'improvisation ? Tenez... »

L'un des deux hommes, Bernard Blin (l'autre s'appelle Jean-Marie Oberlin), attrape son chapeau et hop ! me l'envoie.

« Improvisez sur ce chapeau. »

Il paraît que j'ai commencé, on me l'a raconté ensuite, en disant : « Mais ce chapeau, c'est le chapeau de mon frère ! Mon frère est venu ici ? Pour quoi faire ? » J'ai improvisé une folie sur le chapeau de mon frère, et j'ai fait rire tout le monde.

D'autres improvisateurs ont suivi, et on m'a demandé de revenir le lendemain. Venait de se révéler un aspect de ma personnalité que j'ignorais tout à fait et qui allait occuper une partie importante de mes activités. Comment dire ? Présentateur ? Animateur ? Meneur de jeu ? Je me souviens d'une conversation avec Goscinny où nous sommes convenus qu'au temps de notre enfance nous ne pouvions ni l'un ni l'autre envisager d'être scénariste de BD ou présentateur de télévision, mots vides de sens à l'époque. J'ajouterai, pour être complet, que ces débuts sont marqués du sceau du mensonge : mon frère n'avait jamais porté de chapeau.

Très vite, deux des personnes responsables des programmes au Club d'essai me demandent de les rejoindre : Agnès Capri et Jacques Floran.

Agnès Capri est une petite femme menue, fine, à la voix douce. C'est elle qui chante, accompagnée à l'orgue de Barbarie, dans *Drôle de drame*. Elle a ouvert un cabaret chantant où de jeunes comédiens se révèlent. Elle y interprète des chansons rares, des chansons de poètes. Elle aspire maintenant à réaliser une émission dans le même style, chansons, sketches et œuvres d'humoristes des années 1900. Ça s'appellera « Le Cabaret de la plume d'autruche », et elle me demande d'en faire la présentation, à moi qui n'ai jamais rien réalisé ! Je vais avoir l'occasion de voir des comédiens répéter ensemble, des musiciens jouer ensemble... Du jour au lendemain, je vais découvrir des noms que j'ignorais complètement jusqu'alors... Alphonse Allais, Erik Satie. Une culture *bis*.

Il est vrai que deux ans plus tôt, en 1946, un sacré pavé avait été jeté dans la mare du traditionnel avec la parution de *Paroles*. Le livre eut un immense succès et Prévert fut véritablement révélé à des gens comme moi, car ses textes, auparavant, étaient publiés dans des revues confidentielles. Yves Robert m'a dit qu'avant guerre, dans les auberges de la jeunesse, on recopiait, on se passait les poèmes de Prévert : « Je connaissais mieux Prévert que La Fontaine. » Mais l'auteur des *Visiteurs du soir* et des *Enfants du paradis* était bien plus célèbre que le poète.

Jacques Floran aussi s'intéresse à moi. C'est un homme de journalisme, de radio, c'est surtout un fureteur, un découvreur de pistes. Il va faire « La Foire Saint-Germain », une émission moins raffinée peut-être que celle d'Agnès Capri, mais plus robuste, et d'ailleurs les deux émissions vont se compléter très intelligemment.

Jean Tardieu, qui avait l'air d'un lapin malin et souriant, savait très bien ce qu'il faisait en laissant la bride sur le cou à ces gens pas ordinaires. C'était une radio de liberté, pas provocante, mais intrigante. Et cet esprit nouveau m'excitait, comme il séduisait un public peu nombreux, exclusivement parisien, mais attentif.

Il y eut des articles de journaux où l'on citait mon nom : j'existais. Ma mère pouvait m'entendre à la radio. Elle était abasourdie. Et heureuse.

Parmi les auteurs qui écrivaient pour le Club d'essai, quelqu'un m'a tout de suite frappé : Pierre Dumayet. Il allait bientôt quitter le Club d'essai pour la télévision, le Journal télévisé, « Lectures pour tous », « Cinq colonnes à la une ». Son intelligence et sa finesse m'ont attiré.

Témoignage de l'humour dont il savait faire preuve : « La forme même des pyramides n'est-elle pas là pour nous prouver qu'en Égypte, comme ailleurs, les ouvriers travaillent de moins en moins ! »

Pour l'instant, il était le partenaire de Roland Dubillard, qui allait se révéler grand homme de théâtre avec *Naïves Hirondelles* et *Les Diablogues*. Ils composaient un duo de clowns parleurs au flegme imperturbable, à l'humour subtil, et le public était persuadé que leurs noms étaient des pseudonymes : Dubillard et Dumayet, ça faisait un peu personnages de Labiche.

Autre futur homme de théâtre, François Billetdoux : *Tchin-Tchin*, *Va donc chez Thorpe*. Il écrivait, il réalisait (on disait mettre en ondes) avec vivacité, avec malice. Il faisait partie d'un groupe d'étudiants amis formé (si je me souviens bien) au lycée Condorcet : les Ânes rouges.

Une des particularités des spectacles de variétés du Club, c'était l'usage de la musique. On voyait peu de vedettes de la chanson venir présenter leur dernier succès. En revanche, on entendait souvent des œuvres écrites par de jeunes musiciens comme Jacques Besse, qui composait des chansons pour Édith Piaf et des opéras-bouffes dont Pierre Dumayet et André Frédérique écrivaient le livret.

Il y avait aussi Gérard Calvi, prix de Rome mais humoriste aussi, qui allait devenir mon ami, un collaborateur fidèle et qui était le compositeur et le chef d'orchestre de *Branquignol.* C'est grâce à lui que j'allais, un peu plus tard, rencontrer Robert Dhéry.

Au Club, les uns et les autres usaient parfois de mots que je ne connaissais pas. Pour désigner une plaisanterie d'un humour raffiné qui moquait les formes traditionnelles, on parlait d'humour « au second degré ». Raymond Castans (qui fit tant à *Match* pour le dessin humoristique) reconnaissait qu'il est difficile d'expliquer la composition de cet élixir d'humour. Pour ce faire, il citait Jean Yanne :

« Il vaut mieux avoir l'âge de ses artères que l'âge de César Franck » est une plaisanterie du premier degré. Le second degré, c'est : « Il vaut mieux avoir l'âge de vos artères que l'âge de Vozar Franck »...

(Solide et chaleureux Jean Yanne, mélancolique et gai, parti sans qu'on s'en émeuve beaucoup, me semble-t-il, et qui, pourtant, laisse en nous tant de traces.)

Cette expression si indéfinissable et si bien éclairée par cet exemple, je découvris qu'elle était due à Pierre

Barbaud, compositeur lui aussi, habitué du Club d'essai et grand compagnon d'André Frédérique.

André Frédérique valait vraiment le détour, comme on dit dans le guide Michelin. C'était sans doute le moins connu des humoristes de sa génération, et le plus admiré par ceux qui le connaissaient. Il était grand, solide, vêtu de noir et pharmacien. Il précisait : « pharmacien comique ». Il eut deux pharmacies, qui toutes deux firent faillite, ce qui peut être considéré comme un exploit : en général, les officines apportent plus de profits que de soucis à leurs propriétaires.

Il était l'ami d'Alexandre Vialatte, de Jacques Prévert et de Raymond Queneau, grâce à qui fut édité le premier recueil de « Fred », *Histoires blanches*.

Son biographe, Claude Daubercies, parle à son propos de « l'art de la fugue ». Il est vrai que, comme son compère Carmet, il disparaissait souvent. Pendant longtemps, avant que le système ne fût éventé, il vécut des absences délicieuses. Toujours vêtu d'un grand manteau noir, il l'accrochait bien en évidence à une patère à *Paris-Match*, où il travaillait régulièrement.

« Il est là, Fred ?

– Il ne doit pas être bien loin, il y a son pardessus... »

En fait, il était déjà loin. Il accrochait un *deuxième* pardessus au Théâtre La Bruyère, où il écrivait des chansons pour le spectacle de Robert Dhéry, et là encore on disait : « Il ne doit pas être bien loin ! » Au Club d'essai, y avait-il un autre pardessus noir, un troisième ?

Son humour, à base de dérision, évoquait un univers médiocre où régnait le « ringard[1] ».

1. C'est un nom commun qui désigne un long tisonnier de machine à vapeur.

Dans ses sketches revenait un imbécile nommé Lucien Ringard, préparateur en pharmacie, « un grand jeune homme qui a de l'eau dans la tête ».

Ringard ! J'ai participé à la diffusion de ce mot. Oui, dans l'entourage de Frédérique, il se trouvait quelques histrions, dont je m'honore d'avoir fait partie avec Carmet, Thibault, Chouquet, etc., qui ont propagé le nom de cet imbécile au théâtre, à la radio, à la télé. Les « yéyés », ensuite, l'ont investi d'un travers bien particulier, le caractérisant comme mauvais musicien. Mais c'était limiter l'universalité du ringard ! Aujourd'hui, on lit souvent ce mot dans la presse : il s'agit par exemple, pour l'opposition, de qualifier tel projet de la majorité. Devenu adjectif, il signife alors minable, démodé, ce qui n'était pas sa signification d'origine, mais c'est sans importance : nous avons vu naître un mot et nous le voyons maintenant vivre...

L'œuvre de Frédérique n'était pas seulement écrite dans des journaux, des livres, des sketches, elle était écrite dans la vie, où ses farces et mystifications faisaient merveille. Il rappelait Alphonse Allais lorsqu'il créait, et avec quel soin, des situations et des personnages complètement imaginaires. Il était très proche aussi d'Allais par le goût du mot juste et de son agencement parfait. Deux grands écrivains.

Le jour de la mort de son père, son ami Géo Lhoir lui propose d'aller au cinéma. « Oui, répond-il, mais alors un film en noir et blanc, je suis en deuil. »

Il avait été coopté par les Branquignols (il collaborait à *Dugudu*), et la coutume voulait que le nouvel entrant fût intronisé au cours d'un souper fantasque. Il arrive au restaurant, dans une ambiance déjà bien chaude. On lance dans sa direction un œuf frais qui s'écrase sur le revers de son grand pardessus noir. Le blanc de l'œuf coule lentement sur le revers. Il contemple le gâchis et déclare :

« Je dirai à maman que j'ai eu un gros rhume ! »

Il s'est suicidé à quarante-deux ans, en mai 1957. Il avait bu du cognac, posé une rose à côté de lui, ouvert le gaz et avalé de ces barbituriques qu'il savait si mal vendre.

À *Paris-Match*, sur le tableau où les rédacteurs notaient les dates choisies pour les vacances, il avait tracé, la veille, un grand trait qui partait du mois de mai et barrait toute la page.

Zigzags

Un jour, au Club d'essai, je rencontre Dumayet qui m'annonce que Pierre Sabbagh, reporter fort connu du « Journal parlé », vient d'être chargé de créer un journal télévisé quotidien. Il a proposé à Dumayet d'en faire partie.

Dumayet, autant que je m'en souvienne, n'avait jamais vu une image sur un poste de télévision. Moi non plus. J'avais pourtant failli en voir une : en 1937, j'avais visité avec mes parents la grande Exposition universelle de Paris, où il y avait un « pavillon de la télévision » que mon père avait grande envie de visiter. Hélas, il était fermé : la télé était en panne. Déjà !

Nous avons essayé de réfléchir à ce que pourrait être un journal télévisé. Avec un tranquille bon sens, Pierre m'a conseillé d'aller voir Sabbagh : « Tu as fait une école de cinéma, maintenant tu fais de la radio... La télévision, c'est le mélange de tout ça, non ? »

Il se trouve que j'avais déjà croisé Sabbagh. Pendant l'été 1946, j'étais, comme chaque année, moniteur de colonie de vacances, à Pont-de-Buis, dans le Finistère, quand mon frère aîné, biologiste océanographe, m'avait invité à le rejoindre un certain jour à Concarneau. Il savait que je n'étais pas loin et sur un dragueur de mines de la marine nationale, il devait procéder à des essais de sonar en Atlantique. (Le sonar, c'est une technique de sondage des fonds marins par ultrasons qui permet de repérer les bancs de poissons.)

Je pris donc mon jour de congé, le train, l'autocar, et me voilà à bord, terrien invité. Or, ce jour-là, la RDF faisait un reportage, et c'est Sabbagh, accompagné du robuste preneur de son breton Alain Canevet, qui opérait.

Heureux hasard qui me rendit plus facile la visite au futur rédacteur en chef du futur Journal télévisé. L'accueil fut sympathique mais évasif, il lui semblait que, peut-être, je pourrais compléter son équipe si...

Se dressait en tout cas une difficulté administrative : les journalistes qu'il avait choisis étaient tous sous contrat avec le « Journal parlé ». Les détacher à la télévision ne supposait qu'un changement d'affectation sur un budget commun. Moi, je n'étais ni journaliste ni RDF, je supposais donc la création d'une ligne budgétaire. Et surtout, d'abord, il fallait que Sabbagh ait envie de travailler avec moi.

Affaire à suivre...

La proximité de Saint-Germain-des-Prés faisait passer au Club d'essai des personnages passionnants ou curieux : Boris Vian, qui écrivait des textes, Catherine Sauvage, qui chantait, André Popp, qui composait...

Michel de Ré, beau garçon romantique, était là souvent. Il humait l'air brassé par tous ces passants en quête de micro. Comédien, metteur en scène, il était surtout créateur de spectacles, réunissant des talents.

Il s'appelait de son vrai nom Michel Gallieni, il était le petit-fils du général Gallieni, l'homme des taxis de la Marne. Bourré de talent, il avait trouvé sa voie dans ce Saint-Germain-des-Prés où tout paraissait possible.

Intelligent, charmeur, très habile dans le choix de ses troupes, il montait des spectacles pleins d'invention, sans le sou.

Un jour, un peu plus tard, j'ai encore participé à l'un de ses spectacles, au Théâtre du Quartier latin. Après quelques semaines de répétitions, vient le jour de la générale. Mais il n'y a toujours pas de costumes, parce qu'on n'a pas l'argent nécessaire. Michel envoie alors le régisseur dans une boutique de farces et attrapes où il achète des chapeaux de cotillon, en carton, très colorés. Chacun des acteurs serait donc habillé par ses parents et porterait un chapeau de cotillon sur la tête. Nous trouvâmes l'idée originale, et c'était là l'essentiel.

Michel de Ré me dit un jour :

« Je vais monter un spectacle. Est-ce que ça t'amuserait de jouer avec nous ?

– Moi ? Mais je ne suis pas acteur !

– Mais si... tout le monde est acteur. Je t'ai vu présenter des émissions, j'ai besoin d'un personnage grand, solide, tu seras parfait. »

Et mon stage, dans tout ça ?

Il m'a entraîné et il a monté *La tour Eiffel qui tue*, qui eut un vif succès, un feuilleton musical écrit par Guillaume Hanoteau, auteur astucieux de sujets pas ordinaires et, par ailleurs, excellent journaliste. Jean Marsan, comédien et auteur de comédies, avait écrit les lyrics : il avait une jolie plume. La musique était signée Georges Van Parys.

Pour moi, l'idée de travailler avec Van Parys était un enchantement. Je connaissais ses chansons, et l'admiration que je portais à René Clair allait aussi à son principal collaborateur. Depuis que j'avais connu par les ciné-clubs *Le Million*, comédie-ballet si drôle, et que j'avais vu *Le silence est d'or*, distribué l'année précédente, je ne pouvais que me réjouir. Je dois dire aussi que ce subtil compositeur était un remarquable pianiste et qu'il nous a apporté dans les morceaux chantés une aide bienveillante sans jamais se décourager.

Quand un bon accompagnateur vous soutient, vous avez l'impression de maîtriser la musique alors que c'est lui qui corrige vos fautes de mesure et aménage votre incompétence.

La tour Eiffel qui tue racontait l'histoire d'une famille de polytechniciens, ennemis de Gustave Eiffel, pour qui, mathématiquement, la tour Eiffel devait s'effondrer. Pour la discréditer, ils assassinaient en attribuant ces meurtres à la demoiselle de fer.

Il s'agissait d'un feuilleton musical dans le goût de *Fantomas*, emporté par la gaieté de la musique, la drôlerie des personnages et la jeunesse des interprètes. Je jouais le père polytechnicien, âgé de cinquante-cinq ans, un cocher de fiacre de soixante-six et un richissime Arménien qui en avait bien soixante-quinze. Moi, j'en avais vingt.

Alice Sapritch jouait une demi-mondaine vêtue de léopard et de boas, la reine de Paris, Hyène de Tigris :

« Que faites-vous dans la vie ?

– Je ruine. »

Cœur d'Apache était un voyou au cœur tendre. Fabien Loris, de la bande à Prévert, le complice de Lacenaire dans *Les Enfants du paradis*, le joua à la création, Mouloudji lui succéda :

Je suis le roi de l'Eustache
Le fric-frac c'est mon rayon
J'aime pas les flics et je crache
Sur la civilisation.

Pierre Olaf commençait sa carrière, qu'il allait poursuivre chez Robert Dhéry avant de jouer des *musicals* à Broadway.

Philippe de Chérisey, sous le nom d'Amédée, auteur de sketches, au physique cocasse, allait, lui, retrouver Roland Dubillard au Club d'essai et fonder le duo Grégoire et Amédée.

Solange Certain incarnait une malheureuse Marguerite Mouillemarmot :

Ah ! Plaignez-moi je suis enceinte,
Enceinte de la tour Eiffel
Le monde vivait dans la crainte
En attendant ses coups mortels
Mais pour moi c'est atroce.
C'est bien pis que la mort
Elle m'a fait un gosse
Ah ! quel sera son sort !

Michel de Ré, bon jeune homme, se fiançait à la fille de Gustave Eiffel, qui portait le joli prénom de Marie-Nuage (c'était Janine Grenet).

Il y avait aussi Claude Castaing, un comédien très particulier qui faisait un numéro de parodies dans les cabarets de Saint-Germain et dont le destin fut tragique.

Vers 1960, une équipe de télévision américaine tourne à Paris et engage Castaing pour un rôle. On tourne une séquence où il doit courir derrière un autobus à plate-forme pour sauter dedans. La scène n'était pas simple, on la tourne deux fois, trois fois, et à la quatrième il s'écroule. Il meurt quelques instants plus tard. Il souffrait d'une lésion cardiaque et n'avait pas osé le dire.

Je n'ai pas cité Monique Lenier, ni Georges Launay, ni Blanche Van Parys et Boby Luchaire, qui avaient pourtant conçu décors et costumes. Les décors étaient charmants, peints sur des panneaux légers que nous déplacions en chantant.

La tour Eiffel qui tue a été créée rue de Douai, dans l'arrière-salle d'un hôtel-boîte de nuit qu'on avait baptisé Le Show-Boat. Un des hommes qui avaient investi dans l'affaire était un monsieur très élégant ayant réussi quelque temps à se faire passer pour médecin dans plusieurs hôpitaux. Il disparut ensuite. Quand la pièce est devenue un succès dans cette petite boîte, on l'a jouée au Vieux-Colombier. Si ce n'était pas un grand théâtre, c'était en tout cas un vrai théâtre, qu'avaient illustré les troupes de Jacques Copeau et de Louis Jouvet.

Quelques mois plus tard, nous sommes partis en tournée, non pas avec *La tour Eiffel qui tue*, mais avec une revue d'Hanoteau qui s'appelait *Une nuit à Saint-Germain-des-Prés*. Le titre était porteur : on allait épater la province française. Je jouais un Auvergnat qui louait sa cave à des musiciens pour répéter. L'orchestre était celui de Claude Luter, et la cave évoquait Le Tabou, ouvert en 1947, où jouaient les frères Vian et Henri Renaud. Les danseurs et les danseuses étaient les vrais « rats de cave » du Club du Vieux-Colombier.

(Le rat-de-cave était un lumignon modeste, une mèche de coton enduite de cire qu'on allumait quand on allait chercher du charbon à la cave.)

Et la cave crasseuse devenait bientôt une boîte à la mode. Alice Sapritch faisait une parodie de Simone de Beauvoir, et il y avait aussi Daniel Gélin. Pourquoi Daniel a-t-il fait cette tournée ? Je ne l'ai jamais su, mais je ne le regrette pas. Quel bon compagnon il était, ce séducteur poète, vif, curieux, gai et d'une si grande culture ! Il tenait le rôle d'un jeune loup de Saint-Germain. À chaque tableau, il y avait deux ou trois morceaux avec les rats de cave et l'orchestre. C'est lors de cette tournée que je suis devenu très copain avec les musiciens de Claude Luter.

Claude Luter est une sorte de bûcheron canadien, grand, large, un physique à la Depardieu. Il jouait de la clarinette avec toute sa bande, il y avait Moustache le batteur, Bianchini à la basse, Mowgli Jospin... Ce voyage fut d'une grande gaieté. Gélin, Sapritch, Olaf, Amédée et surtout les bruyants musiciens descendant du car à Annonay dans l'Ardèche, en 1948, c'était aux pommes (langage d'époque). Mais à Marseille, aux Variétés, on a été copieusement sifflés...

Un jour, nous sommes sur le Vieux-Port, avec l'orchestre, on mange des coquillages, un type arrive, nous regarde et dit : « Messieurs, je vois bien que vous êtes des artistes. Regardez ce beau petit saint-bernard. » Il avait une délicieuse petite boule de poils dans la main, il la caresse et dit : « Ça peut vous intéresser, vous aimez les animaux ? Avec vous il sera heureux... Je suis obligé de m'en défaire, c'est pas très cher. » Moustache n'hésite pas : « Je vous le prends. » Il a emporté le chiot et il l'a baptisé Xénophon, car cette année-là les noms des chiens devaient commencer par un X, et Moustache était d'origine grecque.

On est revenus à Paris et Xénophon a grandi : plus il grandissait et moins il était saint-bernard, c'était un brave corniaud ordinaire et gentil. Quand il s'est aperçu de la chose, Moustache l'a rebaptisé Escroc !

En dépit de l'insouciance de ces jours heureux, je n'avais pas oublié mon objectif premier : faire mon stage. Au retour, on m'annonce qu'on va reprendre le spectacle au Théâtre de l'Étoile. Pour ma part, j'y renonce : si par hasard une équipe de film pouvait avoir besoin de moi...

On m'a cherché un remplaçant, et c'est Jacques Fabbri qu'on a engagé. Je l'avais vu au Vieux-Colombier jouer *Lucienne et le boucher* de Marcel Aymé. Il faisait le si gentil fils du boucher, avec sa bonne tête ronde, bien rose, et son expression d'une naïveté émouvante. Fabbri et moi avions tout pour devenir amis. Et c'est ce que nous avons fait.

Il a connu de grands succès populaires, mais je sais que son franc-parler lui a fait du tort : il ne savait pas, il ne voulait pas faire de politesses aux puissants, en particulier à ceux qui accordent des subventions. J'aimais bien son aspect nounours mâtiné de Falstaff, sa vaste culture désordonnée, son goût des paradoxes et du roquefort au cognac, qu'il adorait (pas moi !). Il a formé une compagnie théâtrale qui a été fameuse : en 1955, *La Famille Arlequin* était un très beau spectacle (Arlequin et les personnages de la comédie italienne dans les corps et les jambes de jeunes comédiens français).

Deux des fidèles compagnons de Fabbri, André Gille et Charles Charras, avaient passé des mois à traquer les éléments de cette tradition. Toute la troupe s'en était mêlée, et Claude Santelli, tout jeune auteur, avait écrit la version définitive de l'œuvre, au cœur de cette troupe où il était, il le disait lui-même, comédien de la plume.

Il y avait là Raymond Devos, Julien Guiomar, Rosy Varte, Anne Alexandre, André Weber, Colette Cotti, Jacqueline Rouillard, Gabriel Jabbour, et j'en oublie.

Fabbri est devenu très populaire auprès du public de la télévision à partir de *Schulmeister* et des retransmissions faites par Sabbagh. Toutes les pièces qu'il a jouées avec sa compagnie, il les a remontées ensuite pour « Au théâtre ce soir », que ce soit *Les Joyeuses Commères de Windsor* ou *La Grande Oreille.*

Mais il n'a jamais été bien vu des autorités officielles. Il s'est toujours tenu en marge.

Auprès du public, son ami.

Revenu au Club d'essai, j'entreprends désormais de fabriquer des émissions. Je vais commencer en collaboration avec Pierre Billard, qui sera, pendant des années, l'auteur, l'animateur des émissions policières de la Radio française. Nous lançons alors une émission intitulée « Un mauvais quart d'heure à passer », une série un peu burlesque, un peu provocante aussi.

J'ai le souvenir d'un bon sketch musical. Deux contrebassistes avaient enregistré la partie de basse de l'ouverture de *Carmen*, et nous l'avions mixée avec un enregistrement de l'ouverture par tout l'orchestre. On entendait les allers-retours répétitifs des archets et, en premier plan chuchoté, les deux bassistes qui parlaient de leurs petites affaires banales : cor au pied, voisins insupportables, médiocrité familiale... Cependant qu'on entendait aussi, sonore et colorée, mais au second plan, la partition de Bizet. L'effet était réussi. Nous avons pourtant reçu une note sévère du service d'écoute de la radio : « Mauvais enregistrement, prédominance incontrôlée des basses. »

Ensuite, je travaillai avec un ami de Billetdoux, Robert Nahmias, un ancien des Ânes rouges, bon dialoguiste, rapide, malin, qui écrivait par demi-journées, car il exerçait aussi la profession de dentiste. Jeune chansonnier, Bernard Lavalette vint nous rejoindre. Je ne l'avais pas perdu de vue, j'avais même collaboré à l'écriture de son premier tour de chant. Notre émission était une suite de sketches et de gags. Son titre : « Le Panier aux crabes ».

Je réalise aujourd'hui que la forme et l'esprit de cette émission étaient empruntés à Francis Blanche. On peut puiser à plus mauvaise source : c'est en tout cas un homme que j'ai beaucoup admiré, qui a été véritablement le créateur de l'humour radiophonique. « Sans rime ni raison » était une nouveauté inouïe (et cet adjectif est utilisé ici dans son sens étymologique : qui n'a jamais été ouï, jamais entendu). Il avait alors pour complice Pierre Cour et le régisseur Albert.

On se répétait les slogans publicitaires qu'il inventait :

Pour rentrer chez vous, une seule adresse, la vôtre.

Où que vous alliez, d'où que vous veniez, descendez à Richelieu-Drouot, la station de l'élite.

Si vous n'aimez pas la mer, si vous n'aimez pas la campagne, si vous n'aimez pas la montagne, allez... vous faire foutre.

C'était un surdoué. Il était excessif en tout : son poids, ses colères, mais aussi son humour... Un très bon acteur aussi, et dans les films des années 1950 où se retrouvent Poiret et Serrault, Roger et Jean-Marc, Darry Cowl, il est bien souvent celui qui réussit le mieux à jouer sa partition burlesque.

Un soir, à Monte-Carlo, au sortir du festival de télévision, nous sommes quelques-uns à chercher la direction des hôtels où nous dormons.

« Tu rentres sur Nice ?

– Non, Villefranche, et toi, tu rentres sur Antibes ? »

Quelqu'un passe sur le trottoir, appuyé sur deux béquilles. Francis lance :

« Et vous, vous rentrez sur cannes ? »

Son compagnon de folies le plus solide était Jean Carmet. Ils avaient des délires communs et, je pense, des mélancolies partagées. Ils étaient ensemble le jour de la 4 CV.

Francis conduit une immense auto américaine comme il en a toujours eu. Il se range à grand-peine le long d'un trottoir. Pour s'y ménager une place, il emboutit avec force une modeste quatre 4 CV... et endommage du même coup l'avant de la sienne. Scandale dans la rue, on va chercher un agent, et Francis sort de sa poche deux cartes grises : les deux voitures étaient à lui.

Pierre Dac appartenait à la génération précédente, mais quand ils ont fait alliance on a eu droit à des morceaux de choix. Je cite ce calembour qui le mérite : « Monsieur est né sous le double signe de Brahma et de Vishnou... Brahma la guerre et Vishnou la paix. »

Un autre : « C'est en forgeant qu'on devient forgeron et c'est en sciant que Léonard devint scie. »

Sur les livres d'or des restaurants, il écrivait : « Le livre d'or, ne le réveillons pas. »

Pierre Dac m'a raconté que, quelques instants avant sa mort, Blanche a fait un dernier calembour. Il est dans le coma ; survient une rémission ; une infirmière l'aperçoit bouger, elle court chercher l'interne qui vient se pencher sur lui :

« Monsieur Blanche, comment vous sentez-vous ?

– Je me sens avec mon nez, bien sûr... »

Il a été un inventeur exceptionnel, pas un simple amuseur mais un véritable humoriste dispersé dans des entreprises nombreuses, où il réussissait d'ailleurs toujours, mais pour parler de lui on ne sait pas par où commencer.

Alphonse Allais disait : « La femme est comme le bâton enduit de confiture de rose dont parle le poète persan, on ne sait pas par quel bout la prendre. »

Et de qui est la mise en ondes ? Mais de Pierre-Arnaud de Chassy-Poulay, bien sûr !

Le Journal télévisé

Il faudrait tout de même que j'arrive à faire un sta... Non, pas tout de suite, voilà que Sabbagh se souvient de moi. Si bien qu'il envisage de m'engager, car il aura un budget de cachets en décembre !

J'ai toujours pensé que si Sabbagh m'avait donné cette chance c'était à cause du cinéma, de Saint-Germain-des-Prés, du théâtre... Il avait été élève de Dullin, marionnettiste, dessinateur, nous avions des goûts communs pour le spectacle – or, pour Sabbagh, le journal télévisé appartenait au monde du spectacle.

La date du début du Journal télévisé quotidien c'est le 2 octobre 1949. Moi, je commence le 4 décembre.

Le Journal existe, est-il le premier en Europe ? On l'a dit. En tout cas, c'est une décision importante qui marque la véritable naissance de la télévision française.

Wladimir Porché est directeur général de la RDF (Radiodiffusion française, pas encore de T). Jean Luc est directeur des programmes de la télévision. On ne parle jamais de lui, c'est une erreur. C'était un universitaire, un homme cultivé.

Ils décident de confier cette création à Pierre Sabbagh. On s'apercevra très vite que ce fut le bon choix.

En juin 1949, Sabbagh fait un « pilote », un numéro d'essai du Journal. Ce jour-là, il y a une bonne occasion. Un aérostier connu, Dollfuss, prépare une démonstration de ballon libre. Sabbagh est enchanté. Il emmène Michel Wakhévitch, un cameraman de la jeune télévision, frère du grand décorateur. Ils s'envolent tous les trois avec une caméra, mais le ballon heurte une ligne électrique et tombe. Heureusement, il n'y a pas de casse. Wakhévitch saute de la nacelle, continue à tourner, et cela fera un excellent sujet d'actualité. Je ne sais pas ce qu'il y avait d'autre dans ce Journal exceptionnel, mais l'essai fut jugé réussi.

Quand j'arrive, je ne connais que Dumayet. Les autres, j'ai entendu citer leurs noms. Roger Debouzy, Claude Croutelle (qui deviendra le patron des « Cinq Dernières Minutes » sous le nom de Loursais), Jacques Sallebert, le gentleman de l'équipe, et Georges de Caunes. Georges fut pour moi un exemple. Il était à la fois pertinent et impertinent. Pertinent par les informations qu'il donnait, impertinent par la façon de les présenter. Je cite toujours deux de ses interventions célèbres. Alors qu'on voyait, petit à petit, des protégés de ministres se placer à la télévision, il lâcha un soir, à l'occasion d'un commentaire de patinage artistique : « En patinage comme à la télévision, il y a des figures imposées. »

Un autre soir, il présente le Journal juste après une conférence de presse du général de Gaulle. Et il attaque ainsi : « On se demande souvent, dans les milieux politiques, qui va succéder au général de Gaulle ? Vous le voyez, c'est moi ! »

Et puis il avait, vissé au corps, le goût de la liberté qui l'a fait partir vivre avec son chien dans une île déserte...

Le jour de mes débuts, Sabbagh me dit qu'il y a je

ne sais plus quelle personnalité étrangère qui doit déposer une gerbe à l'Arc de triomphe et qu'il faut tourner un petit sujet. Je vais faire équipe avec André Michel, un bon opérateur d'actualités qu vient d'être engagé.

L'aventure n'est pas très glorieuse pour un début. Michel a sa boîte à caméra à l'épaule et moi je ne porte rien. L'Arc de triomphe n'est pas bien loin, et, pour y aller, la brillante équipe du Journal télévisé de la Radiodiffusion française va prendre l'autobus, le 92 (Montparnasse-Champerret).

Ce qui m'a frappé, c'est que pendant le trajet André Michel m'a dit : « Il est onze heures ... Je vais me mettre contre le pillier sud-ouest pour mon plan général et je ferai peut-être un gros plan sur la flamme avec un petit contre-jour. » Il était évident qu'il avait tourné cinquante fois dans sa vie des prises d'armes et des dépôts de gerbes à l'Étoile... Et on est revenus par le 92...

Le lendemain de mon arrivée, je suis allé tourner la remise du prix Goncourt chez Drouant (*Week-end à Zuydcoote*, de Robert Merle) avec un de nos cameramen, Marc Pasquette ou Henri Persin, je ne sais plus, en tout cas sans ingénieur du son car on tournait avec une caméra d'amateur. (Nous ne disposerons, au Journal, d'une caméra 16 millimètres sonore, une Auricon américaine, qu'à partir de 1953, si je me souviens bien.)

Pour moi, c'est très excitant de me trouver, du jour au lendemain, aux prises avec la réalité d'un tournage. Petit cinéma, petits moyens, petit métrage – mais quel apprentissage !

J'avais le sentiment de prendre le chemin d'Orson Welles et qu'il m'attendait déjà en souriant...

Et puis, à l'époque, à Cognacq-Jay, la maison mère,

tout le monde rencontrait tout le monde, on était parfaitement informé de tout ce qui se préparait. C'était une véritable famille.

Le Journal est diffusé à vingt et une heures, ce qui est tardif. Je pense que c'est dans le courant de 1950 qu'on l'a remonté à vingt heures trente. On l'a ensuite encore avancé, et on en est venu le fixer à vingt heures, horaire qui n'a plus bougé : c'est ainsi que TF1 et France 2 diffusent leur journal à la même heure. Ce qui est dommage.

Le Journal télévisé est alors composé de sujets que nous tournons nous-mêmes avec des caméras 16 millimètres, parce que le 35 est trop cher et trop compliqué. Le 16 inversible est développé dans le labo qu'on a créé rue Cognacq-Jay. Je vois encore la machine à sécher la pellicule au sortir du développement. C'est un ingénieur astucieux, M. Aruero, qui l'avait fabriquée : elle était constituée de deux roues de vélo réunies par de grandes tiges de bois, ça faisait un cylindre ajouré, et la pellicule s'enroulait tout autour. Par la suite, en 1950-1951, on a acheté une machine américaine automatique et transportable : une Houston. Les Américains en avaient utilisé plusieurs pendant la guerre, à l'initiative du Signal Corps, la section d'information de l'armée américaine.

Nous tournions donc nos sujets dans la journée, nous les développions dans l'après-midi, nous montions à partir de seize ou dix-sept heures, et l'on diffusait le soir sur l'antenne avec des commentaires en direct que nous faisions depuis une petite cabine, des commentaies off : il n'y avait personne à l'image dans le premier Journal télévisé.

Les gens n'ont découvert nos visages qu'à l'occasion du premier anniversaire du Journal, à l'automne 1950. Sabbagh a alors parlé aux spectateurs : « Je vais vous présenter tous les membres de l'équipe. » Avec de Caunes, Debouzy, Croutelle, on est tous passés les uns après les autres. On a dit : « Bonsoir messieurs-dames... » Les gens essayaient d'identifier nos voix, ce qui n'était pas facile. À la fin de chaque émission, on entendait : « Vous venez de voir le Journal télévisé réalisé par Pierre Sabbagh, avec les voix de Pierre Dumayet, Jacques Sallebert, etc. » Nos noms n'apparaissaient pas. Nous n'avions pas les moyens de faire des incrustations sur l'image.

Le Journal télévisé durait un quart d'heure. Les sujets étaient entièrement tournés dans la région parisienne, et l'on n'a commencé à recevoir des ordres de mission pour tourner en province que petit à petit. Au début, nous tournions des sujets qui ne supposaient pas d'éclairage particulier. Nous n'aurions pas pu filmer à l'intérieur de Matignon parce que nous n'avions pas les moyens d'y introduire des projecteurs suffisamment puissants. En revanche, la présentation des nouveaux ministères (qui changeaient souvent à l'époque), tous ces hommes alignés sur les marches de l'Élysée, c'était notre affaire : il n'y avait qu'à cadrer, la lumière était toujours suffisante.

Pour faire les quinze minutes, s'il manquait un peu de métrage, Sabbagh puisait des sujets sans date dans sa réserve d'actualités cinématographiques du monde entier. Il s'agissait de documents passe-partout, d'un manque d'intérêt considérable : une course de garçons de café à Palerme, un concours de schlitte dans les Vosges, le plus gros mangeur de saucisses d'Allemagne... C'était amusant pour nous, parce que nous écrivions des commentaires absolument libres sur tout cela, nous inventions même des noms, et petit à petit, il faut bien dire que nous nous sommes mis à délirer.

Nous étions installés dans notre petite cabane de

speaker. Nos sujets étaient diffusés et nous parlions en direct, chacun à notre tour, en nous asseyant vite sur la chaise qui était bien en face du micro pendant les quatre ou cinq secondes où apparaissait le titre du sujet. En régie, Yves Darriet, puis Lucien Morisse, puis Denise Glaser, illustraient de musiques astucieusement choisies les différents sujets.

Il y avait à l'époque, je crois, trois mille postes de télé à Paris et dans la région parisienne.

Ce Journal, dès le début, même incomplet, même court, a eu une extrême importance : c'est lui qui a structuré l'ensemble des programmes. À vingt et une heures, tous les jours, on sait que l'on va voir le Journal télévisé, qui n'a certes pas de gros moyens, mais où l'on vous présente des sujets frais, alors que les actualités cinématographiques, dans le meilleur des cas, proposent des sujets qui ont au moins trois ou quatre jours.

Les téléspectateurs furent tout de suite conquis. Même les sujets de peu d'importance étaient assaisonnés de commentaires très vifs, quand les actualités cinématographiques étaient toujours commentées sur un ton majestueux : « Au Grand-Palais s'est déroulée, en présence de plusieurs personnalités civiles et militaires, l'inauguration officielle du Salon... » Nous, c'était : « Huit heures ce matin, au Grand-Palais, on se dépêche de faire fuir les camions, de cacher les caisses, on est en retard, comme d'habitude... » C'était vivant. Nous n'avons pas inventé ça pour écraser les autres, nous l'avons fait spontanément, parce qu'il nous paraissait tout à fait normal de parler familièrement à des gens assis dans leur fauteuil et de passer du discours à la conversation.

Entre nous, les commentateurs, nous nous lancions des défis. Par exemple, glisser telle phrase dans notre texte, le soir. Nous avions constitué un petit lot d'origines diverses. « C'est une belle réalisation française », ou « Ça, c'est de la pluie pour demain », ou encore « La Parisienne sera toujours la Parisienne ». Encore fallait-il, bien sûr, que l'intrusion passe inaperçue. Et ce n'était pas si simple : glisser « la Parisienne sera toujours la Parisienne » dans un commentaire sur l'inauguration d'un complexe sidérurgique, je vous assure qu'il faut le faire (à repasser, précisait Maurice Biraud).

Et quand nous sortions de la cabine, Sabbagh sortait de la régie et nous donnait son avis sur nos plaisanteries. Ou nos erreurs : ainsi, lors de mon sujet « prix Goncourt », j'avais tout simplement omis de donner le titre du livre primé. Il est vrai qu'on voyait le livre en gros plan.

Sabbagh était l'âme du Journal. Cet excellent reporter, en devenant le patron, avait accepté de ne plus sortir, de ne pas se rendre sur les tournages. Mais, quand nous rentrions d'un reportage, il se faisait tout raconter, le sujet, les difficultés rencontrées, si bien qu'il pouvait ensuite en parler comme si il y avait été.

Sa vivacité était incroyable. Quand il fallait arracher un oui à la direction, il n'empoignait pas le téléphone, il filait vers l'escalier en courant et escaladait les deux étages qui le séparaient du septième.

C'est par son dynamisme qu'il arrangeait les coups difficiles, comme, un jour, d'obtenir que les avions de chasse de l'armée de l'air apportent à Paris les bobines de film tournées sur le Tour de France...

Le Journal vécut alors dans une totale liberté. Liberté qui s'explique avant tout d'ailleurs par le fait que les spectateurs étaient bien peu nombreux. Mais, petit à petit, les hommes politiques vont commencer à s'y intéresser. Le premier, me semble-t-il, ce fut Guy Mollet, qui participa à une émission avec Sabbagh, en direct depuis l'hôtel Matignon – une émission assez naïve où l'on vit Sabbagh présenter le bureau du président du Conseil, détailler le téléphone et ses boutons permettant d'appeler les différents services...

Un jour, pourtant, nous avons subi une grosse pression. Et c'est moi qui en fut la cause.

Avec Sabbagh, Debouzy, Cabrières, chaque matin nous épluchions la presse, nous réfléchissions à ce qu'il y aurait à faire. Or ce jour-là était prévue une manifestation assez particulière. C'était l'époque de la guerre d'Indochine, et les chasseurs des organisations de chasse à courre avaient décidé de faire dire à la Madeleine une messe pour les combattants. Il y aurait, après la messe, rue Royale, un défilé de cavaliers entourés d'une meute et de piqueurs. Nous avons tourné, et le soir mon commentaire s'achevait à peu près ainsi : « On songe à nos soldats pataugeant dans un marécage boueux, là-bas, au péril de leur vie, comme ils vont être heureux quand ils vont apprendre que des messieurs en habit rouge ont défilé pour eux avec leurs chiens, rue Royale... »

Le lendemain, Jean Luc, le directeur des programmes, reçut des protestations indignées – les gens qui chassent à courre, ce n'est pas n'importe qui, ce sont des messieurs qui ont de la famille et des relations. On a demandé ma tête. Jean Luc a dit : « Il n'en est pas question. Si on flanque Tchernia à la porte, je pars avec lui. » C'est la première fois de ma vie – et le cas ne s'est pas produit souvent – que j'ai suscité une telle fureur. C'est aussi la première fois où j'ai éprouvé l'amitié de quelqu'un dont je dépendais.

J'étais donc devenu journaliste professionnel. J'ai reçu – certes pas tout de suite, il fallait que la Commission had hoc en décidât – une carte un peu tricolore, me semble-t-il. J'ai eu, surtout, le plaisir de découvrir le treizième mois ! C'était épatant : les journalistes, à Noël, touchaient un mois double. Cela tombait bien car, cette année-là, j'ai connu un engagement autrement important que celui du Journal télévisé : le 30 septembre, je me suis marié. C'était le commencement délicieux d'une famille où allaient arriver quatre enfants en neuf ans.

Le treizième mois, on ne l'a pas dissipé en folies, non, on s'est offert un chauffe-eau à gaz Chaffoteaux et Maury et on a eu l'eau chaude dans la cuisine (qui faisait aussi cabinet de toilette), car l'humble garni qui nous servait de nid ne payait vraiment pas de mine. Mais nous avions vingt ans tous les deux... Vive la vie !

Je me souviens d'un détail. Nous n'avions pas de télévision, bien sûr, c'était beaucoup trop cher pour nous, mais, à la radio, sur les ondes courtes (la bande des 14 mètres, je crois), ma femme écoutait nos commentaires en direct, le soir. Elle savait donc à peu près à quelle heure j'allais rentrer, comme les femmes de marins-pêcheurs qui écoutent les conversations entre les bateaux et vont récupérer mari et godaille à Concarneau ou à Lorient[1]...

Entre septembre 1948 et décembre 1949, j'avais expérimenté quatre métiers : régisseur de théâtre, présentateur de radio, comédien et journaliste de télévision. Celui-ci allait me tenir six ans : À NOUS COGNACQ-JAY !

1. La godaille, c'est la part de poissons que le marin-pêcheur emporte de retour au port.

Cognacq-Jay

À VOUS COGNACQ-JAY ! Que de présentateurs ont lancé cette phrase ! On la prononçait à la fin d'un direct, match de football, reportage en extérieur... Elle signifiait qu'on pouvait interrompre la retransmission des images. La régie finale reprenait les commandes et balançait alors l'émission suivante sur l'émetteur de la Tour.

Cognacq-Jay, c'est d'abord le nom d'une rue, celle où se trouvait situé l'immeuble-cerveau de la télévision. C'est là qu'arrivaient, par voie hertzienne, les émissions réalisées en extérieur, et c'est de là que partaient vers la tour Eiffel, par un énorme câble souterrain, toutes les émissions qui seraient diffusées.

Il s'agit d'une triste rue bordée de beaux immeubles luxueux, ouverte en 1928 et baptisée Cognacq-Jay en l'honneur d'Ernest Cognacq et de Marie-Louise Jay. Les terrains leur appartenaient, tout comme La Samaritaine, dont ils étaient les patrons, propriétaires et philanthropes, comme les Boucicaut pour le Bon Marché.

C'est dans le VIIe arrondissement, là où le pont de l'Alma (dont le zouave est l'« inondatiomètre » parisien) franchit la Seine en direction des Champs-Élysées. Au XIXe siècle, ce quartier en question était couvert de chantiers de bois, et en 1911 un Anglais, constructeur de parcs d'attractions, y fonda *Magic City*, un vaste ensemble de manèges et de stands : *Scenic Railway*, *Water-Chute*, Palais du Rire, « 1 franc de midi à minuit par tous les temps ». Il y avait aussi une très grande salle de bal sur laquelle je vais revenir.

1928 : percée de la rue Cognacq-Jay et chute du *Water-Chute*. Dans la rue Cognacq-Jay s'édifie entre autres, aux numéros 13-15, un très bel immeuble destiné à accueillir une luxueuse pension de famille : La Familiale de l'Alma.

En 1941, un officier allemand, le major Hinzmann, fait une longue promenade inscrite dans un cercle dont la tour Eiffel est le centre. Il cherche un endroit favorable à la construction d'un studio de télévision. En effet, Paris est un lieu de repos pour les permissionnaires de la Wehrmacht ou les plus méritants des convalescents. Champagne, french-cancan, bordels, etc. À ceux-là, il serait *gemütlich*[1] d'offrir des spectacles à domicile.

Hinzmann est à la recherche d'un local vaste et commode situé le plus près possible de la plus grande antenne de télévision connue : celle de la Tour. Il a été voir du côté du Théâtre des Champs-Élysées, du musée d'Art moderne, mais rien ne le convainc. C'est alors qu'il tombe en arrêt devant un immeuble, aujourd'hui 176 de la rue de l'Université. La porte du garage est ouverte. Il entre et découvre le dernier vestige de *Magic City* : la grande salle de bal, vide, abandonnée. Il la traverse, arrive rue Cognacq-Jay, et découvre, du même coup, l'immeuble de La Familiale.

Et voilà. Vous devinez la suite. Jusqu'en août 1944, il y aura une télévision allemande, très bien aménagée,

1. Délicieux.

qui deviendra la nôtre, blottie entre le 176 de la rue de l'Université et le 15 de la rue Cognacq-Jay. Parmi les techniciens français qui y travaillèrent, il y avait des résistants qui ont pu remplir leurs missions avec en poche un *Ausweis* parfaitement en règle.

Quand on s'aventurait hors de la forteresse, on allait faire une partie de 421 chez Lafont, au coin de l'avenue Rapp, ou manger un morceau, rue Malar, chez l'ami Jean.

« Un chorizo-beurre pour monsieur Georges ! »

La résidence et le garage qui avaient constitué l'ensemble des débuts ont été transformés lentement. Au cinquième étage, celui des bureaux du JT, en 1950-1951, il y avait encore des salles de bains, vestiges des petits appartements de La Familiale. Nous avions fait tailler des planches de contreplaqué pour recouvrir les baignoires et les bidets... On y entreposait des caméras et des boîtes de pellicule.

Durant les années où j'ai eu à faire à Cognacq-Jay, chaque semaine, le lundi me semble-t-il, je voyais se promener un groupe d'architectes et d'entrepreneurs qui « envisageaient » les travaux futurs, dépliaient des plans et prenaient des mesures. Les réunions de travaux de la télévision n'ont dû prendre fin qu'avec le début de la construction d'un bel immeuble neuf, inauguré il y a quelques mois.

Un jour, avec Claude Darget, nous avons découvert à l'extrémité du couloir du cinquième un électricien, monté sur une échelle, qui installait une boîte lumineuse « SORTIE » au beau milieu du mur nu qui constituait le fond de ce couloir. Derrière, il y avait une cour.

Interrogé, l'homme nous assura qu'il y avait, sur les plans, à cet endroit-là, le projet d'une porte...

Je vous jure que c'est vrai.

Jean Carmet

« À la demande générale, quelques extraits de mon hallucinant récital de tambours historiques et baguettes. » Sur la scène du Théâtre La Bruyère, il y avait un imbécile muni d'un tambour. C'était Jean Carmet, à l'une des premières représentations de *Branquignol*, en 1948.

« Ensemble remontons les siècles... »

Et il exécutait des roulements de tambour maladroits en leur attribuant une référence historique.

« La Frettillette, 42 avant Jésus-Christ... »

Médusés, les spectateurs essayaient de comprendre, silencieux.

« La Grande Régalade, 790 après Jésus-Christ. »

Tout seul dans la salle, je riais, conquis par ce personnage dont j'avais entendu parler mais que je voyais pour la première fois. Ce ne serait pas la dernière, loin s'en faut.

« Le Branle de Paule, d'inspiration nordique, irréalisable sur un tambour français... »

C'était ce qu'il appelait un numéro à bide. Prendre un bide, pour un comédien (on dit ça en se tapant sur le ventre), c'est rater son coup, échouer. Et c'est comme cela que débutait son numéro, délibérément. Mais petit à petit le public comprenait que la niaiserie du personnage et le dérisoire de sa présentation constituaient justement la drôlerie de la chose. C'était un exemple du fameux second degré cher à André Frédérique et à ses amis, c'est-à-dire nous. Et il suscitait le rire.

Carmet, je l'ai fréquenté pendant plus de quarante ans et je regrette de ne pas l'avoir connu plus tôt, à Bourgueil, dans le Val de Loire, chez ses parents.

Le père de Carmet, dont le surnom était « Petit Fût », devait être un homme intéressant. Bourrelier, il pratiquait un humour bien plaisant. Ainsi, chaque année, à la fête de la ville, il organisait et dotait d'un prix une course de vieillards.

Libre penseur, il avait épousé une dévote. À cette époque, au début des années 1920, le curé de Bourgueil organise une randonnée en autocar à Lourdes. Le père Carmet trouve la promenade engageante, il envisage d'y faire son voyage de noces. Mais comme le prix était assez élevé, il y est allé seul.

Carmet n'a pas connu une scolarité brillante. Un de ses professeurs l'a ainsi défini : « Ressemble à la lune par ses éclipses. »

Monté à Paris, il va se retrouver assistant régisseur au Théâtre des Mathurins, aux côtés de Jean-Marc Thibault. Belle équipe qui ne plaisait guère à la mère de Jean-Marc : quand elle les voyait arriver, elle disait : « Voilà Feignant et compagnie. »

Ce qui ferait un bon titre de film.

Il va bientôt faire la connaissance d'André Frédérique et pénétrer avec lui dans le raffinement d'un langage où n'approchaient guère les autres. « Passer pour un idiot aux yeux d'un imbécile est un plaisir de fin gourmet », disait Courteline.

Cela ne les dispensait pas de plaisanteries plus simples.

Ils s'étaient procuré de vieilles soutanes qui leur permettaient de se mêler à des mariages bourgeois et d'improviser des dialogues déconcertants pour les fidèles de Saint-Honoré-d'Eylau ou de Saint-Pierre-du-Gros-Caillou. Un jour, ainsi habillés, ils pénètrent dans une pâtisserie, se plantent devant les plateaux pour le simple plaisir de dire à haute voix : « Je me taperais bien une religieuse. »

Tout n'a pas été rose. Carmet, jeune comédien, était un gros garçon, déjà père de famille, et amené à tourner des films alimentaires qui ne valaient pas tripette (langage d'époque). Il était populaire à la radio grâce à *La Famille Duraton*, mais ne devint pas célèbre pour autant. Il avait cinquante ans quand Yves Robert lui offrit le rôle grâce auquel il allait crever l'écran, le cycliste cocu du *Grand Blond avec une chaussure noire*. Bientôt suivi par *Dupont-Lajoie*, d'Yves Boisset.

À partir de ce redressement de situation, il a commencé à se sentir mieux et à jouer des choses qui lui convenaient. À la télévision, Jean-Claude Carrière, qui a si bien parlé de lui, écrit pour lui *Bouvard et Pécuchet* (avec Jean-Pierre Marielle), *La Controverse de Valladolid*...

Ce qui frappe, chez lui, c'est la diversité de ses centres d'intérêt, la diversité de ses amis – qu'il prenait soin de ne jamais réunir pour mieux les déguster un par un.

Une partie importante de sa vie était faite de conversations avec des inconnus bavards dont il découvrait l'existence. Il faisait collection de personnages. J'ai rencontré bien des chauffeurs de taxi (il ne disait pas taxi, il disait voiture de place) qui l'avaient accompagné chez lui, à Sèvres, et à qui il avait payé le coup. Il ouvrait une bouteille (il ne disait pas une bouteille, il disait un litre) et les écoutait. J'ai su bien des détails sur la vie de Carmet au travers de confidences de chauffeurs de taxi : « Ah, votre ami Carmet, l'autre jour... »

Il n'aimait rien tant que de participer aux vies de famille de ses amis. Il avait un besoin irrépressible de fouiner dans les cuisines. Aux mariages de mes filles, après avoir entretenu un doute sur sa venue, puis annoncé deux jours avant que selon toute probabilité il ne viendrait pas, il est arrivé très en avance, dans ces moments chauds où se conjuguent le retard du traiteur, la robe tachée et la pluie qui menace. Il s'installait volontiers pendant une journée dans la vie des autres.

Quand nos enfants étaient petits, il lui est arrivé de sonner puis d'entrer avec un pot de chambre sur la tête. Pour rire. « J'ai sonné à la porte d'en face, disait-il, une dame m'a ouvert. » Quand il repartait, il n'emportait jamais son ustensile. C'est ainsi qu'on a fini par avoir une assez jolie collection de pots de chambre en plastique que nous avons disposés dans les toilettes...

S'il lui revenait, dans une conversation, un souvenir que nous avions vécu ensemble, c'était toujours un souvenir ridicule, évoquant une situation minable. Exemple : un certain été, nous devions dîner tous les deux. Mais nous nous sommes ratés, nous nous sommes cherchés et finalement, nous nous sommes retrouvés chez moi à la nuit tombée, avec pour tout dîner deux boîtes de maquereaux marinés et des petits-beurre Lu... Il en parlé longtemps. Ce fut, disait-il, un dîner à bide. Heureusement, il y avait à boire. « J'ai souvent eu faim, disait-il, jamais soif. »

En 1995, avec Catherine Grello et Jean-Pierre Coffe, nous avons réalisé une émission consacrée à Carmet sur Canal +. J'ai retrouvé des séquences de reportage, tournées verre en main, à Bourgueil. Il clappe de la langue : « C'est bien ça... », il fait tourner la gorgée dans sa bouche... « C'est propre, c'est bon aux joues. » Quelle belle expression ! Il avait un vocabulaire dont certains mots se sont répandus, comme *le vin de soif*, qu'on boit pour se désaltérer. J'ai entendu aussi *c'est un vin fraternel.* Comment refuser de trinquer ?

Depardieu fut émerveillé le jour où il connut Carmet. Pour lui, c'était un second père, d'adoption celui-là, qui semblait l'attendre depuis longtemps. Ils ne se quittaient plus. Il m'a dit que dans les caves de son château ils passaient des soirées, pipette à la main, à goûter les vins dans les fûts et à en parler.

Cela durait longtemps, Depardieu finissait par aller se coucher, épuisé.

« Et tu le laissais seul ?

– Oui, avec sa pipette... il parlait aux tonneaux. »

Voici deux petites histoires vraies qu'il m'a racontées.

Après ses débuts à Paris, Carmet revient pour la première fois au pays, et il accompagne sa mère qui vient passer un après-midi à Tours pour faire des achats. Elle est heureuse d'être avec son fils. Ils sortent de la gare et elle aperçoit, loin, de l'autre côté de la grand-place, un homme qui marche. « Oh, regarde là-bas, ton professeur, monsieur Chouilloux ! Tu te souviens ? » Oh oui, il se souvient, c'est même son pire souvenir, un prof hargneux, vindicatif... « Jean, va donc lui dire bonjour, il sera tout content de te retrouver. »

Carmet traverse la place. La maman, attendrie, voit de loin les retrouvailles. Elle regarde le vieux professeur et le jeune homme qui parlent. Puis Carmet revient.

« Oh ! C'est bien. Ça a dû lui faire quelque chose de te retrouver.

– Je crois, oui... »

Et, au bras de son fils, elle continue sa promenade, heureuse d'avoir été témoin, de loin, de ce dialogue qu'elle n'avait pas entendu et qui dut donner à peu près ceci :

« Vieux dégueulasse, tu m'as bien emmerdé quand j'étais au lycée... Maintenant, je peux te le dire, t'es une vraie saloperie... »

J'aime beaucoup cette scène, avec le plan général si attendrissant et le gros plan, véhément et vengeur.

La deuxième petite histoire, il eût fallu Jules Renard pour la raconter.

Il y a quelques années, Carmet passe par Bourgueil, retrouve des amis d'enfance, prend des nouvelles du pays, les morts de l'année, ceux qui vont y passer. « Tu te souviens, Marguerite (appelons-la comme ça), la vieille Marguerite, elle va pas bien du tout... C'était la bonne amie de ton père... Tu devrais aller la voir... »

Il y va. Une petite maison au bout de la rue. Il y fait sombre, on n'entend qu'un balancier d'horloge. Elle est là, allongée, les cheveux défaits. On dit à Marguerite : « C'est Jean, le petit Carmet. » Elle lui tend les bras, heureuse. Elle l'embrasse, elle le serre très fort. Et dans son cou, à mi-voix, elle lui dit :

« Tu sens comme lui. »

Vous ai-je dit qu'il nous manque beaucoup ?

Les années 1950

Les années 1950 commencent en octobre 1949 avec le Journal télévisé. 1949, c'est l'année où l'on passe de la RDF (Radiodiffusion française) à la RTF (Radiodiffusion et Télévision de France) et c'est aussi celle de l'instauration de la redevance annuelle, qui fut accueillie par les rares téléspectateurs avec une joie intense !

La télévision, en 1950, c'est une image envoyée par la tour Eiffel, le seul émetteur sur le territoire français. L'important, désormais, c'est la conquête d'un réseau national. En avril 1950, création à Lille d'une télévision dont l'antenne est installée sur le Beffroi. Elle sera rattachée à Paris en 1951. L'émetteur de Strasbourg sera opérationnel en 1953, ceux de Lyon et de Marseille, en 1954.

Un homme sympathique qui était, en 1949, installateur de postes de télévision m'a dit un jour :

« J'appartenais aux plus de 40.

– Vous aviez plus de quarante ans ?

– Pas du tout. J'avais réussi à obtenir une image de télévision à plus de 40 kilomètres de la tour Eiffel. »

En 1952, on franchira la Manche : il y aura la très importante « Semaine franco-britannique », où des programmes en direct traverseront le Channel, aussi bien des émissions françaises conçues pour les Britanniques que le contraire. C'était une initiative de Jean d'Arcy, qui venait du ministère de l'Information, et qui restera directeur des programmes en vertu de cette réussite-là.

Nous lui devons beaucoup. La télévision le passionnait, et il a su donner le pouvoir à tous ces jeunes gens avides de créer. Il venait de l'armée et il a su mettre en place des « corps francs » de réalisateurs, de présentateurs, d'auteurs, chacun lancé à l'assaut d'un moment du programme, chacun asticotant à tour de rôle l'administration, sympathique, certes, mais pas fulgurante.

Sur cette chaîne unique il a su varier les genres, mettre en place Jean Nohain et « 36 Chandelles », aussi bien que Dumayet-Desgraupes et « Lectures pour tous ».

Ce fut une époque assez extraordinaire, car tout le monde était accro : le public pour voir, nous pour donner à voir.

Quelqu'un m'a dit : « Ce n'était pas tant telle émission qu'on regardait, c'était la télé. »

Ce public grandissant existe avec force grâce à une circonstance aujourd'hui inimaginable : la chaîne unique. Ce n'est pas la *Une*, puisqu'il n'y a pas la *Deux*, c'est *la télé* – à laquelle on est obligatoirement fidèle. Cette pénurie eut, en son temps, un avantage : au lendemain d'une émission, à l'école, au bureau, à l'usine, tout le monde parlait de la même chose ; en fédérant ses spectateurs, la télévision s'affirmait. Il y avait, autour de la télé, et à l'intérieur de la télé, un véritable enthousiasme.

Exemple : les télé-clubs, qui sont des organisations très républicaines, particulièrement à l'initiative de Roger Louis, un instituteur de l'Aisne : dans les écoles, dans les mairies, on installe un poste de télévision acheté par les habitants. Je me souviens d'une institutrice qui m'avait dit : « Le poste de télévision est à l'école, il fonctionne pour les grandes émissions du soir, mais quand je veux montrer les émissions du jeudi après-midi aux enfants, ils sont obligés d'apporter chacun une bûche pour faire marcher le poêle parce que le maire ne veut pas payer de chauffage un jour de congé. »

C'était ça, la télévision du début. Ces années-là sont des années émouvantes, si je puis dire. C'est le début de l'époque où les enfants qui dessinent des maisons avec une porte et quatre fenêtres se mettent à planter un râteau dans le toit, puisque les antennes de télévision avaient cette forme.

À cette époque, j'ai entendu à plusieurs reprises des enfants me dire : « Tu me reconnais ? Tu me vois à la télé », comme si la transmission était réversible. Cette naïveté a vite disparu. Il est vrai que ces enfants-là ont vu arriver l'objet magique chez eux et que leurs parents étaient tout aussi émerveillés. Aujourd'hui, on vient au monde dans un foyer où le gaz, la télévision et l'eau chaude se tiennent par la main depuis longtemps.

Une grande partie des achats de téléviseurs, dans les années 1950, sont intervenus dans la région du Nord. Et l'ouvrier parisien, le mineur de Lens, ont eu la télé avant le notaire ou le chirurgien. Le spectacle entrait d'abord chez les mal-logés à qui l'écran magique apportait un luxe dont les bourgeois n'avaient pas besoin. Ce superflu leur semblait nécessaire.

Petit à petit, contaminés par ceux qui « l'avaient », les gens ont acheté la télévision, le plus souvent à crédit, ce qui n'était pas bien vu en 1950.

C'était quelque chose, l'arrivée d'un poste dans un logement. Les voisins en rêvaient : c'était cher, la télé.

On les invitait un jour de « Piste aux étoiles » ou de « Joie de vivre ». Les premiers postes moins coûteux apparaissent avec le couronnement de la reine d'Angleterre, en 1953. À la place d'une ébénisterie de bois, on installe une coquille en plastique. Ce poste coûtait 60 000 francs à l'époque. Soit un peu plus d'un millier d'euros.

Ce qui coûtait le moins cher, bien sûr, c'était l'antenne. C'est ainsi qu'on a vu des gens acheter l'antenne sans avoir encore le moyen d'acheter le poste, et n'ouvrir leur porte à personne avant d'avoir acheté l'« étrange lucarne » (comme disait *Le Canard enchaîné*).

Les habitudes se sont installées. Le poste dans le salon, la cuisine, la salle à manger... Marcel Pagnol, qui avait une vraie vie de famille, m'a dit : « Chez nous, on dînait autour d'une grande table. Maintenant qu'on regarde la télé, on s'est tous assis du même côté, comme dans *La Cène* de Léonard de Vinci. »

On s'est mis à régler son réveil sur la pendule, car il y avait une pendule, le soir, avant la speakerine. Une pendule carrée à trotteuse. S'il y avait un petit retard dans la connexion des programmes, on regardait tourner la trotteuse. Plus tard on a changé de pendule : un horloger artiste a fabriqué une pendule en forme de tourbillon ovoïde. Si votre poste était mal réglé l'ovale se modifiait un peu, mais c'était moins visible que le carré qui devenait trapèze.

Deux messieurs de la télévision américaine sont venus un jour visiter Cognacq-Jay. Ils ont tout examiné, et leur grande surprise fut de voir tourner la pendule sur l'écran. Eux chez qui les programmes, à la seconde près, s'arrêtaient pour laisser passer les publicités, ils étaient abasourdis qu'on pût utiliser ces précieuses secondes à regarder passer le temps.

Autre habitude. Parmi les programmes rituels, très

vite, s'est installé le film du dimanche soir, qui était en fait le film du week-end, car, le samedi soir, pour ne pas concurrencer la production cinématographique, on n'en diffusait pas.

Donc, une grande partie des spectateurs regardaient *Don Camillo*, et une heure et demie plus tard, dans les villes, des milliers de portes s'ouvraient en même temps pour laisser sortir les chiens et leurs maîtres.

Comme chantait Georges Milton : « Faire pisser Mirza c'est pour mon papa. »

Dans mes souvenirs des années 1950, il y a aussi deux incendies.

Le 28 février 1953 : celui des Buttes-Chaumont, dont on parlera longtemps.

Les studios des Buttes-Chaumont dataient des années 1910, création de Léon Gaumont sur un terrain qui appartenait à sa famille. Dans les années 1950, la télévision a commencé à occuper la surface des plateaux conçus pour le cinéma.

Tout cela a brûlé dans la nuit du 28 février au 1er mars 1953. Plusieurs lieux étaient alors occupés : Averty répétait, le décor d'une dramatique se construisait, et moi je tournais le rôle de Rochefort dans un film de Gilles Margaritis, *Les Quatre Mousquetaires*. C'était le dernier jour de tournage. Il ne faisait pas chaud en cette fin de février, et dans ces vieux bâtiments nous luttions contre le froid avec des braseros à charbon installés au beau milieu de studios où l'inscription DÉFENSE DE FUMER mesurait deux mètres de large.

Le feu a dû prendre en fin d'après-midi, et il s'est tranquillement installé. Il n'y eut pas de victimes. Mais le directeur de la photographie, René Mathelin, qui était alors assistant, l'avait échappé belle. Il était en train de mettre en boîte, sous papier noir, les bobines de la journée quand il avait entendu AU FEU ! Il était alors sorti en courant, à travers la fumée, les bobines sous le bras, cependant que son blouson brûlait.

Ce fut une occasion pour la télévision de presser le mouvement et de commencer la construction des grands studios de télévision... qu'on a rasés depuis !

Un autre incendie : la nuit des élections législatives du 3 janvier 1956. Je m'en souviens parfaitement parce que c'est la première fois qu'on faisait un long direct, comme aujourd'hui, avec quelques duplex dans les villes qu'on pouvait déjà atteindre. J'étais le meneur de jeu. Nous avons diffusé jusqu'à trois heures du matin et devions reprendre l'antenne à huit heures.

Nous venions de finir, je vois arriver d'Arcy dans le studio, qui me dit : « Pierre, venez là-haut, venez voir, la tour Eiffel brûle ! » On est tous montés sur le toit et, effectivement, le troisième étage de la tour Eiffel brûlait.

Cette torche sur le velours de la nuit, c'était une image irréelle, belle comme un trucage dans un film d'épouvante. Et c'était vrai !

Pas de terroristes là-dedans... Un simple court-circuit. Tout l'émetteur 441 lignes brûlait.

Les années 1950, c'est aussi la mise au point du 819 lignes dont la France est si fière, qui donne une image d'une finesse inconnue dans le reste de l'Europe et qui remplacera, petit à petit, le 441.

Cet incendie fut à cet égard une chance pour la télévision : les propriétaires d'un poste 441 bénéficièrent d'une reprise de 5 000 francs pour passer en 819 lignes, et il n'y eut plus qu'un seul standard. Au bout de quelques années, on a renoncé au 819, et la France s'est ralliée aux normes anglo-saxonnes.

Parmi les nouveautés : la presse de télévision. Il

existait un magazine – édité par un organisme rattaché à la RTF sans qu'il s'agisse de la RTF proprement dite – qui s'appelait *Radio 46* (puis *Radio 47*, etc.). Il s'intitulera désormais *Radio-Télé 49* (*Radio-Télé 50*, etc.). Et puis s'annonce assez vite le journal des organisations catholiques : *Radio-Ciné-Télé*, l'ancêtre de *Télérama*, était très intelligemment fait. Avec le révérend père Pichard, les Dominicains se sont en effet vite intéressés à la télévision. N'oublions pas le début des émissions religieuses : « LA MESSE DE MINUIT A ÉTÉ TÉLÉVISIONNÉE », titrait un journal à la Noël 1948. Dite par Mgr Suhard, à Notre-Dame, et réalisée, en direct bien sûr, par Claude Barma.

Dans *Radio-Ciné-Télé*, on trouvait des chroniques d'André Bazin, qu'il serait certainement instructif de relire. Une d'elles me revient à l'esprit : elle me concerne.

Au temps des grands reportages en direct, Stellio Lorenzi avait organisé une visite du studio de Billancourt un samedi après-midi. Gilles Grangier tournait alors un film dont Gabin était la vedette. J'étais le présentateur. La visite était très documentaire : un décor en construction, l'auditorium, la projection, les toujours pittoresques réserves d'accessoires, la « Sorbonne » (c'est l'endroit où l'on conserve et où sont préparés les « camions », c'est-à-dire les pots de peinture), et puis, clou de la fête, le studio en activité. Personne de la production n'avait osé en parler à Gabin. Avec la complicité des uns et des autres, pendant la préparation d'un plan, on ouvre les portes du studio et la grosse caméra de direct roule sur ses roulettes accompagnée de mézigue (langage de l'époque), pas très assuré. Gabin s'étonne, le mot est faible, disons plutôt qu'il se met en colère, j'essaie de lui expliquer, il grogne, ne réalise pas qu'il est en direct, que tout ça passe à l'antenne, et nous nous replions en bon désordre.

La semaine suivante, Bazin écrivit un article. Il s'adressait à Gabin en lui disant qu'il fallait compter désormais avec la télévision et qu'il avait intérêt à mieux l'accueillir.

Convenons qu'il eût été bon qu'on l'en prévînt. J'ai eu, par la suite, des rapports que je peux qualifier d'amicaux avec Jean Gabin, mais je ne lui ai jamais rappelé cet incident qu'il avait vraisemblablement oublié, et qui, au demeurant, constitua un instant de très bonne télévision dont il ne reste rien, car l'enregistrement sur kinéscope (une caméra 16 millimètres devant un récepteur bien réglé) commence en 1955-1956 pour des émissions dramatiques ou de grandes variétés, et le magnétoscope (marque Ampex, largeur de la bande : 2 pouces) ne devient opérationnel que vers 1962 ou 1963...

C'est très agréable quand il ne reste rien : les émissions réussies subsistent dans les souvenirs, exaltées par l'attendrissement, et les grands ratages glissent dans le noir de l'oubli, amnistiés par manque de preuves...

Les années 1950, c'est aussi le temps de la télé au bistrot, et c'est le temps de la télé qu'on voit mais qu'on n'entend pas dans les vitrines des marchands de téléviseurs. Le samedi après-midi, les gens vont faire leurs courses, ils passent devant des boutiques où il y a des postes. D'Arcy avait décidé très vite de diffuser des programmes le samedi après-midi, mais les marchands de téléviseurs, s'ils offraient l'image, ne donnaient pas le son, car pour cela il leur aurait fallu payer des droits à la Société des auteurs, compositeurs et éditeurs de musique (SACEM). On voyait donc devant ces vitrines des gens qui regardaient des images qu'ils croyaient silencieuses. En voici un exemple.

Lors de la première élection présidentielle, dont le vainqueur fut René Coty, en décembre 1953, les deux Chambres ont été réunies à Versailles pendant une semaine. Les votes successifs furent retransmis en direct par la télévision. Et il y en eut beaucoup, car on ne parvenait pas à réunir la majorité requise.

Claude Darget assurait l'interminable reportage. Il se tenait donc dans un coin de couloir avec un poste de télévision allumé, attendant d'avoir à parler. Passe Antoine Pinay, qui était déjà en 1953 un homme politique connu. Il regarde et dit : « Ah, mais il y a du son ? » Il ne connaissait la télévision qu'au travers des vitrines muettes !

Revenons d'un mot sur cette période peu glorieuse de la vie politique française dont la télévision fut le grand témoin. Députés et sénateurs ensemble, ça représente à peu près huit cents personnes. Du 17 au 23 décembre, à chaque tour, on fit l'appel des votants qui montaient à la tribune et déposaient leur bulletin dans l'urne. Ça aurait dû se régler en un ou deux jours, ça a traîné presque une semaine. Cette interminable répétition signifiait qu'il y avait des tractations, des arrangements en coulisse. Darget avait entendu un sénateur d'une région d'élevage qui passait en disant : « Ça vaut combien, un socialiste sur pied ? » On a craint, sur la fin, que cela ne dure encore deux ou trois jours de plus et que les votes ne débordent sur les spectacles de Noël ! Ce fut une bien mauvaise image pour la démocratie.

Mais l'important, dans les années 1950, c'est « La Joie de vivre », « 36 Chandelles », « Lectures pour tous », « En votre âme et conscience », « La caméra explore le temps », « La Boîte à sel », « Les Cinq Dernières Minutes » et le couronnement de la reine Elizabeth, le

2 juin 1953, son véritable acte de naissance chez nous, qui révéla la force de la télévision.

Ce jour-là, les spectateurs (réduits aux émetteurs de Paris et de Lille) ont compris, à l'occasion d'un spectacle émouvant, magnifique et exeptionnel, que la télévision, c'était l'occasion de voir ICI ce qui se passait LÀ-BAS au même instant.

Les speakerines

« En raison de l'arrêt de travail de certaines catégories de personnel... »

Cette phrase-là, cette phrase maudite par les spectateurs, il revenait aux speakerines de la dire. C'était la partie la plus ingrate de leur travail. Elle suscitait, sans qu'elles puissent les entendre, des bordées d'injures.

Chères speakerines, encore regrettées par les spectateurs des années 1950-1970. Une dame, lilloise, il y a quelque temps, m'a confié que ce qu'elle ne trouve plus dans la télévision d'aujourd'hui, c'est quelqu'un qui s'adresse vraiment à elle. « Il ne me reste plus, disait-elle, que la météo où l'on parle de ma région. » La speakerine faisait avec les spectateurs du tête-à-tête, les yeux dans les yeux.

La première, combien fameuse, fut Jacqueline Joubert. On la vit pour la première fois en 1948.

On avait bien choisi. Comédienne de profession, j'ajouterai Parisienne de formation, elle parlait juste, savait improviser et offrait au spectateur un charme mêlé d'humour.

Vous connaissez son fils, Antoine de Caunes. Et sa petite-fille, Emma de Caunes.

L'année suivante apparut Catherine Langeais. Différente de Jacqueline, elle incarnait un autre genre. Plus réservée, plus stricte. L'une était piquante et l'autre convenable, l'une allait en boîte et l'autre au concert. Je caricature pour simplifier. Belle complémentarité de ces choix successifs.

À son arrivée, Catherine fut la présentatrice spécifique du 819 lignes.

J'ai déjà expliqué qu'au début, les lignes horizontales qui composaient l'image de la télévision étaient au nombre de 441, et qu'en 1948 on a commencé à tester le 819 lignes, d'une finesse bien supérieure. Pendant deux ou trois ans les deux systèmes ont coexisté, et l'on voyait côte à côte dans le studio deux caméras 441 et deux caméras 819 qui envoyaient le même spectacle, mais selon des angles un peu différents. Au début de cette dualité, le réalisateur 441 avait le pas sur l'autre car la masse des téléspectateurs étaient équipés en 441. L'autre faisait comme il pouvait. Ces grosses caméras qui se marchaient sur les roulettes et cherchaient à se faufiler exactement comme le font les spectateurs d'un défilé derrière une barrière offraient un spectacle bien intéressant...

En ces temps où la télévision cherchait encore ses marques, la speakerine proposait le mode d'emploi de l'étrange appareil, véritable fée du foyer.

Souvent assise à côté d'un pot de fleurs, elle semblait installée dans un prolongement de la salle à manger où le poste trônait comme un supplément à *La Veillée des chaumières*.

À la fin des programmes, Jacqueline disait : « Faites de beaux rêves. » Dans son livre *Lettre à Emma*, elle a raconté la façon dont, au début, elle faisait ses annonces :

« C'était l'inconfort total. Je l'appelle ma période de misérabilisme. Pas d'éclairage savant, un seul projecteur faisait l'affaire, un gros plan réglé à la va-vite dans un coin de studio pour ne pas déflorer le décor de l'émission, des ordres et des contrordres de la régie amplifiés par des haut-parleurs au volume riche en décibels, des gens qui couraient dans tous les sens d'un air affolé, voilà pour l'environnement. »

Par la suite, la speakerine eut à sa disposition un minuscule studio où elle était seule, en compagnie de *sa* caméra, entourée d'objets familiers.

Le spectateur regardait les speakerines comme de véritables maîtresses de maison, des mères de famille en quelque sorte. Mais leur rôle principal consistait à présenter des excuses pour les nombreuses pannes ou pour les grèves à répétition qui interrompaient les programmes. Quand les pannes qu'elles annonçaient étaient un peu longues, on présentait alors des interludes, ces images destinées à faire comprendre qu'il y avait un problème quelque part, dans une régie, mais que l'émetteur fonctionnait.

De quoi s'agissait-il ? De bobines de film, de vingt minutes environ, qui nous arrivaient d'Angleterre. Exemple : le potier. On voyait un tour, les épaules et les mains d'un potier, mais pas sa tête. La masse de terre glaise tournait pendant vingt minutes : il montait un pot puis l'aplatissait, il en faisait une sorte de soupière ou une aiguière, inlassablement : c'était exactement le Sisyphe de la mythologie qui pousse un rocher le long d'une côte et le voit toujours retomber. Il y avait aussi les poissons dans un aquarium, la mer et les rochers. Des spectacles passionnants...

Il y avait néanmoins un interlude que j'adorais : une caméra installée sur le haut d'une colline avait pris en plan général un champ non cultivé. Acteurs : une charrue, un cheval et un paysan. Ils traçaient un sillon, et, parvenus à l'extrémité du champ, ils s'en revenaient... puis repartaient. Pendant vingt minutes ils traçaient des sillons. C'était vraiment fascinant, mais, à la réflexion, on aurait pu y ajouter des commentaires et traiter l'image comme un documentaire agricole :

« On notera la façon très adroite dont l'agriculteur assume le changement de direction de l'attelage au bout du sillon... »

Une réflexion philosophique :

« Ce paysan attaché aux mancherons de sa charrue n'est-il pas l'image même de l'homme rivé à son destin ? »

Une publicité touristique :

« À côté des immenses villes industrielles, la Grande-Bretagne, terre de contrastes, offre au visiteur la verte tendresse de ses bocages... »

C'eût été bien, mais les bonnes idées viennent souvent trop tard.

Il y eut aussi le petit train, signé Brunot, qui promenait les différents éléments d'un rébus et en donnait la solution sur une musique allègre qui faisait, souvenez-vous, Pam, Pam, Pam, Pam, Pam...

Ces interludes n'ont plus cours à la télévision, mais j'ai découvert il y a quelque temps qu'il en existe à vendre en vidéocassettes. Par vice, j'en ai acheté un. Le titre : *Feu de bois*. Le scénario est d'une rigueur ascétique : on dirait un film classique japonais. On voit, pendant cinquante minutes, un feu de bois flamber dans une cheminée. Cette immobilité est admirable, hiératique, révolutionnaire par sa sobriété, mais... en plein milieu du film, coup de théâtre, brusquement, une main rajoute une bûche ! J'ai failli pleurer d'émotion devant cet effet bouleversant. Quelle belle cassette !

Il n'y manque qu'une chose, voir la speakerine dans la plus belle réplique de son répertoire, celle qu'attendaient, pleins d'espoir, des milliers de spectateurs :

« Nous sommes maintenant en mesure de reprendre notre programme. »

Quelques amis

Reporter au Journal télévisé je traite de bien des sujets, à l'exception des sports ou de la politique. Je me balade un peu partout et le spectacle est mon lot numéro un : coulisses de théâtre, tournage de films...

Tiens, un souvenir : celui d'un tournage au studio de Joinville. C'est la première fois que je rencontre Fernandel. Pour le joindre, naïvement, je cherche dans l'annuaire du téléphone et je le trouve ! À son vrai nom : Contandin Fernand, propriétaire, avenue...

À l'époque, on indiquait la profession, et celle-ci lui paraissait sans doute moins sujette à des appels inutiles que « comédien » (mon ami Dadzu, le caricaturiste, s'était attribué le métier de « gladiateur », et, du coup, il y avait dans l'annuaire un paragraphe réservé au beau métier de gladiateur dont il était le seul représentant).

Fernandel m'écoute très poliment et nous donne rendez-vous, à mon équipe et à moi. Ce n'est pas au studio qu'il tourne, mais à côté, à la terrasse d'un bistrot. Je me présente, et il reconnaît ma voix du Journal télévisé. Avant de tourner, nous parlons. Une jeune fille s'approche et lui demande un autographe, qu'il lui donne aimablement, puis il me dit : « Voyez-vous, Tchernia, à vous aussi on va commencer à demander des autographes, alors je vous donne un conseil : faites comme moi, j'ai deux signatures, une pour les autographes et l'autre pour les chèques. » Il avait de l'expérience !

Au Journal, je réalise aussi de petites émissions en direct. Réaliser est un grand mot : réaliser, c'est choisir, décider, coordonner les éléments, donner une forme, un rythme. Là, il s'agissait seulement de ce qu'on nommait le « mélange » : passer d'une caméra à l'autre.

Il y avait deux caméras dans l'unique studio de direct, deux caméras équipées d'un seul objectif, sans zoom, et qui se déplaçaient difficilement, soit à cause des roulettes, soit en raison du mauvais état du sol. Les cameramen, eux, étaient excellents.

Je « mélangeais », donc, un « Magazine des explorateurs » que présentait Sabbagh, un « Club des inventeurs » que présentait Coldefy, des petits quarts d'heure qui précédaient le JT, etc.

Il y a eu, en particulier, une série de quarts d'heure consacrée à de grands policiers : Charpentier, qui fut l'un des inspirateurs de Maigret, et le commissaire Belin, qui arrêta Landru, entre autres. Il avait apporté une pièce à conviction passionnante (comment avait-il pu la conserver ?) : le carnet des comptes quotidiens de Landru. On y *voyait* qu'un certain dimanche il avait emmené à Gambais une femme qui n'allait pas en revenir. Il avait pris pour lui un aller-retour, et pour elle un aller simple... Ce fut la plus importante pièce à charge lors du procès.

Ces petits quarts d'heure étaient intéressants à écouter mais la réalisation bien simplette, pas moyen de briller... Il me semblait qu'Orson Welles s'éloignait, son cigare à la main...

Puis, un jour, Jacques Floran, l'homme qui m'avait fait débuter au Club d'essai, réapparut soudain dans ma vie. Il s'intéressait à la télévision et vint me dire : « Je voudrais faire une émission le samedi après-midi. »

Il avait raison. En 1950-1951, la télévision, le samedi, fermait boutique. Or c'était le jour, je l'ai dit, où les gens faisaient des achats, passaient devant les vitrines des marchands de postes. Floran suggérait aussi de travailler avec les cars de reportages : des variétés en extérieur, en direct, c'était nouveau.

L'émission s'est appelée « Les Amoureux de la tour Eiffel », elle se passait au pied de notre chère Tour, et j'en étais le présentateur avec Jacqueline Joubert.

Elle fut une excellente compagne. Présenter à deux est difficile. Il faut que le premier écoute le second avec intérêt comme s'il découvrait ce qu'il dit, et réciproquement, et il faut faire en sorte que ces informations, ainsi dispensées participent d'une conversation amicale.

Écrire un dialogue, l'apprendre, le jouer, ce serait le rêve, mais on n'a jamais le temps !

« Les Amoureux de la tour Eiffel » étaient du style variétés debout, car il y a toujours eu deux possibilités : le présentateur est assis ou bien debout. Il reste à inventer le présentateur couché.

Nous recevions des artistes, des chanteurs chantaient, des passants jouaient à des petits jeux. De l'innocence pure.

Qui réalisait ?

Floran, toujours friand, en quête de personnages nouveaux, s'était un peu baladé dans les studios (pardon ! LE studio), il y avait observé au travail François de Chateleux, alors assistant de Claude Barma. Il aura été le meilleur assistant que j'aie jamais vu.

Lors des émissions dramatiques qui n'étaient jamais assez répétées, il arrivait parfois qu'un comédien, en direct, ne se trouve pas à la place prévue, il n'était pas bien cadré, ou mal éclairé, etc. François, alors, se mettait à plat ventre, rampait jusqu'au comédien et, tandis que l'autre parlait, lui prenait doucement les mollets pour le remettre à la bonne place. C'était ça, le direct ! Et c'était ça, François de Chateleux. Il simplifiera ensuite son nom en François Chatel, et nous formerons, pour longtemps, un sacré bon couple.

Dans le direct, lorsque le présentateur et le réalisateur se connaissent bien, tout se passe comme entre des jumeaux qui n'ont pas besoin de se parler pour engager une action commune. Cela m'est arrivé avec François, avec Alexandre Tarta, avec Nino Monti. Au moindre souci, le réalisateur sent ce qui vous embarrasse, modifie son découpage, et moi, d'un coup d'œil, je surveille le récepteur. La télévision en direct, c'est vraiment une aventure : aussi simple que soit l'émission, tout peut arriver, et c'est ça qui est excitant !

On voyait s'arrêter au pied de la tour Eiffel (le lieu était reconnaissable de loin !) quelques rares téléspectateurs, et surtout des ignorants qui regardaient avec intérêt ces lourdes machines et les deux cars techniques (à l'époque, ils étaient deux, reliés l'un à l'autre comme l'autobus 31 qui a tant de mal à tourner au carrefour Prony-Jouffroy). Les artistes venaient volontiers, c'était le début de la télévision et ils y goûtaient comme au beaujolais nouveau. Je revois Danièle Delorme, la jeune première de l'époque, dans un superbe cabriolet décapotable (Panhard, je crois), ou Roger et Jean-Marc (Pierre et Thibault), fidèles et toujours souriants, complices, prêts à tout.

Ce qui était intéressant là-dedans, c'était l'utilisation des cars de reportages d'extérieurs qui ne servaient qu'à quelques retransmissions sportives. La télé est dans l'enfance, il faut aller de l'avant et dans toutes les directions.

Tout est excitant mais rien n'est simple. L'administration qui gère les affaires n'a pas d'envies. Et les techniciens sont pleins d'envies mais manquent de moyens.

Et puis il y a aussi – et ils valent la peine qu'on les salue – les grands constructeurs. Dès que nous mettons quelque chose d'un peu inédit en route, les gens de Thomson ou de Philips sont là. Ils cherchent les moyens techniques qui feront avancer tout le toutim (langage d'époque), car ils ont évidemment intérêt à ce que la télévision progresse s'ils veulent accroître le marché des téléviseurs.

Ils sont donc toujours là, parfois même un peu trop. Un exemple.

En juillet 1952, je l'ai signalé, eut lieu la Semaine franco-britannique, superbe réalisation à l'initiative de Jean d'Arcy, qui deviendrait très vite le directeur des programmes.

Avec Chatel, nous assumons deux émissions : l'une était réalisée sur les bords de la Marne, guinguette, frites et accordéon, l'autre depuis l'Arc de triomphe, place de l'Étoile. Le principe était bon : montrer de là-haut quelques aspects des avenues, et, au sol, y découvrir des personnages.

L'émission devait avoir lieu, en direct bien sûr, un mercredi soir à dix-huit heures. On répète le dispositif la veille avec notre matériel. Et les patrons de Thomson, de Philips, sont là pour nous voir travailler. Tout se passe à peu près bien.

Le lendemain, à l'heure dite, on attaque. Londres reçoit bien le signal, comme on dit, et l'émission commence. Les premiers plans montrent la circulation, qui, à cette époque, était moins importante qu'aujourd'hui. En quelques instants, pourtant, autour de l'Étoile, tout se bloque.

Pourquoi ? Un gigantesque camion vient d'arriver, lentement. Sur ses flancs, en lettres énormes : PHILIPS.

Quelle que soit la caméra qu'utilise François Chatel, la marque s'étale, et, le temps que la police remette le tourniquet en route, deux à trois robustes minutes durant, Britanniques et Français se persuadent de l'omniprésence de la célèbre marque néerlandaise.

Ah oui, ils étaient bien là, les directeurs commerciaux de Philips ! Ils avaient assisté à la répétition la veille et ils apportaient au direct leur collaboration imprévue ! Ce n'est d'ailleurs pas tant l'impact publicitaire qu'ils recherchaient que le plaisir de bluffer leurs concurrents et de montrer au grand patron ce qu'ils savaient faire.

L'effet produit avait dépassé leurs espérances. Finalement, ils éprouvèrent une certaine gêne. Qui s'accrut quand ils apprirent que l'inspection générale de la RTF procédait à une enquête – comme si les responsables de l'émission étaient complices ! Je découvris alors l'existence de ces hauts fonctionnaires triés sur le volet, administratifs rigoureux. Il fallut l'aide des membres de la direction générale au complet pour arranger l'affaire.

Jean d'Arcy, en grand passionné de télévision, était ravi d'avoir à sa disposition une équipe prête à tout pour utiliser les « extérieures ». Nous en fîmes de toutes sortes, Floran, Chatel et moi.

Le 24 décembre 1952, ce fut une fantaisie en direct, sur les toits et dans le square du Bon Marché. Le titre : *Cette nuit-là sur les toits*. J'étais le reporter curieux qui voulait savoir si, ce soir-là, on pouvait assister à des sortilèges particuliers. Il y avait un enfant entré par erreur dans le magasin vide, des soldats de plomb qui devenaient de vrais soldats, Robert Dhéry et Jacques Dufilho qui voulaient capturer le Père Noël ou, au moins, le photographier... L'alliance du vrai et du faux, du reportage et de la féerie, en direct.

Nous avons réitéré l'année suivante, à Noël 1953, avec un scénario réalisé en direct au château de Champs : *L'Étrange Soirée du marquis de La Malnoue.* Une grande dame noble, que jouait Hélène Perdrière, voyait arriver dans son château Jean Paqui, un marquis échappé du XVIIIe siècle grâce à un « fauteuil à rétropédalage infratemporel », selon le principe de Schmetterlinck : le thème de la machine à explorer le temps à l'envers. Le château était superbe, le spectacle, brillant, on assistait même au départ d'une montgolfière... Nous étions délirants, la télévision nous enchantait, et en essayant de reconstituer cette soirée je revois la joie de toute l'équipe, les difficultés vaincues et cette solidarité dans l'effort – l'odeur grisante du spectacle.

Assez souvent, le samedi après-midi, avec Chatel, nous faisons un reportage dans un cabaret qui, ce jour-là, pour nous, est ouvert l'après-midi. Nous appelons cela « Aux quatre coins de Paris » et nous réalisons en direct.

Le 1er novembre 1952, c'est le tour de Patachou, installée tout là-haut sur la Butte, où folle chahute la chanson d'amour, Patachou dans l'éclat de son talent, le regard bleu, le col du corsage relevé dans le cou, les gestes fermes, la voix claire. Son cabaret est célèbre, les clients ont des moyens et s'amusent beaucoup de voir Pat couper aux ciseaux leurs belles cravates de soie. Un soir, des Sétois lui amènent un compatriote effarouché : c'est Brassens. Des amis, en particulier Jacques Grello, l'ont déjà traîné dans des cabarets pour le faire chanter. On l'écoute et on ne l'entend pas, sans doute. Personne ne l'engage. Patachou, elle, tout de suite, comprend que cet homme est exceptionnel, et elle l'emmène en tournée. Cet après-midi-là, en novembre 1952, elle doit chanter, Brassens aussi.

François et moi-même sommes conquis. J'aurai la grande joie de travailler souvent avec Brassens et, surtout, de parler avec lui, de partager des repas avec lui. Des repas au cours desquels il mange ce qu'il aime (sans pour autant obliger son compagnon de table à partager ses goûts) : de la charcuterie, du pain très peu cuit, le tout arrosé de bière glacée.

Quelques jours avant de réaliser cette émission, nous étions allés, sans caméra, chez Patachou. Et nous avions pris Brassens en pleine gueule.

Margot, *Les Bancs publics*, et puis *Le Gorille*. Je me souviens encore d'avoir entendu les rires gras des clients – surtout pendant les derniers vers, auxquels, bien sûr, ils ne comprenaient rien :

Car le juge, au moment suprême,
Criait « Maman », pleurait beaucoup,
Comme l'homme auquel, le jour même,
Il avait fait trancher le cou.

Un autre jour, pour préparer un enregistrement, nous déjeunons avec Brassens dans sa petite maison à l'anglaise de la rue Santos-Dumont. La conversation vient sur les chats, compagnons de Georges. J'avais alors dans ma vie une siamoise nommée Pelote, et Chatel, un chat qu'il appelait Kofsky – en hommage à ses deux amis aux patronymes tronqués : Alexandre Tarta (kofsky) et Pierre Tchernia (kofsky). La conversation vient sur les chats, et Brassens cite Rudyard

Kipling. Dans les *Histoires comme ça*, il y a celle du chat qui s'en va tout seul. Georges s'aperçoit que nous ne la connaissons ni l'un ni l'autre. Il se lève, décroche le téléphone, appelle un ami libraire : « J'ai ici deux ignares qui n'ont pas lu les *Histoires comme ça...* » Dans l'instant qui suivit il envoya en taxi Sophie, la gentille et souriante gouvernante blonde qui tenait sa maison, chez le libraire, et c'est ainsi que nous avons découvert ce chat qui manquait à notre culture.

Le goût des livres et le goût de l'amitié lui faisaient acheter une vingtaine d'exemplaires d'un même livre ou d'un même disque afin d'en faire cadeau à ceux qu'il aimait.

Il disait : « Quand je suis arrivé à vingt ans à la bibliothèque du XIVe, j'ai découvert que j'étais d'une ignorance encyclopédique. »

Il disait aussi : « Si j'avais fait des études, aujourd'hui je serais chef de gare. »

Il citait des vers qu'il avait en mémoire. Celui-ci, par exemple, de Paul-Jean Toulet, me revient :

Et son souffle était si puissant qu'il déroulait les cors de chasse.

J'allais oublier : en 1955, à l'occasion d'une série de variétés, « Du côté de chez vous », que je présentais avec Micheline Dax, il est venu nous chanter *Putain de toi*, c'était le lundi de Pâques, et cela fit un joli scandale.

Un jour, il déjeune chez nous avec Fallet. Ma femme l'accueille. Elle attend un bébé, il n'y en a plus que pour deux mois, et Brassens murmure : « Avec l'air calme et triomphant de celles qui perpétuent l'espèce. »

Ce jour-là je ne lui ai pas demandé l'origine de cette

citation, et je ne la saurai jamais. Il y a tant d'autres choses que j'aimerais encore lui demander...

Cette visite au cabaret de Patachou fut suivie, trois mois plus tard, d'une promenade au Tabou.

De toutes les caves de Saint-Germain, celle-ci était la première, elle avait ouvert en 1947. La plus bruyante aussi peut-être. L'orchestre était celui des frères Vian, la tradition, celle des nuits d'élection : l'élection de Miss Poubelle, la Nuit des chèvres, l'élection de Miss Vice. Roger Pierre et Jean-Marc Thibault y avaient fait leurs débuts, et depuis une quinzaine de jours deux jeunes comédiens s'y faisaient connaître : Jean Poiret et Michel Serrault. Je les avais vus déjà, séparément. Poiret, dans un cabaret de la Butte, faisait partie de la troupe des Spataragonflards, qui jouaient *Pousse-moi que je tombe*. Quant à Michel, c'était à l'occasion d'un petit reportage place Saint-Sulpice, pour le Journal télévisé, où s'était installée la tente d'un théâtre forain qui donnait un spectacle de poèmes et de chansons (il y avait dans la troupe une jeune comédienne-danseuse, Nita Saint-Peyron, que j'ai, depuis, très souvent rencontrée sous le nom de madame Serrault).

Ils jouaient leur premier sketch, *Le Retour de Jerry Scott*. Poiret, avec un aplomb tranquille, très vrai, était l'interviewer chaleureux d'un comédien français plein de fausse modestie qui faisait carrière aux États-Unis. Ils disaient des folies sans forcer le ton, et, au début du numéro, dans les premières représentations, les spectateurs mettaient un certain temps avant de rire. Mais leur succès fut bien vite célébré dans tout Paris, et Max Favalelli, notre ami, écrivit, je crois, le premier article qui leur fut consacré. Il a dit d'eux, plus tard :

« Dès leur premier sketch sur *Le Retour de Jerry Scott*, ils formèrent le duo classique qui a toujours constitué l'arithmétique idéale du comique. Le nez impertinent, l'œil émerillonné du merle persifleur, le verbe haut, Jean Poiret est le descendant direct de Gaultier-Garguille, de Bobèche et de Tabarin. Cependant qu'avec ses regards fuyants, sa mine chafouine, sa voix de canard enrhumé et sa moustache à la Dupont, Michel Serrault renvoie la balle avec une feinte maladresse ou une suffisance incertaine. »

Je ne saurais mieux dire.

Un jour, dans les années 1950, Jean Nohain tombe malade. Il ne pourra pas assurer, le lundi suivant, ses « 36 Chandelles ». C'est l'équipe Tchernia-Chatel qui va s'y coller. On a quelques jours pour préparer une émission de variétés. Pour éviter toute comparaison avec le spectacle qu'attendent les spectateurs, il faut faire quelque chose de très différent. En studio. Nous nous priverons de l'ambiance du direct mais nous aurons des décors, des images soignées, une suite de sketches, des chansons...

J'ai rameuté les amis de Saint-Germain-des-Prés, La Rose rouge, L'Écluse, la compagnie Fabbri, tous ces jeunes inconnus pleins de dynamisme et d'aplomb. Je ne me souviens plus exactement du programme que nous avons donné, mais il y avait sûrement les Frères Jacques.

Dans chacune (ou presque) des émissions de variétés dont j'ai eu la responsabilité, on voyait ce quatuor (quintette ?). Car leur pianiste, Pierre Philippe, puis Hubert Degex, occupait une place considérable qui incarnait pour moi la forme parfaite du spectacle de music-hall. L'invention, le travail, l'humour dont ils faisaient preuve m'ont toujours enchanté, de la *Parade* en 1946 jusqu'à leur récital final, le 3 janvier 1982.

Quel atout de les avoir dans un programme : nos émissions, faute de temps, n'étaient pas toujours fignolées, mais si les Jacques y chantaient une chanson, il y avait, au moins, trois minutes parfaites.

Jamais aucun laisser-aller. Des mois de répétition pour un nouveau récital : ils travaillaient leurs attitudes, leurs gestes, devant un grand miroir. À leurs débuts, ils ne disposaient pas de salle de répétition, et une parente de l'un d'entre eux leur prêtait sa salle à manger (qui disposait d'un miroir au-dessus de la cheminée). C'est là qu'ils ont réglé leur fameuse *Entrecôte* (chanson de Goupil et Zimmerman), parodie de chanson 1900 :

Dans l'atelier qui bourdonne comme une ruche
La pauvre Lisette sanglote en travaillant
Car son grand-père est mort de la coqueluche
Elle reste seule pour nourrir cinq zenfants
Dix petits pieds réclament des chaussures
La neige tombe, il doit sûrement faire froid
Tout en cousant pour les riches créatures
La petite main sent frissonner ses doigts.

Les gestes qui accompagnaient ces paroles étaient irrésistibles. Un jour, en regardant un enregistrement de *L'Entrecôte*, ils s'aperçurent qu'ils ne faisaient rien avec leurs jambes. Ils avaient réglé la chanson dans la glace placée au-dessus de la cheminée, ils ne s'étaient donc vus que jusqu'à la ceinture...

La chanson française leur doit beaucoup. Des auteurs ont écrit pour eux, tout spécialement, parce que leur groupe *existait* et que leur sens de l'humour et de la mise en scène faisait de chaque chanson une création parfaite : *La Marie Joseph*, *Les Boîtes à musique*,

Stanislas, *La Confiture*, *La Saint-Médard*, *La Truite*, autant de réussites.

Du coup, notre équipe est devenue spécialiste des variétés en studio, ce qu'on a appelé les « variétés à scénario », avec une histoire originale reliant des musiques composées spécialement, des chansons connues, des numéros de music-hall adaptés au théâtre et des sketches nouveaux. J'ai ainsi écrit *Monsieur Muguet s'évade* et *Le Violon de l'orphéon* pour Robert Hirsch, grand comédien, danseur d'instinct que le direct excitait : le danger lui donnait un tonus d'enfer.

Nous avons réalisé ensuite une émission mensuelle, toujours en studio, « La Clef des champs », avec les mêmes équipes issues de Saint-Germain-des-Prés auxquelles se mêlaient Yves Montand, Francis Blanche, Pierre Étaix, Marcel Amont, Cora Vaucaire, Guy Béart, Jean Amadou, Jacqueline Maillan, Micheline Dax, Fernand Raynaud...

Au tout début de la télévision, chez les artistes, on sentait une grande curiosité. Dans les « 36 Chandelles » de Jean Nohain, une séquence était intitulée « Les vedettes déguisées » : des vedettes importantes venues incognito passaient entre les mains des maquilleuses ; on les déguisait – perruques, costumes –, et Jean Nohain les annonçait : « Mesdames et messieurs, voici maintenant une vedette déguisée. Regardez cette fée Carabosse ! Qui est-elle ? C'est une jeune femme si charmante et si jolie... Vous ne la reconnaissez pas ? – C'est Patachou ! – Non, ce n'est pas Patachou, mesdames et messieurs ! C'est Martine Carol ! » Et Martine Carol, la plus grande vedette de l'époque, ôtait sa perruque, son faux nez, on l'applaudissait... Elle avait passé une heure et demie au maquillage, et elle restait trois minutes en scène ! Mais c'était la télé, ça l'amusait. Sa concierge avait la télé. Les voisins avaient la télé, c'était la nouveauté.

Aujourd'hui tout le monde a la télévision, donc elle est ce qu'elle est : un élément de l'électroménager. Soyons juste à cet égard : la télé, c'est plus amusant qu'un four à micro-ondes, mais c'est parfois moins utile qu'une machine à laver.

Gilles Margaritis

Février 1952. Un soir, je sors de la cabine des commentateurs du Journal télévisé, quelqu'un m'attend : Gilles Margaritis. C'est le Gilles Margaritis de « La Piste aux étoiles », notre cirque de la télé. Il a décidé de remonter au cirque Médrano son numéro de *La Ford en folie* et me demande d'être son partenaire. Le numéro passera en seconde partie, je peux donc, à vingt heures trente, commenter le Journal. Cette proposition me fait un grand plaisir. Tâter du cirque en duo avec Margaritis, c'est aux petits oignons (langage d'époque).

Gilles Margaritis, c'est un nom. Tout jeune, élève de Copeau, il a la chance de rencontrer Jean Vigo et de tourner dans *L'Atalante* le personnage du camelot : un titre de gloire dans le métier. Ensuite, avec un comédien aux qualités comiques très personnelles, Roger Caccia, il va monter un numéro de music-hall qu'il appelle *Les Chesterfield.* Quand on espère se balader dans le monde entier, il vaut mieux avoir un nom anglo-saxon, et la balade, ils vont la faire...

Dans le numéro, Caccia ne dit pas un mot et Gilles amorce une conférence pour introduire le duo musical dans lequel ils jouent, lui du violoncelle, Caccia, de l'harmonium. Il se passe beaucoup de choses, à voir bien plus qu'à raconter, et ça se termine en drame : les deux instruments explosent et les deux musiciens, dans leur corps à corps, entraînent le rideau de fond du théâtre et s'y engloutissent.

Gilles va vite prendre de l'importance, et, dépassant le niveau des *Chesterfield*, il monte en 1939 et en 1942 deux spectacles, *Les Chesterfolies*, qui ont un grand succès. Il s'y entoure de numéros de music-hall, et en particulier de deux jeunes comédiens qui seront deux des points forts des Branquignols, Robert Dhéry et Christian Duvaleix. Quand la Libération arrive, les Américains, qui ont des soldats en permission à Paris, cherchent à assurer les plaisirs de leurs troupes et à monter des spectacles de music-hall. (Ce qu'avaient très bien su faire les Allemands pendant l'Occupation, je l'ai dit, en installant le studio de Cognacq-Jay.) Et c'est à Gilles qu'ils s'adressent.

Plus tard, la télévision française naissante sera trop heureuse de solliciter son savoir-faire... et sa connaissance des artistes de cirque et de music-hall.

La Ford en folie, c'est un numéro qu'il avait mis au point en 1942. Il s'agit d'une Ford modèle T, une « araignée », disait-on, haute sur pattes, décapotée, et bien connue, car c'est avec elle que nos chers Laurel et Hardy déambulaient sous les palmiers de Hollywood.

Avec l'aide d'un bon mécanicien, et sans rien changer à la forme de l'auto, Gilles en avait fait un objet comique au mécanisme très élaboré. On pouvait bloquer sa direction et la faire tourner sur la piste sans personne au volant. Elle était munie de minuteries qui permettaient de la faire démarrer à retardement. Elle partait aussi au coup de feu. Il suffisait de tirer dans la calandre : le souffle de la déflagration poussait une petite feuille de contreplaqué contre un contact électrique.

Le sketch ? Gilles était un noctambule très chic et très ivre accompagné d'un chauffeur maladroit aux prises avec la Ford. Je faisais le chauffeur. L'important était de bien synchroniser les gestes des comédiens avec ceux de la commande des mécaniques. Il fallait aussi éviter de se trouver sur le chemin de la Ford quand elle tournait seule, car elle pesait plus d'une tonne, et Gilles m'a avoué après la dernière représentation qu'un autre comédien avait eu un grave accident dans cette situation.

La dernière représentation, la troisième d'un dimanche, eut lieu le 31 mars 1952. Je ne peux pas oublier cette date : c'est cette nuit-là que ma femme mit au monde notre fille Nicole, la première du quatuor de nos enfants.

C'est un bon souvenir que cette série de représentations. Être sur une piste entouré des hurlements de rire des enfants, c'est une grande joie.

Un jeudi après-midi, la Ford se bloqua, et ce sont les garçons de piste qui la tirèrent en coulisse. Être sur une piste entouré du silence glacial des enfants, c'est une grande tristesse.

Je venais d'entrer dans la bande à Marga. Il avait un œil très malin et savait mieux que personne obtenir ce qu'il voulait. J'allais bientôt retrouver le même œil chez Robert Dhéry.

Pour la télévision, Gilles a créé « La Piste aux étoiles ». On a dit que le cirque en était mort. De toute façon, la télévision a fait du tort à tout le monde, au cinéma, au music-hall...

La télévision n'avait pas beaucoup d'argent, mais Gilles proposait toujours de bons numéros. C'est qu'il avait un partenaire très astucieux, un artiste de music-hall, Franco Medini. Franco se tenait au courant des numéros qui devaient se produire à Paris dans les grands cabarets comme le Lido. Il était averti très à l'avance et les engageait pour « La Piste aux étoiles » à la fin de leur contrat à Paris. Le cachet n'était pas très important, mais ce n'était jamais qu'une soirée supplémentaire à passer dans la capitale.

Gilles a monté aussi « Music-Hall Parade ». C'était un spectacle réalisé en studio où il pouvait donner libre cours à son goût des trucages et de la mise en page. La technique était encore rudimentaire, mais les ingénieurs de la vision allaient au bout des possibilités de la machine. Par pur plaisir.

Dans « Music-Hall Parade », il y avait des trucages bricolés avec des miroirs pivotants, des reflets, des cartons découpés... L'équipe était solide. Nommons les participants : Roger Arrignon, le chef-op' qui avait derrière lui plusieurs dizaines de films, Willy Holt, le décorateur, peintre de talent, Michèle Mouézy-Éon, la scripte, toujours souriante, et un homme à qui la télévision des débuts doit beaucoup : Pierre Merle. Il était l'assistant de Jean Vigo, Gilles l'avait connu sur *L'Atalante*. C'était le fils d'un homme de presse très connu dans les années 1920-1930, Eugène Merle, le fondateur du *Merle blanc* et de *Paris-midi*.

Pierre était un être extrêmement sensible, modeste, fin, qui avait dû être un peu terrassé par la personnalité exubérante du père.

Toute cette équipe réussissait des effets qui semblaient merveilleux dans cette boîte cubique dont on ne pensait pas qu'elle pouvait rivaliser avec le cinéma. Et on s'étonnait de tout ce qu'on y voyait : Gilles a été le Méliès de la télévision.

Un an après m'avoir confié le rôle du chauffeur de *La Ford en folie*, Gilles a besoin de moi : il doit tourner un film d'une heure, *Les Quatre Mousquetaires*.

C'est un film burlesque, sur le thème des *Trois Mousquetaires*, avec des personnages délirants.

On ne voit pratiquement pas les mousquetaires : ils passent au galop ou bien combattent au loin, dans un fond de couloir. Les héros sont Richelieu – que joue Edmond Tamiz, membre de la troupe de La Rose rouge, un petit homme vif, rapide, brillant –, la belle Milady – interprétée par Georgette Anys, une comédienne chaleureuse, une bonne grosse –, et un grand imbécile bien plus grand que Richelieu, et qui s'appelait Rochefort – c'était moi. Comme, en 1953, j'étais journaliste, je m'étais dit : si je veux éviter d'avoir des ennuis avec ma carte de presse, mieux vaut changer de nom. J'ai pris celui du personnage. C'est ainsi qu'au générique je m'appelle Pierre Rochefort. C'est le seul pseudonyme que j'aie pris de ma vie.

Pour ce film, comme pour ses *Actualités burlesques*, Gilles a choisi tous les seconds rôles dans le monde des variétés. Il y avait encore, à cette époque, des music-halls ou des cabarets, le Petit Casino, le Concert Pacra, où passaient des numéros pleins de charme.

Les Sipolos jouaient des grelots, des bouteilles, des casseroles, plusieurs de leurs morceaux seraient utilisés comme génériques. Yves Joly avait créé un groupe de marionnettistes dont les personnages étaient leurs mains, nues ou gantées. Michel Seldow, magicien, utilisait des objets modernes, comme un tourne-disque pour renouveler ses tours. Serge Davri se cassait cinq ou six douzaines d'assiettes sur la tête. Citons encore Nobad et sa Nobadienne, Royus le joyeux cuisinier et notre ami Schmoll, avec Schmolette sa compagne, qui faisait de la magie, du tir et de la transmission de pensée. Son slogan était : « Vous douterez de votre raison quand vous aurez vu... SCHMOLL !! »

L'élégant roi Louis XIII était interprété par un

personnage extraordinaire, Rovilain, « l'homme le plus laid du monde », dont le prospectus publicitaire disait : « Il introduit dans sa bouche un pot de confiture de dix-huit centimètres. » Pour l'heure, le roi Louis XIII devait dévorer d'une seule bouchée une énorme part de tarte aux prunes qu'il cachait dans un tiroir. On répète, il ouvre son four, fait un essai, tout va pour le mieux. Il s'adresse doucement à Gilles :

« Vous savez, monsieur Margaritis, j'ouvrirais mieux la bouche si je pouvais mettre un élastique par-derrière pour tirer sur les coins. Ça serait encore plus joli... » Joli !

En novembre 1965, j'ai présidé un concours de variétés à Rennes pour la radio. Il est huit heures du soir, il tombe une petite bruine froide, je fais les cent pas sur le quai de la gare, j'attends le train qui doit me ramener à Paris.

Sur un banc, un soldat est affalé, canette de bière à la main. À côté de lui, une pocharde, une femme âgée, canette en main elle aussi. Elle me regarde et dit : « Lui, son copain il est mort ! »

Phrase incompréhensible. Vers minuit, j'arrive chez moi et ma femme me dit : « Je vais t'annoncer quelque chose qui va te faire beaucoup de peine. Gilles Margaritis est mort. » Comment la femme de la gare avait-elle fait le rapprochement entre nous ?

Hélène Margaritis, la très belle femme de Gilles, bon peintre, que je voyais accompagnée de leur fille, Catherine, quand j'allais à « La Piste » au cirque d'Hiver, a décidé de continuer. Elle m'a demandé de réaliser l'émission et ce fut un grand plaisir.

Avec les moyens de la télévision d'alors, c'est-à-dire quatre caméras lourdes, il n'était pas question de faire des choses bien compliquées, et pour les numéros d'acrobates il fallait monter une des caméras par des escaliers très raides tout en haut du cirque. Mais il était passionnant de servir au mieux le travail des artistes : bien choisir l'angle du plan, la dimension de l'image, et ne pas abuser des plans de public.

Les artistes de cirque sont des gens très attachants. Modestes, ils possèdent un trésor : leur numéro, ils le préservent, ils s'entraînent parce qu'il faut qu'ils puissent le faire le mieux et le plus longtemps possible, ils entretiennent le matériel, ils le montent avec soin. Dans la journée, ils sont en salopette, les femmes en peignoir et le soir musique !! lumière !! ils sont superbes, glorieux.

On enregistrait le soir et il ne fallait rien rater, « dans les conditions du direct », comme on dit aujourd'hui. J'avais toujours les meilleurs cameramen avec moi et ils étaient ardents, toujours sur le coup. Le matin, pendant la répétition d'orchestre, je me faisais raconter les numéros, et l'après-midi, pendant l'unique répétition technique, on laissait entrer les gens du quartier. Prenaient place des enfants, des gens âgés et, très souvent, des artistes à la retraite qui venaient voir les jeunes inconnus – ou ces grands professionnels venus de l'étranger.

Enfant, j'allais souvent au cirque. J'y ai vu les Fratellini, Grock, Rhum, mais quelque chose me manque, quelque chose qui avait ébloui Fellini et Jean Richard : l'arrivée, l'installation des grands cirques itinérants. Ils habitaient l'un à Rimini, l'autre à Niort. Ils ont connu dans le petit matin gris les grands camions qui s'assemblent et d'où sortent le matériel et les monteurs. Ils ont vu le chapiteau dressé et la ménagerie qui prend place, à l'écart. Ils ont dû l'un et l'autre manquer plus d'une fois l'école pour apercevoir un bout de répétition, une jambe d'écuyère.

Tout ce qu'il m'a été donné de voir, à moi, sur une route de campagne, c'est le passage d'un de ces cortèges avec une immense remorque de fauves. Sur toute la longueur était écrite, en énormes lettres, cette inscription folle :

JE SUIS SIMPSON GARDIEN DE CE TROUPEAU

On les appelle les gens du voyage, mais c'est nous qu'ils font voyager.

En direct de...

« En direct de... » C'est le titre générique sous lequel étaient réalisés les grands reportages à la télévision. C'était aussi un acte de foi dans les années 1950.

Jean d'Arcy, notre directeur des programmes, avait sous la main des présentateurs et des réalisateurs qui ne demandaient qu'à agir, jeunes chiens prêts à ronger un os. Il avait besoin d'eux pour assurer des programmes variés sur cette chaîne unique, et montrer la dynamique de ce nouveau moyen de communication dans ce qui faisait sa force, sa particularité, sa nouveauté : le direct.

Les reportages en direct équivalaient au déplacement d'un cirque. Les cars étaient gros comme des autobus, et on avait besoin de sources lumineuses, de camions de relais...

D'Arcy avait nommé François Chatel coordinateur de ces entreprises, qui allaient de la visite chez Jean Rostand (réalisée par Stellio Lorenzi) à la série de sept émissions « En direct du fond de la mer », où Louis Malle fut cameraman sous-marin, réalisées par Igor Barrère (et quelques autres), avec le commandant Cousteau, devant Marseille ou le gala de la Callas à l'opéra, signé Roger Benamou.

Les gens voyaient au cinéma des documentaires

montés par fragments, alors que le direct impose une continuité, une dramatisation. Ce n'est plus le commentaire off enregistré avec soin, c'est la présence d'un reporter mêlé à l'action. C'en était d'ailleurs au point que les spectateurs oubliaient le sujet traité pour nous regarder au milieu des difficultés, car on en avait, des difficultés ! Moi, pour ma part, je ne tentais pas de les dissimuler, je les expliquais. Le petit incident faisait partie de notre émission, donc de leur émission, à eux, les téléspectateurs.

On faisait un reportage à l'observatoire du pic du Midi de Bigorre, et huit jours après on rencontrait dans la rue quelqu'un qui nous disait : « Oh, dites donc, je vous ai vu tirer sur le fil du micro, il était coincé ? » C'était ça dont il se souvenait, oubliant le sujet même de l'émission.

Nous disposions de techniciens de reportage tout à fait remarquables, de véritables acrobates qui voulaient aller toujours plus loin. Je pense à Bernard Gensous, le patron du service. C'était un homme du Sud-Ouest, solide, un joueur de rugby, et il allait à la bagarre comme un joueur de rugby : ce qu'il fallait, c'était gagner.

Une minute avant le début de l'émission, on entendait : « Ah ! la trois est en panne ! » Et boum ! ils arrivaient avec le fer à souder. Malgré tout, l'émission commençait, mais le fer à souder était encore en marche... Il fallait y arriver coûte que coûte.

Ce fut le cas dans le Nord, chère première région de la télé, où Igor Barrère a réalisé (et où j'ai présenté) *12 de Lens*, en direct de la mine, du puits 12 du bassin de Lens. À l'époque, nous savions très bien que les Charbonnages n'avaient plus que quelques années à vivre, et que les jeunes mineurs que nous rencontrions, les « galibots », c'est-à-dire les apprentis, ne seraient sans doute jamais chefs-porions, le point final d'une carrière.

Mais pour le public, la mine, c'est encore *Germinal*. On connaît la peine de ces hommes, on sait le danger du grisou. On se chauffe encore au charbon.

Tous les journaux de la région ont été pleins de reportages sur l'émission, et les femmes de mineurs ont vu pour la première fois en direct leurs hommes dans la taille en train d'extraire le minerai.

La préparation de l'émission avait été longue. Il fallut supporter bien des difficultés, ainsi l'éclairage, qui avait été réalisé avec des projecteurs plombés pour qu'on ne risque pas d'étincelle.

Les caméras étaient placées à sept cents mètres sous la terre. Le car se tenait à l'entrée du puits, prêt à envoyer l'image à des relais qui la conduiraient finalement à la tour Eiffel. Mais l'image était prise au fond, par ces caméras, et il fallait la faire remonter au car par sept cents mètres de câbles. Chaque câble mesurait une dizaine de mètres. On a accroché à l'arrière du car, à la verticale du puits, le premier élément, puis le deuxième au premier... Au troisième ou au quatrième, ça a cassé ! On n'avait jamais utilisé un tel poids à la verticale. On a finalement trouvé la solution, avec l'aide des mineurs eux-mêmes.

Il y eut aussi des moments moins difficiles, mais émouvants pour le public. Ainsi, on a présenté un cheval qui tirait des bennes, et on a appris qu'on le remontait régulièrement pour qu'il puisse vivre aussi à l'air libre. Il s'appelait Far-West, et l'homme qui en avait la garde en parlait comme un fermier parle d'un bon cheval, là-haut à la surface. Il lui a donné un bonbon devant la caméra, et, dans les jours qui ont suivi, de toute la France couverte par les émetteurs, c'est-à-dire les deux tiers à l'époque, des kilos de bonbons sont arrivés à Lens pour ce Far-West – à mon avis, il a dû mourir de diabète dans les semaines qui ont suivi.

J'ai souvent raconté un des moments qui m'ont le plus touché, au 12 de Lens.

Pendant les jours de préparation, nous descendions avec les techniciens pour répéter nos séquences, au point du jour, quand le gris commence à s'éclairer.

On attend que des bennes montent, chargées de charbon, pour prendre place sur la plate-forme avec des bennes vides. J'aperçois un mineur qui s'approche, une craie à la main. Sur la paroi d'une benne, il écrit un message à l'intention de l'équipe de nuit qui est encore au fond : IL FAIT BEAU.

Je me suis trouvé mêlé à beaucoup de ces émissions. Avec Alexandre Tarta, nous avons rencontré les douaniers du poste-frontière de Risquons-Tout, les spéléologues du gouffre de La Pierre-Saint-Martin, les astronomes du pic du Midi et les paléontologues du Muséum.

Au large de Toulon, Alexandre a réalisé une belle émission sur le porte-avions *La Fayette*. Là s'est présentée une difficulté particulière, un dimanche après-midi. Alexandre avait répété la veille et le matin même avec le porte-avions à l'arrêt placé dans un certain sens, face au vent. Or le vent a tourné. On a fait pivoter le navire, mais du coup nous avions le soleil dans le nez ! Tarta a réagi très vite pour modifier son découpage et l'emplacement des caméras, mais ce sont des moments vraiment difficiles.

L'imprévisible peut être drôle. Nous faisions, au Salon de l'auto, un soir, avec Alexandre Tarta encore, une émission d'actualité en direct, en duplex avec une piste d'essai où officiaient Chatel et de Caunes. À l'époque, ça se passait au Grand-Palais. Je devais intervenir avec quatre marques françaises. Il y avait Peugeot, Citroën, Renault et Simca, et je devais interviewer successivement, dans chacun des stands, le directeur commercial ou général, je ne sais plus, enfin le gratin de la bagnole.

Dans l'après-midi nous allons répéter, il faut que les caméras s'enchaînent bien, que je ne fasse pas d'ombre sur l'invité, etc. Bref, du classique. Je répète avec trois des directeurs des quatre maisons, le quatrième étant absent. Il faut pourtant à tout prix que je le voie. On me dit : « Pourriez-vous écrire les questions sur un papier ? On va les lui transmettre. » Je n'aime pas cela, mais je n'ai pas le choix, et je rédige trois questions bateau : « Avez-vous un nouveau modèle de voiture cette année ? Vos ventes à l'étranger sont-elles satisfaisantes ?... » J'ai oublié la troisième.

Le soir arrive. À huit heures on se met en place, toujours pas de quatrième interlocuteur. J'interviewe les trois présents et j'aperçois, dans le quatrième stand, un monsieur qui arrive. Je me dirige vers lui en parlant, il me fixe des yeux, attentif.

« Nous arrivons maintenant dans le stand d'une des plus vieilles marques françaises... Quelle est la date de sa création ?

– Non, me répond-il, nous n'avons pas de nouveau modèle cette année. Nous envisageons... »

Une gigantesque envie de rire me prend. Le cher homme était sourd ; par coquetterie sans doute, il n'avait pas planté son Sonotone dans son oreille, il avait appris par cœur mes trois questions, et, voyant mes lèvres bouger, il avait répondu à la première. J'ai posé les deux autres en parlant le plus fort possible et d'assez près...

C'est là où le direct est magnifique.

À la fin des années 1950, ces grands reportages ont cessé, mais, le 1er octobre 1967, toujours avec Alexandre Tarta, nous avons réalisé le premier reportage en direct et en couleurs, et nous avions choisi pour ce faire un sujet qui permettait de profiter de la couleur : des descentes de parachutistes. À l'époque – je ne sais pas si c'est toujours vrai –, les parachutes étaient de toutes les couleurs : rouges, jaunes, verts. L'émission était réalisée avec la participation de l'armée de l'air, bien sûr, à Biscarosse. Elle était intitulée « Arc-en-ciel », et nous avons diffusé des images assez frappantes puisqu'un cameraman parachutiste avait une caméra installée sur son casque. Toujours cette recherche des prouesses techniques.

Cette émission avait été précédée par l'inauguration même de la couleur, un document assez étonnant qui réunit le ministre de l'Information de l'époque, le directeur général, le directeur des services techniques, le directeur des programmes...

J'ai souvent montré, à l'occasion de telle ou telle émission, ces quelques images : les quatre hommes sont là, l'image sort en noir et blanc, et le ministre dit à peu près ceci : « Et maintenant... vous nous avez toujours vus tels que nous sommes en noir et blanc, vous allez nous voir en couleurs. » Et la couleur arrive. Or ils sont habillés en bleu foncé et en gris, et ça ne change pratiquement rien ! Seul, oublié dans un coin du studio, au fond, un restant de décor, une planche de bois peinte dans une couleur orange... Cette révélation était d'une modestie exemplaire.

« La Boîte à sel »

1955. Je quitte le JT. Les petits reportages du journal quotidien ne me suffisent plus. Et les grands directs ne sont pas rétribués, je vous l'ai dit. Je me souviens d'un dialogue bref, mais franc, avec un administrateur.

« Vous êtes au contrat au Journal télévisé, quoi que vous fassiez en dehors, je ne peux pas vous payer... Cela dit, hier soir, votre commentaire m'a bien fait rire...

– Oui, je suis impayable. »

Je démissionne, et notre patron, d'Arcy, me récupère avec plaisir aux programmes :

« Vous savez le succès de l'émission des chansonniers qui passe le dimanche à treize heures à la radio ? Eh bien, il faut en faire une à la télévision.

– Vous avez tout à fait raison.

– Je vous en charge. Mettez cela en route. »

Le mot chansonnier, au XIXe siècle, signifiait auteur de chansons, parfois de libelles : Béranger, Nadaud, Bruant, furent des chansonniers. Dans les années 1920, le terme évolue, il désigne des auteurs de chansons satiriques, politiques, ce qui auparavant était plus rare. Ils ont leurs théâtres : Les Deux Ânes, le Théâtre de dix heures, Le Coucou, Le Caveau... C'est la génération des Dorin, Rieux, Marsac et Rigaux. Vers 1937-1938, sous l'influence de la radio, et en particulier de Radio-Cité, apparaît une génération de jeunes. La figure emblématique de cette nouvelle vague, c'est Robert Rocca. Il a vingt-cinq ans, du mordant, de la patte, très inventif, très consciencieux, il va continuer à écrire des chansons, mais il devient présentateur, auteur de sketches, il fait des galas, des tournées. Un bourreau de travail.

Rocca a un beau-frère, Jacques Grello. Son contraire. Un humoriste qui prend son temps. Fin, auteur de très jolis textes. Quand Brassens montera à Paris, il ira voir Grello, qui, émerveillé, lui fera cadeau d'une belle guitare qu'il venait d'acheter. Il dessine très bien. Il a une caméra 16 millimètres : il tourne de petits films. Au marché aux puces, il achète de vieilles bobines d'actualités qu'il découpe, qu'il remonte. Il en fait des boucles, de courtes séquences qui se répètent à l'infini. Je me souviens d'une image de De Gaulle déposant des fleurs au pied d'un monument en se reprenant, en refaisant, interminablement, le même geste.

Rocca et Grello s'entendent bien, ils sont complémentaires. Ils n'ont plus rien de commun avec le chansonnier accoudé au piano d'autrefois : « Je ne sais pas si vous l'avez remarqué mais on vient de changer de gouvernement. Je vais vous chanter *Plus ça change et plus c'est la même chose*, vas-y Chopin ! »

En 1949, voilà qu'ils ouvrent à Montmartre un nouveau cabaret : La Tomate. Comme dit la chanson d'entrée, « la tomate, c'est rouge et puis c'est nourrissant ». Ils ont un complice, un médecin aux cultures diverses, amateur d'art, de livres, de photo, de cinéma, Simon Rouzié, et avec lui ils vont créer des spectacles d'une facture entièrement nouvelle où des diapos et des films se mêlent aux scènes de comédie et aux chansons.

Ils réalisent de fausses publicités – elles deviendront un thème récurrent de l'humour télévisé. On voit sur l'écran Raymond Souplex chez lui : on sonne, un livreur des Galeries Barbès lui apporte une chaise. Il remercie, ferme la porte, s'assoit sur la chaise... qui s'écroule. On lit alors sur l'écran : « C'était une chaise des Galeries Barbès, cette publicité vous est offerte par Lévitan » !

Une certaine chanson, illustrée par des actualités de cinéma, était consacrée au président Vincent Auriol, considéré comme le Français moyen type. Un couplet, notamment, évoquait son amour du bricolage, et on le voyait, dans une séquence authentique, truelle en main, sceller une première pierre dans une manifestation officielle.

Le plus beau de leurs spectacles fut *Le Journal de Jules Renard*, un montage de textes aménagés en scènes, illustrés par des diapos et mis en musique par Michel Méry. La troupe qui jouait cela n'était pas mauvaise : de Funès, Carmet, Danielle Rocca, Poiret, Serrault...

C'est bien à Rocca et Grello qu'il fallait proposer l'émission de télévision, et ils ont sauté en l'air !

On leur a adjoint Arthur Allan, un humoriste pas ordinaire. Michel Emer assurait l'accompagnement musical, et François Chatel, la réalisation. Nous avons commencé en 1955, le 16 octobre. C'est Grello qui trouva le titre : « La Boîte à sel », que l'on ouvrait tous les deux dimanches, à l'heure du déjeuner. Ça se chantait :

L'actualité est un oiseau rebelle
Essayons de l'apprivoiser
Avec le sel bimensuel
Le sel de La Boîte à sel.

Sous le signe de la liberté, nous assurions à chaque émission au moins trois quarts d'inédits. Il y avait des points fixes : les confidences de Jules Pintade, garde républicain en grand uniforme que jouait Raymond Souplex, qui racontait les secrets de la République, et le dialogue d'actualité de Rocca et de Grello. Pas facile à faire, ce dialogue, pendant les « événements » d'Algérie !

On s'efforçait d'user de systèmes audiovisuels pour faire sourire. Un exemple : les commentaires décalés.

On demande à Rocca de lire les commentaires de quelques brefs sujets d'actualités de cinéma : un défilé de mode, un salon agricole, un Conseil des ministres... Il cherche ses lunettes, prend du retard, rate le premier sujet et en lit le commentaire sur les images du suivant, parlant de grâce, de finesse, de charme, sur les images des bœufs ou des cochons primés, puis célébrant les animaux magnifiques et la belle viande de chez nous sur les membres du Conseil des ministres...

Autre exemple. Il y avait à cette époque une fillette d'une dizaine d'années qui écrivait des poèmes et dont on parlait beaucoup : Minou Drouet. Nous avons fait plus fort : nous avons révélé une poétesse d'un an et demi, que je connaissais bien, et même très bien – ma deuxième fille, Isabelle. Nous lui posions des questions auxquelles elle répondait.

« Que sont pour vous les écrivains des générations précédentes ?... Claudel... Sartre... »

Elle faisait, des deux mains, les petites marionnettes.

« Des marionnettes ? Votre jugement est dur !... On dit que quelqu'un vous aide, dans la rédaction de vos poèmes, qui cela ?

– Maman.

– Et qui touche les droits d'auteur ?

– Papa. »

Le procédé était efficace et simple. On avait tourné tout ce qu'elle faisait ou disait d'elle-même, et fabriqué des questions en fonction de ce qui pouvait passer pour des réponses.

Audiovisuelles aussi les simples farces tournées avec la caméra de Grello, sur le trottoir, devant chez lui (très vite on a eu droit à une caméra sonore).

Exemple : un billet de 500 francs collé solidement sur le sol (c'était avant les nouveaux francs d'avant les euros, soit 0,76 euro) : les réactions des passants devant cette tentation étaient savoureuses. Modeste prémice de « La Caméra invisible ».

L'émission a eu un grand succès, et puis arrive 1959, changement de régime, et on commence à avoir des soucis. Auparavant, nous avions travaillé dans une liberté totale, les émissions se faisaient en direct, bien sûr, et on écrivait les sketches souvent à la dernière minute, on les répétait... François Chatel puis Marcel Bluwal et Jean-Pierre Marchand en avaient été les réalisateurs, et le samedi soir on arrivait pour répéter en disant : « Dis donc, on a une nouvelle idée de sketch, ça se passe dans une librairie. » Boum ! Il fallait que dans la soirée on bricole avec les assistants, les décorateurs. Souvent, nous apportions des objets que nous avions trouvé chez nous : nos femmes s'en sont longtemps souvenu. « Ah ! demain, il y a une scène dans une cuisine », et chacun de nous de venir au studio avec une poêle à frire, trois casseroles, un balai et une serpillière. Méli-mélo d'autant plus délicat que nous étions aux Buttes-Chaumont – depuis 1955 –, et que, avant « La Boîte à sel », il y avait l'émission protestante, en direct elle aussi, réalisée dans le même studio. Lorsque celle-ci s'achevait, les pasteurs emportaient leurs bibles, et nous, nous apportions nos casseroles.

Quand quelque chose n'allait pas très bien, le public se faisait immédiatement complice car nous le mettions dans le coup. C'est une habitude que j'avais prise dans les reportages en direct. Jamais je n'essayais de dissimuler les difficultés. Je disais : « Ah ! mesdames et messieurs, on vient de me faire signe, la caméra numéro 3, qui est là-bas, est en panne. Quand je vais me déplacer, ne vous étonnez pas si vous ne me voyez plus pendant un instant, c'est parce que... Ah ! ça y est ! elle se rallume ! Bon, alors on continue ! »

On sentait venir des jours difficiles. « La Boîte à sel » agaçait ce qu'on n'appelait pas encore le pouvoir.

Rocca et Grello ont rencontré le ministre de l'Information de l'époque, qui leur a déclaré que le Français était frondeur et que l'ironie était une de nos plus belles qualités mais qu'il fallait contrôler le choix des sujets et garder une certaine correction dans la façon de les traiter. En réponse, le décor de l'émission suivante représenta la façade d'un établissement sur laquelle on lisait :

MAISON DE CONTRÔLE
ET DE CORRECTION LOUIS-TERRENOIRE

Rocca et Grello étaient les gardiens de cette prison. La presse fut excellente. Le ministre laissa filer.

Pour l'émission qui suivit, Rocca eut l'idée d'emprunter une déclaration du Premier ministre, Michel Debré, et de juger son talent oratoire en faisant des commentaires en voix off sur l'image. C'est apparu comme un crime de lèse-majesté : on n'avait jamais osé prendre de véritables images pour... non pas les détourner de leur sens, mais y ajouter un commentaire satirique. Ce fut le drame.

À la tribune de l'Assemblée, un député de la majorité a décidé de voter contre le budget de la télévision.

« Désormais, a dit Terrenoire, les émissions seront enregistrées au préalable et feront l'objet d'un contrôle. »

Or nous avions vécu pendant cinq ans dans une totale liberté. Nous avons écrit à la direction en disant : « Nous préférons interrompre nos émissions plutôt que d'être amenés à en discuter le contenu avec des censeurs inspirés uniquement par le respect des institutions. » C'est Rocca qui avait rédigé cette superbe phrase.

Et on a refermé « La Boîte à sel »...

En congé de la rive gauche, j'avais découvert avec « La Boîte à sel » les humoristes de Montmartre. Un homme comme Jean Rigaux était un phénomène. Élégant, une belle allure bourgeoise, il faisait un tour d'histoires et de remarques politiques qui se déroulaient dans un feu d'artifice d'onomatopées et de bruits divers. Un dessin animé vivant.

Il y avait Champi, dont le nom n'est plus guère connu, et qui a inspiré bien des comiques de la génération suivante. C'est avec beaucoup de finesse qu'il distillait des histoires très salées, comme on disait alors. Un jour, j'assiste à son numéro depuis la coulisse. C'est l'époque du Salon de l'auto, il y a beaucoup de couples venus de province. Jusqu'où peut-il aller ? Si une ou deux dames s'offusquent et sortent, la soirée sera gâchée. Le directeur du cabaret, caché dans les plis du rideau, observe les réactions. Champi commence avec des gauloiseries légères, les dames s'amusent. Il force un peu la dose, les dames rient encore plus. Tout va bien : ce soir on peut y aller. Le directeur se tourne vers Champi, et à mi-voix : « Vas-y, Roger, envoie le gras ! »

Il y en avait pour tous les goûts. Personnellement, j'étais plus sensible à la loufoquerie qu'à la gauloiserie. Le mot loufoque remonte aux années 1900, les amis d'Alphonse Allais l'utilisaient. Pierre Dac l'avait remis à la mode dans les années 1930 :

Vive le sac de melons,
l'sandwiche aux moellons
SDL, SDL, vivent les loufoques
Vivent les loufoques
Sac de sciure, os à moelle
Et vive la SDL.

SDL (Société des loufoques) fait allusion, bien sûr, à la SDN (Société des Nations), créée en 1920 par le traité de Versailles.

Quand j'étais enfant, nous écoutions à la radio « La Course au trésor » et nous lisions *L'Os à moelle.* Nos enfants écoutaient « Signé Furax » en 1956.

La permanence de Pierre Dac est étonnante car, aujourd'hui, il n'est pas rare que, dans un café-théâtre, on interprète encore ses textes.

L'homme était sympathique et chaleureux, l'œil bleu écarquillé, la cigarette au coin des lèvres, la bouche gouailleuse, fontaine de mots et de jeux de mots. Chaque fois que j'ai eu l'occasion de travailler avec lui, c'était toujours pour un gag bref qu'il faisait fuser avec force. Dans *Allez France !*, dont l'action se situe en 1964, Robert Dhéry, poursuivi à Londres, ouvre une porte dans un vieil immeuble et trouve Pierre Dac, devant un micro de 1940, annonçant : « Ici Londres, 8 640e jour de la lutte du peuple français... »

D.R.

Oui, quand j'étais petit je n'étais pas grand.

© R.T.F.

Oui, j'ai été marionnette au guignol du Luxembourg.

D.R.

D.R.

Oui, je fais collection de boîtes de sardines et de maquereaux.

© Bernard Le Marec.

Oui, j'ai, pas très longtemps, porté la moustache.

MARDI 6 DECEMBRE

21.00 « **Journal télévisé** ». **21.15** « **La leçon d'échecs** » [...]duction et réalisation Albert Riera, avec le concours de [...] Seneca. **21.25** « **Faisons un rêve** », comédie filmée de [...] Guitry, avec Raimu, Jacqueline Delubac, Arletty, Mich[...]mon, Claude Dauphin et l'auteur.

MERCREDI 7 DECEMBRE

12.30 « Télé-Paris ». 17.30 Films éducatifs et culturels. [...]

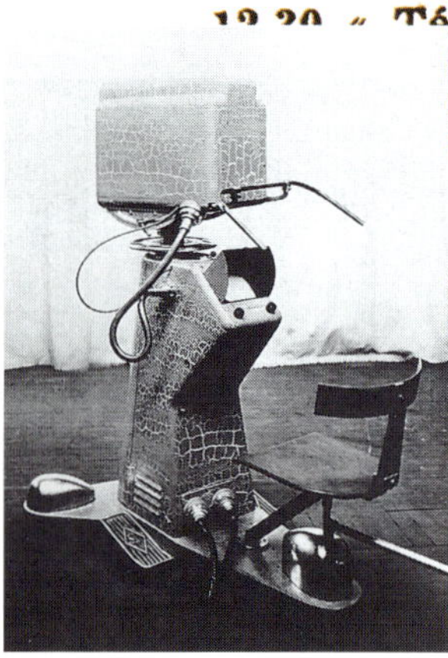

Une de nos caméras.

La régie du studio. On lit les mentions « Jardin » et « Cour », comme au théâtre.

15, rue Cognacq-Jay, 1950.

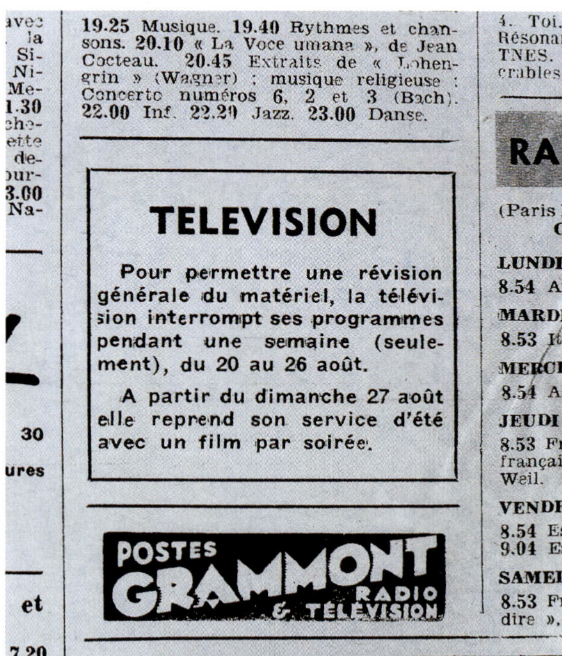

19.25 Musique. 19.40 Rythmes et chansons. 20.10 « La Voce umana », de Jean Cocteau. 20.45 Extraits de « Lohengrin » (Wagner) : musique religieuse : Concerto numéros 6, 2 et 3 (Bach). 22.00 Inf. 22.20 Jazz. 23.00 Danse.

TELEVISION

Pour permettre une révision générale du matériel, la télévision interrompt ses programmes pendant une semaine (seulement), du 20 au 26 août.

A partir du dimanche 27 août elle reprend son service d'été avec un film par soirée.

Au premier rang : Gilbert Larriaga, Roger Debouzy, Henri Cabrières, Lucien Morice.
Derrière : Jean-Marie Coldefy, Pierre Dumayet, Pierre Tchernia, Pierre Sabbagh.
Au fond : l'équipe de montage, Delannoy, Aujubault et Caillé, 1950.

Trente ans plus tard : Pierre Dumayet, Jacques Sallebert, Pierre Sabbagh,
Georges de Caunes, Pierre Tchernia.

Les saltimbanques, joueurs d'orgue et chanteurs de rues n'ont pas le droit au port de décorations quand ils exercent leur profession.

Loi du 13 octobre 1875

© P. Dannès.

© Studio Limot

Ci-dessus : La Ford en folie.

Ci-dessus, à gauche : La loi d'octobre 1875 était affichée dans le bureau de Margaritis qui ne portait pas sa légion d'honneur.

© Studio Limot

Milady, Rochefort et Richelieu dans *Les Quatre Mousquetaires* (1953).

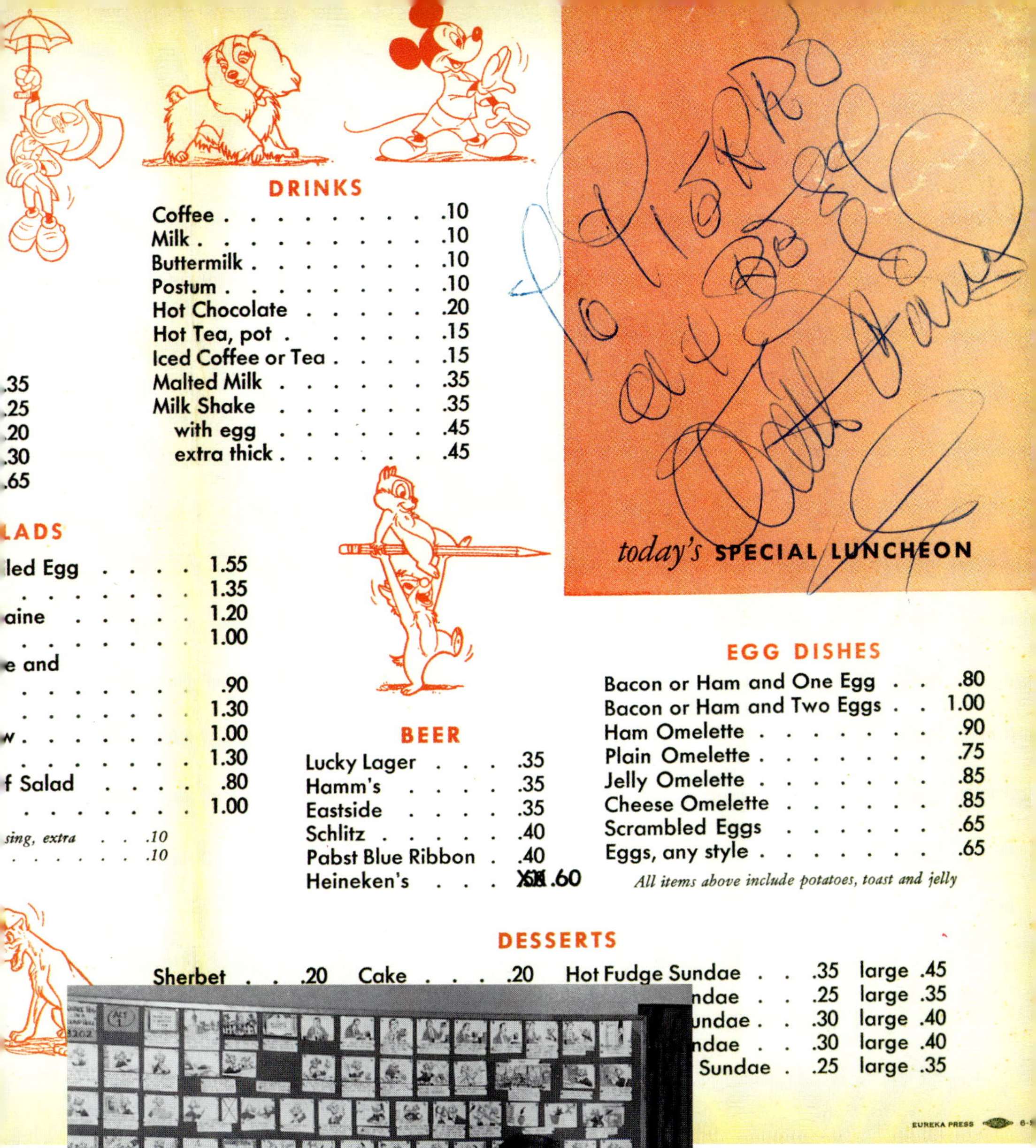

DRINKS

Coffee	.10
Milk	.10
Buttermilk	.10
Postum	.10
Hot Chocolate	.20
Hot Tea, pot	.15
Iced Coffee or Tea	.15
Malted Milk	.35
Milk Shake	.35
with egg	.45
extra thick	.45

LADS

led Egg	1.55
	1.35
aine	1.20
	1.00
e and	
	.90
	1.30
w	1.00
	1.30
f Salad	.80
	1.00
sing, extra	.10
	.10

today's SPECIAL LUNCHEON

BEER

Lucky Lager	.35
Hamm's	.35
Eastside	.35
Schlitz	.40
Pabst Blue Ribbon	.40
Heineken's	.60

EGG DISHES

Bacon or Ham and One Egg	.80
Bacon or Ham and Two Eggs	1.00
Ham Omelette	.90
Plain Omelette	.75
Jelly Omelette	.85
Cheese Omelette	.85
Scrambled Eggs	.65
Eggs, any style	.65

All items above include potatoes, toast and jelly

DESSERTS

Sherbet . . .20 Cake 20

Hot Fudge Sundae	.35	large .45
ndae	.25	large .35
undae	.30	large .40
ndae	.30	large .40
Sundae	.25	large .35

EUREKA PRESS

D.R.

C'est sur le menu du restaurant du studio que Walt Disney m'a signé un autographe (1962).

Vignette extraite de l'album Obélix et compagnie, *Goscinny, Uderzo, 1ère publication 1976, éditeur actuel Hachette.*
© 2003, Les Éditions Albert René / Goscinny-Uderzo.

Dans *Obélix et compagnie*, Uderzo et Goscinny emportent un ivrogne sur un bouclier…

Lechafelix (Maurice Biraud) et ses clients Ticketbus et Prospectus (Roger Pierre et Jean-Marc Thibault), 1966.

© Iorwitz.

D.R.

L'auteur (René Goscinny) rend visite à deux de ses interprètes de *Deux Romains en Gaule* (Lino Ventura et Jean Yanne).

D.R.

J'ai mené avec Marcel Pagnol une série d'entretiens, chez lui, en Provence, que réalisa Georges Folgoas en 1973. J'aimais sa voix de conteur et son écriture de bon élève.

© Jean Lenoir

Telle est la vie des hommes,
quelques joies très vite effacées
par d'inoubliables chagrins...
Il n'est pas nécessaire de le
dire aux enfants...

Marcel Pagnol

© G. Landau.

D.R.

© R.T.F.

En haut : Que ce soit au fond de la mine (avril 1955) ou sur un bateau (avec François Chatel), le plaisir des grands directs.

Ci-contre : J'aimais beaucoup aussi être aux manettes pour la « Piste aux étoiles ».

© J.-Claude Colin.

D.R.

Ci-dessus : Robert Rocca, pilote le triporteur de « La Boîte à sel », entraînant François Chatel, Arthur Allan, Jean Carmet, Jacques Grello et le musicien Claude Rolland (1955).

D.R.

© Photo - Lipnitzki.

Alice Sapritch, Amédée et moi.

Jeune homme de vingt ans jouant un vieil imbécile dans *La Tour Effeil qui tue* (1948).

D.R.

D.R.

D.R.

En 1972, le Magic Ciné, rénové, était devenu Magic Cinéma.

Dans *Le Viager*, je jouais le rôle épisodique du réalisateur de télévision.

D.R.

Le quatuor fatal : les méchants du *Viager*, Odette Laure, Michel Galabru, Rosy Varte et Jean-Pierre Darras.

D.R.

Un bon trio : Serrault, Depardieu, Carmet, le verre à la main. *Les Gaspards* (1973).

D.R.

Il y a aussi Denner et Galabru. Et Noiret ? Il est en train de rire sur une autre page !...

Un grand imbécile devant Jean Poiret, c'est la Revue de Poiret et Serrault, à l'Alhambra en 1959.

Jour Heureux ! Je suis à côté de Groucho Marx au festival de Cannes (1972).

La Belle Américaine avec Robert Dhéry et Colette Brosset (1961).

Pour un air de guitare, Marcel Amont, Georges Brassens (à la contrebasse, Pierre Nicolas) et Maxime Leforestier derrière ses propres cheveux.

Roger Pierre et Micheline Dax : *L'Arroseur arrosé.*

La première visite de Hergé à la télévision française (1958).

Ci-dessus : Qu'est-ce qu'il nous a raconté de si drôle, Noiret* ? (Sur le tournage des *Gaspards.*)

Ci-contre : Deux messieurs, bien mis, souriants, corrects… (1985).

Ci-dessous, à gauche : Et Olivier Barrot, n'est-il pas convenable ?

Ci-dessous, à droite : Sur le pont de l'Alma avec Roger Benamou, Alexandre Tarta et Claude Darget.

* J'ai oublié…

J'ai été Nul le temps d'une soirée (Dominique Farrugia, Alain Chabat et Chantal Lauby).

© Gérard Bedeau / Canal +

Le plus jeune de mes complices.

© Etienne Choguard / TF1

Ce jour-là, on ne s'était pas vus depuis au moins six mois…

© J. Bembaron / Corbis Sygma.

La dernière image d'un reportage (que réalisa François Chatel)
aux Grands Moulins de Paris (1959).

Ce qui, pour lui, évoquait un souvenir que ceux de ma génération n'ont pas oublié.

Il serait injuste de ne pas citer ici Léo Campion. Il a fait partie de ces personnages bouillonnant d'inventions, frères ou fils des humoristes de 1900, mais touchant, grâce à la presse et surtout à la radio, une audience plus importante.

Pur anarchiste, franc-maçon, provocant mais toujours souriant, directeur de la revue *Le Cul*, à cheval – si j'ose dire – sur la Belgique et la France, fondateur des Chevaliers du Taste-Fesse, fréquent compagnon de duo de Pierre Dac ou Celmas (j'y viens), il fit du théâtre, du cinéma, où sa silhouette blagueuse, son crâne et son sourire faisaient merveille.

Il illustra lui-même son *Petit Campion illustré*, car il était bon caricaturiste, et j'ai vu son chef-d'œuvre : sa carte de réduction pour les chemins de fer. C'était une reproduction d'une grande qualité de la carte de réduction des familles nombreuses, chef-d'œuvre de faussaire, à ceci près qu'en lieu et place de la mention « Cette carte donne droit à une réduction de 30 % » il avait inscrit : « ... donne droit à une réduction de 0 % ». Quand il achetait un billet de chemin de fer, il présentait la carte à l'employé ahuri. Ce dernier finissait par dire :

« Ça ne vous donne droit à aucune réduction !

– Exactement. Je ne vous demande rien, d'ailleurs, je vous dois ?... »

Et cet homme élégant, souriant, rempochait sa carte, « ayant participé à l'abrutissement des masses par l'étonnement ».

Il y a eu un personnage moins connu, célébrissime chez les gens du métier et déconcertant pour les spectateurs de cette époque : Celmas. Je ne l'ai vu qu'une fois, à la fin de sa carrière. C'était un homme de petite taille, dressé, un beau casque de cheveux blancs, le visage sec. Le rêve pour faire des blagues à froid.

Il entrait en scène, s'appuyait sur le piano en tournant le dos au public, parlait avec le pianiste et faisait durer la situation... Je le revois, un béret de marin sur la tête, chantant :

Si tu t'engageais dans les zouaves
Ou bien dans les chasseurs à pied
Ça ne t'empêcherait pas d'être brave
Mais ça t'empêcherait de te noyer.

Il parlait avec assurance, la voix haute, le geste ample, dans un long monologue où tout se mélangeait.

« Pour en revenir à ce que je disais... qu'est-ce que je disais... Il y avait une dame avec son petit garçon qui était plus jeune qu'elle, il pouvait avoir dans les six ans, six ans moins le quart, moins dix... enfin un mineur... Son père aussi était mineur... Dites-moi, madame, votre enfant a eu un beau prix, un prie-Dieu... Vous aurez beaucoup de mal à le faire encadrer... Ah ! ma brave femme, combien votre beurre... 600 francs la livre... et si je vous prends la motte... Je vous fous ma main sur la gueule... »

Dans la vie, en dehors de la scène, il improvisait des situations folles. J'ai entendu raconter bien souvent les plaisanteries auxquelles il se livrait avec une inventivité sans défaut et une exécution parfaite. Les aventures de Celmas se sont transmises d'une génération à l'autre, et c'est Jean-Marc Thibault qui s'est chargé, il y a bien longtemps, de m'initier.

Pour réussir une situation de farce, il faut trouver une bonne idée, et, surtout, choisir une bonne victime.

Celmas prend l'autobus. Il aperçoit une place vide, au fond, à côté d'une dame âgée, respectable, bien mise. Il s'assoit près d'elle. L'autobus roule. Un long silence s'installe. Brusquement, il se tourne vers la dame : « Comment, merde, madame ? Oh ! quelle grossièreté ! » et il s'en va vers la plate-forme, outragé. Il descendra à la prochaine station.

Une autre version circule, dans laquelle il est question d'une religieuse : « Comment, merde, ma sœur ? »

Il avait commencé, jeune comédien, dans des tournées minables. Au dernier jour d'une d'entre elles, il joue dans un drame, *L'Agonie d'un sous-marin*. Une dizaine de matelots sont réunis dans la cale d'un sous-marin échoué par le fond. Ils sont perdus. Un système de remontée permet de sauver un marin, un seul. Tirage au sort. Le gagnant est Yann Le Bihan, quartier-maître. L'émotion est à son comble. Yann dit au revoir à chacun de ses amis, tous lui confient un message : « Tu iras au village de Landudec et tu diras à ma mère que je suis mort en brave. » Deux, trois autres messages : « Tu iras au village de Kerihuelo et tu diras à la petite Soizik que je suis mort en pensant à elle. » Et voici le mousse, c'est Celmas qui l'interprète : « Tu iras voir le directeur des Tournées Rasimi et tu lui diras que je serai libre à partir du 17... » Il faut oser.

Raymond Souplex se trouve avec lui à La Cloche d'or, un restaurant de nuit. Celmas se lève et se dirige vers les toilettes. La porte est fermée. Il attend et voit sortir Georgel, un célèbre chanteur de l'époque, toujours numéro un dans les programmes de music-hall. Celmas le regarde et dit : « Oh là là, derrière une vedette, ça va être dur... » Faut-il expliquer qu'après le tour de chant d'une vedette un artiste n'a guère de chances d'avoir du succès ?

Robert Dhéry m'a dit que, quelques jours après la Libération, il se trouvait, vers minuit, dans une voiture du métro avec Celmas. Il se méfie, mais Celmas a l'air bien tranquille, bavarde doucement, et, arrivant à une station, dit au revoir à Dhéry. Il descend sur le quai, mais au moment où les portières vont se refermer il les bloque une seconde, le temps de crier : « ... Et dis bonjour aux copains de la Milice. » Le train part, Dhéry est collé contre la portière, dos tourné aux voyageurs, attendant la prochaine...

Autre plaisanterie, plus compliquée, avec partenaire : il monte dans le métro, s'assied et sort d'une petite mallette un téléphone d'enfant en Celluloïd. Il compose un numéro et pose le combiné contre son oreille. « Allô, Fernand ? Tu vas bien ? Où es-tu ? Ça c'est une chance, je serai à Notre-Dame-de-Lorette dans cinq minutes... troisième voiture... » Les gens, abasourdis, regardent ce fou respectable qui range avec soin son téléphone-jouet dans sa mallette et s'immobilise. Trois stations plus loin, à Notre-Dame-de-Lorette, il retrouve Fernand Rauzena qui l'attend, et les deux plaisantins se fondent dans la foule.

Un mot, ou plutôt deux, ce n'est pas une plaisanterie, c'est une réplique. Un soir, très tard, deux ou trois heures du matin, il entraîne un pochard de ses amis chez lui pour en boire un petit dernier. Dans la salle à manger, il s'en va sortir deux verres du buffet, le geste n'est pas sûr, fracas de verre renversé, sa femme sort de sa chambre, regarde les deux fêtards :

« D'où sortez-vous ?

– De l'ordinaire », répond Celmas.

Magnifique réplique !

La fin de sa vie, d'après ce qu'on m'en a dit, n'a pas été réjouissante. C'était un bouffeur de curés, un mécréant, bien sûr, et ce fut une grande peine pour lui de voir sa fille unique répondre à sa vocation et entrer dans les ordres.

Sa mort est surprenante, comme tout ce qu'on sait de lui. Dans une boîte de Montmartre, un soir, après son tour, Pierre-Louis Guérin, important directeur de cabarets, vient lui faire compliment et lui annonce qu'il l'engage à la rentrée. Celmas est bien heureux : « Ma saison prochaine est assurée », dit-il. Il lève son verre, le dernier, et tombe raide mort. Ça a l'air d'une blague...

La nouvelle fit pleurer Montmartre. Tous ses copains décidèrent de se rendre au service funèbre, et comme on avait annoncé qu'il aurait lieu de très bonne heure, ils ne se couchèrent pas de la nuit...

Ce fut, m'a raconté Léo Campion, une soûlerie soignée. Vers sept heures et demie, le matin, une quinzaine de pochards se dirigèrent vers Saint-Jean-de-Montmartre, place des Abbesses. Une moitié de l'église était occupée par les compagnes de sa fille, qui l'entouraient affectueusement. Et le service funèbre a eu lieu devant un demi-parterre de religieuses impeccables, cependant que l'autre moitié offrait le spectacle pittoresque d'un groupe de vieux farceurs, les larmes aux yeux...

« Cinq Colonnes à la une »

Voici les années 1960 qui apparaissent à l'horizon. Accrochons-nous à 1959, l'année où furent dressées les « cinq colonnes ».

Jean d'Arcy avait longtemps dit avec humour : le rêve de Sabbagh, c'est que le Journal télévisé ouvre le programme à vingt heures et qu'à vingt-trois heures trente on voie s'afficher la formule : « Ainsi s'achève le Journal télévisé. » Il voulait donc avoir une grande émission de reportage dépendant de la direction des programmes et non pas de l'information (comme il en existait à l'étranger, notamment en Grande-Bretagne).

C'était toujours notre modèle, la Grande-Bretagne, ça s'appelait « Panorama », je crois. La bonne idée a été de décider de faire cette émission autour d'un journaliste extérieur à l'univers de la télévision : Pierre Lazareff. Il a été certainement l'un des journalistes les plus inventifs de la presse française, et c'est un homme qui, manifestement, quand la télévision est arrivée, avait un rêve, celui de participer à l'aventure. Il n'était plus assez jeune, bien sûr, pour être le seul meneur, mais il a dû céder très facilement aux offres de d'Arcy – je n'ai pas assisté aux transactions –, et en tout cas le coup de chapeau a été donné puisque cette émission a été créée sous le titre de « Cinq Colonnes à la une », un titre de presse écrite !

Il était à l'époque le patron de *France-Soir*, le plus gros tirage de la presse française, ainsi qu'il l'accrochait toujours à la manchette de la une.

La création de « Cinq Colonnes à la une » se fait avec une équipe bien choisie. Un réalisateur qui coordonnera le travail de tous, Igor Barrère, un homme énergique, fort malin, qui sait se débrouiller dans toutes les circonstances. Lazareff sera par ailleurs entouré de deux journalistes que lie une grande amitié, Pierre Desgraupes et Pierre Dumayet.

Pierre Dumayet est un homme d'une extrême finesse, qui sait regarder d'un peu loin et réfléchir sans jamais oublier l'humour. Il est alors très copain avec Desgraupes, qui, lui, est une force de la nature, volontiers grognon, assez difficile à vivre, mais un grand entraîneur d'hommes. C'est surtout quelqu'un qui a le courage de dire non.

Sont donc réunis ceux qu'on va appeler « les trois Pierre », Pierre Lazareff, Pierre Desgraupes et Pierre Dumayet, et Igor Barrère. À mon avis, Igor aurait dû alors changer de prénom et s'appeler Pierre, mais on ne peut pas tout réussir.

« Cinq Colonnes à la une » a commencé en pleine guerre d'Algérie. Brusquement, ça a été l'occasion pour le public de voir ce sujet numéro 1 traité d'une façon entièrement nouvelle. Le Journal télévisé recevait du Service cinématographique de l'armée des reportages tout faits que nous étions censés utiliser. J'ai le souvenir d'un bout de pellicule que j'avais vu en projection, au temps de la guerre d'Indochine, et qui était fort éclairant. Il avait été réalisé par le Service cinématographique de l'armée, mais il ne s'agissait pas d'un sujet monté, seulement ce qu'on appelle des *rushes*, c'est-à-dire des images brutes, juxtaposées. Dans cette bobine, on voit des plans généraux d'une butte, et ensuite la caméra se fixe – ce sont des plans muets – sur un petit tunnel, comme un terrier. On voit sortir de ce tunnel des hommes sans armes, les mains en l'air, qui viennent vers nous. Brusquement ils s'arrêtent, regardent la caméra, il n'y a pas de son, mais il est évident que le cameraman doit dire quelque chose, ils rentrent dans le trou et ils recommencent... Il s'agissait donc d'images « aménagées » qu'on nous avait envoyées par erreur.

Et voilà que brusquement, dans le premier numéro de « Cinq Colonnes à la une », on va s'attacher aux pas d'un sous-officier, le sergent Robert, et vivre l'existence quotidienne du contingent, là-bas, en Algérie. Dans chaque émission (il y en a une par mois), on trouvera des sujets sur l'Algérie – et en particulier, ce qui a tellement frappé le public, l'une des interviews de Roger Louis, l'homme qui avait initié le mouvement des télé-clubs. Roger Louis réalisait des interviews de gens qui acceptaient de parler mais ne voulaient pas qu'on les reconnaisse : ils étaient donc filmés à contre-jour, silhouette devant une vive lumière entrant par une fenêtre. Il s'agissait de gens de gauche ou de gens attachés à l'Algérie mais qui voulaient s'exprimer librement. Ce genre de choses, jamais on n'en voyait au Journal télévisé.

« Cinq Colonnes à la une » va innover aussi en ce que les sujets ne sont plus tournés par un cameraman seul mais par une *équipe* composée d'un auteur-reporter, d'un réalisateur, d'un cameraman et d'un preneur de son.

Les méthodes de travail sont nouvelles : on dépense de la pellicule beaucoup plus facilement que pour le Journal télévisé. Quand je partais faire un tournage à l'étranger, j'interviewais librement des gens sans me dire sans cesse : Ça va être trop long, il faut arrêter, etc. Non, on pouvait très bien faire parler les gens pendant vingt minutes pour n'en garder que trois, à condition que ces trois minutes soient substantielles.

Les meilleures interviews réalisées à cette époque-là sont celles de Desgraupes. Il avait commencé à en faire avant « Cinq Colonnes à la une », et il avait derrière lui, depuis 1955, « Lectures pour tous », qu'il faisait avec Dumayet, et qui avait marqué l'accession des écrivains à la télévision française. On y voyait des gens intelligents bien interviewés. Desgraupes s'y prenait ainsi : il posait une question qui, à ses yeux, était importante. L'interviewé répondait mal, ou éludait. Alors il continuait, et trois minutes plus tard il reposait sous une autre forme la même question. Et à la deuxième ou troisième fois, il finissait par obtenir la phrase qu'il attendait et qui lui importait. Il n'hésitait pas à être extrêmement désagréable. Il existe ainsi une interview célèbre, qui a souvent été rediffusée, au cours de laquelle il dit à Aznavour : « Ça ne vous gêne pas d'avoir une mauvaise voix ? Et au piano, vous n'êtes pas vraiment un bon pianiste... » C'était d'une inconvenance... Aznavour est charmant, il sourit toujours en regardant ça...

Desgraupes a été, par l'exemple, un merveilleux formateur pour tous ceux qui avaient à faire des interviews. J'avais été envoyé, pour un sujet intitulé *Vider les camps* (il y avait encore beaucoup de camps de réfugiés dans toute l'Europe, et cette année-là l'ONU voulait tenter par tous les moyens d'en finir), recueillir des témoignages en Allemagne. J'y rencontre, parmi d'autres, une femme qui avait été déportée dans les camps de concentration nazis et qui, depuis quinze ans, vivait dans des camps de réfugiés. Elle était bien traitée, libre, nourrie, mais sa vie se déroulait dans un camp. Elle vivait avec sa fille qui avait seize ans. J'ai fait mon sujet, et j'ai fini par l'interview de la jeune fille. Je lui ai demandé : « Où êtes-vous née, mademoiselle ? – À Buchenwald. » Elle ne s'attendait pas à la question, mais moi je m'attendais à la réponse.

Ce qu'il y avait aussi d'extraordinaire, à « Cinq Col » (c'est comme ça qu'on disait), c'était que, dans la semaine ou les quatre à cinq jours précédant la diffusion des sujets (tournés en film 16 millimètres), on montait toute la nuit. On prenait plaisir à se dire : je suis à Cognacq-Jay, dans une salle de montage, et il est deux heures du matin. Il y avait des assistants chargés de se balader avec des canettes de bière et des paniers de sandwiches. La salle de mixage tournait toute la nuit, et on faisait parfois son mixage à quatre heures du matin. Mais il y avait aussi un côté collectif très excitant. C'est ainsi que, quand on revenait d'un reportage à l'étranger, on présentait pratiquement toute la pellicule aux « papas » – les papas, c'était Desgraupes, Dumayet, Lazareff, Barrère et deux ou trois autres qui avaient des sujets en train.

On disait : « Voilà ce que j'ai envie de faire », et on avait leurs premiers avis : « Tu sais, coco [on disait aussi coco], il faut faire gaffe, parce que, tu vois, la séquence du camion... » On faisait un premier montage qui durait vingt-cinq minutes, on le présentait à nouveau (les projections tournaient jour et nuit), et on arrivait enfin au montage définitif que l'on mixait. C'est la seule fois de ma vie où j'ai participé à du journalisme quasi collectif, où tout le monde travaille ensemble. Il y a un assistant assis dans un fauteuil, à côté de Lazareff, deux monteurs, un réalisateur, c'est très chaleureux, très excitant, parfois déroutant. Les remarques n'étaient jamais très dures, mais quand

Desgraupes se lâchait, ça l'amusait de faire le gros chien grognon... Ce furent des moments très heureux.

Le générique de « Cinq Colonnes à la une » était bien connu, c'était un bandeau de lettres lumineuses qui passait, et ça rappelait tout à fait ce qui existait encore à l'époque, à Paris, devant la gare Saint-Lazare : il y avait là des bandeaux lumineux mobiles qui donnaient les nouvelles. Quand on était en voiture, au risque de tamponner un autre conducteur, on lisait : « Inondations dans le Vaucluse, 4 disparus... » Oui, ça rappelait tout à fait ça. Et si ça rappelait tout à fait ça, c'est parce que c'était ça.

Une fois par mois, la veille de l'émission, un cameraman se rendait devant la gare et il filmait les titres qui étaient ceux de « Cinq Colonnes à la une ». J'avais tourné au Canada un sujet qui s'appelait *Nos cousins d'Amérique*. Un jour, les gens qui s'occupaient de ces bandeaux lumineux ont fait passer « Nos cousins d'Amérique », le cameraman a filmé et au talkie-walkie il a dû dire : « Ça va, on peut passer au suivant. » Et les automobilistes qui passaient devant la gare Saint-Lazare ont donc lu « Nos cousins d'Amérique », ce qui ne voulait absolument rien dire, puis « Naufrage d'un ferry-boat, 30 disparus », ce qui était somme toute plus raisonnable. Peut-être qu'ils comprirent le lendemain en regardant la télévision...

« Cinq Colonnes à la une » a été le premier magazine digne de ce nom. C'était un rendez-vous mensuel extrêmement populaire. Bien sûr, c'était l'époque de la chaîne unique et obligatoire. À l'époque, quand on tournait le bouton, on passait sur... rien. Mais le succès de « Cinq Col » s'explique avant tout par sa qualité.

Parlons de Sarcelles, la grande ville nouvelle qui commençait à sortir de terre. Un jour, avec Jacques

Krier, on y arrive pour tourner. Il y avait des chantiers, de la boue partout, je n'avais de rendez-vous avec personne en particulier et nous décidons de commencer par des interviews d'ouvriers du chantier. Arrive une sorte de grand gorille qui me dit : « On n'a pas le droit de tourner. – Comment ? » Il représentait je ne sais quelle autorité des bâtisseurs de Sarcelles. Il y avait un peu plus loin un bistrot en planches qui semblait avoir poussé dans la boue ; j'y vais, j'y trouve un téléphone (on n'avait pas de portable à l'époque), il devait être midi, j'appelle le secrétariat de Lazareff. « Ah ! Pierre Tchernia, comment allez-vous ? » Je raconte ma déconvenue à la secrétaire de Lazareff : « On m'empêche de tourner. – On vous empêche de tourner ? – Oui, il y a des ordres du ministère [ça s'appelait encore le ministère de la Reconstruction]. – Bon, eh bien je préviens monsieur Lazareff. » Dix minutes plus tard, j'avais Lazareff au bout du fil, elle l'avait trouvé, il était en voiture, je lui explique, il me dit : « J'appelle tout de suite. »

Et dans la demi-heure qui suivit j'eus le droit de tourner parce que Lazareff avait joint le ministre de la Reconstruction lui-même. Moi, j'aurais appelé, je n'aurais eu qu'un sous-fifre. Mais lui, il avait sûrement le numéro des ministres dans sa poche.

C'était un journaliste connu dans le monde entier. Au Canada, j'étais muni de lettres de recommandation de Lazareff afin de rencontrer les grands patrons de la presse.

Quand j'arrive à Montréal, j'entends le haut-parleur qui dit : « Monsieur Tchernia, de la télévision française, est attendu... » Au bureau d'accueil, je rencontre une sorte d'Ava Gardner, une grande Canadienne élégante, et elle me dit avec son accent délicieux : « Bienvenue à Montréal. » Elle parlait comme Jean Richard dans ses sketches de *Nous autres à Champignol.* Elle ajoute : « Je vous ai retenu une chambre au Ritz. » J'arrive à l'hôtel Ritz de Montréal, et dans la chambre, une fois la porte fermée, je découvre le prix de la nuit. Effrayant. Le lendemain matin, je me suis baladé, et j'ai trouvé une petite pension de famille pas chère tenue par des Bretons de Rosporden qui avaient des poules dans la cour. Je me suis installé là pour une semaine. Les gens importants que j'interviewais me disaient : « Cher monsieur, où peut-on vous joindre ? », et je répondais : « Je vous appellerai, parce que je vais changer d'hôtel. » Ils ont dû croire que j'étais un type impossible, que je m'engueulais avec les patrons de tous les palaces de Montréal. Non, j'étais le représentant de Lazareff, certes, mais mes frais de mission étaient ceux de la RTF.

« Cinq Colonnes » était une réussite du reportage filmé, mais le direct continuait d'apporter sa force aux manifestations d'actualité chaude comme, le 2 décembre 1959, la catastrophe de Fréjus.

Il est dix-neuf heures trente, rupture du grand barrage de Malpasset : un raz de marée déferle dans la plaine, un fleuve de boue.

À la télévision, c'est l'heure de « La Piste aux étoiles » et Zavatta, le grand clown, adoré du public, fait son numéro. Les spectateurs de Fréjus sont en train de rire.

Coupure de courant, grondement terrifiant, les millions de mètres cubes d'eau, des vagues de huit mètres de haut, on comptera quatre cents morts...

Ça a bouleversé Zavatta. Il en a parlé longtemps, troublé par cette simultanéité de l'accident et de son numéro. Zavatta qui nous a fait tant rire pendant si longtemps et qui s'est suicidé, d'un coup de fusil, il y a peu de temps.

La télévision a réagi très vite et très fort devant ce grand drame : on a organisé tout de suite une grande soirée de solidarité.

Sabbagh, à Cognacq-Jay, était le pivot de l'opération, transmettant des images venues de plusieurs lieux de collecte d'argent – et en particulier de l'Alhambra, où Jean Fontaine recevait des artistes de variétés.

Roger Couderc était à une soirée de catch qu'il commentait en direct. Sur le ring, pendant l'entracte, entre deux matchs, il annonce aux spectateurs de la salle : « Mesdames et messieurs, nous faisons une collecte pour les victimes de Fréjus, vous pouvez nous envoyer de l'argent. » La caméra est placée en hauteur, elle plonge sur le ring. Couderc est au centre et des pièces de monnaie, des billets roulés en boule, tombent autour de lui. Il les ramasse et les apportera rue Cognacq-Jay. L'image est saisissante, une pluie d'argent.

En ce qui me concerne, j'avais joint, la journée durant, les théâtres de Paris. À partir de minuit, leur représentation finie, les comédiens ont apporté le produit des collectes. Il y avait là François Périer, Marlene Dietrich, la Comédie-Française... André Luguet est arrivé avec un moulage de la main de Sarah Bernhardt : « C'est la main de Sarah Bernhardt que nous avons tendue au public », a-t-il dit avec gravité. C'était curieux.

Cette grande soirée de solidarité était une première, une sorte de préfiguration du Téléthon.

Rinetoc

À la communale de Levallois, « aller au rinetoc », cela voulait dire « aller au cinéma ». Je n'ai plus jamais entendu ce mot par la suite. Était-ce une création locale ?

Dans les années 1950-1960, malgré la multiplicité de mes occupations à la télé, nous avons vu tout de même, ma femme et moi, pas mal de films. On allait au cinoche. On se réservait en général la soirée du dimanche, jour de garderie assurée par une grand-mère dévouée.

Ce fut le temps des découvertes : la comédie britannique (*Noblesse oblige*, *L'Homme au complet blanc*, *Tueurs de dames*) autour de 1950, puis, dix ans plus tard, les délices de l'Italie (*Le Pigeon*, *Le Fanfaron*, *Les Monstres*). Que de joies !

Quand on aime le cinéma, quand on devient, comme dit Raymond Borde, un glouton optique, tout est intéressant, avec, pour chacun, des points d'intérêt particuliers.

J'ai retrouvé dans un vieux carnet une petite liste manuscrite. Elle s'attache à une réflexion que j'ai faite, au cours des années :

Sinbad
Félix
Une étoile
Sacha
La Cage...

Un jour, je devais avoir dix ou onze ans, j'avais vu un *Popeye* qui m'avait frappé, le premier *Popeye* en couleurs, *Popeye le marin rencontre Sinbad le marin.*

Popeye est aux pieds d'Olive Oil, sa fiancée, il lui fait une déclaration d'amour, il rougit, il bleuit, il verdit, il devient blanc à pois rouges puis couleur d'un kilt écossais, et avoue : « C'est ma première scène d'amour en Technicolor. » Ce gag m'a frappé, le personnage prenait du recul, devenait à la fois acteur et témoin, il était en rupture avec la réalité qu'on me racontait, aussi absurde soit-elle. Ça me rappelait *Félix le chat.*

Félix le chat, qui était un peu plus chat que Mickey n'est souris, se rapprochait de cette rupture. En ces dix premières années du cinéma sonore, il y avait encore dans les écoles et les patronages des projections de films muets sur de vieux appareils à manivelle qui sentaient l'huile chauffée. Le personnage de Félix était une création superbe, un trait net, noir et blanc, efficace, réduit à l'essentiel. Ce qu'il y avait d'unique en lui, c'est que, muet de naissance, ce héros graphique vivait dans des gags graphiques. Il ne disposait pas, comme Mickey, d'un habitat vaguement réaliste, il était un vagabond libre comme Buster Keaton. S'il se trouvait devant une porte fermée, un point d'interrogation se formait sur sa tête, il le prenait en main et s'en servait pour crocheter la porte. « Le symbole de son embarras devenait l'outil tangible de la poursuite de son action », a dit Jean-Marie Chouilloux dans son étude intitulée *Quelques schémas structurels du cinématographe*.

J'avais vu aussi, à l'école, *Koko le clown* et la série *Out of the Inkwell*, où le dessinateur, filmé en vrai, créait, de sa plume, des personnages animés qui vivaient leur vie et lui échappaient. Le mélange de la réalité photographiée et des traits d'encre de Chine me passionnait.

Pendant l'hiver 1939-1940, au Familia, à Auxerre, j'ai vu *Une étoile est née*, beau mélodrame réalisé par William Wellman, interprété par Janet Gaynor et Fredric March, dont l'action se déroule à Hollywood : cette grande et terrible ville est un acteur important du drame. À la fin, le héros se suicide, il marche dans la mer, il va se noyer... La dernière image du film nous montre plein écran un feuillet tapé à la machine : c'est la dernière page du scénario de l'histoire que nous venons de voir. J'ai été très frappé : le cinéma au cinéma.

Deux ans plus tard, j'ai vu, pour la première fois, un film de Sacha Guitry, *Le Destin fabuleux de Désirée Clary*, qui raconte l'histoire de cette petite fiancée de Bonaparte qui devint reine de Suède. On la suit de la jeunesse à l'âge mûr. Geneviève Guitry interprète Désirée jeune, et Gaby Morlay, la reine. Jean-Louis Barrault joue Bonaparte. Au milieu du film, Sacha Guitry surgit dans son bureau. Il dit :

« Le général Bonaparte ressemble aussi peu que possible à l'empereur Napoléon, Jean-Louis Barrault, vous voulez bien me faire la grâce de céder votre rôle à l'auteur ?

– Avec joie !

– Merci, nous pouvons commencer la deuxième partie. »

Et il joue Napoléon jusqu'à la fin.

En 1944, Noël-Noël écrivit un film attendrissant que réalisa Jean Dréville, *La Cage aux rossignols*. Il y jouait le rôle d'un pion engagé dans un pensionnat. Il y était reçu par le concierge, que jouait René Génin. Ils vont l'un vers l'autre.

(LE PION, *en voix off*) : Il ressemblait étrangement à l'acteur Genin. Mêmes yeux, même sourire ironique et indulgent, et surtout même voix.

LE CONCIERGE : On m'a dit que je lui ressemblais.

LE PION : Vous ne le connaissez pas ?

LE CONCIERGE : Non, je ne sors jamais d'ici.

LE PION : C'est frappant !

LE CONCIERGE : Ce sont les gosses qui m'ont raconté ça.

Et on enchaîne, on passe à autre chose, puis un autre détail fugitif, une bobine plus tard ; la pluie tombe, et la voix off dit : « Il pleuvait fort, une vraie pluie de cinéma... »

Que j'aie gardé aussi précisément ces images dans ma mémoire signifie que j'étais ravi d'y trouver ce sentiment de connivence avec le spectateur. Ravi et étonné : on a donc le droit de faire ça ! Tout cela me préparait à ce qui fut une de mes grandes découvertes, peu de temps après : Tex Avery.

Il nous est tombé sur la tête après la Libération. En allant voir les grands films de la MGM, nous avons découvert ses éblouissants compléments de programme. Stupéfiants, c'est l'adjectif qui convient. On ne connaissait pas le nom de ce Tex Avery, nous l'appelions même Fred Quimby – qui était le nom du producteur (mieux placé au générique que celui de l'auteur lui-même).

L'écureuil fou qui s'adresse aux spectateurs et change le sujet du film dont il est le héros... Le kangourou terrorisé par le hurlement du lion qui se cache dans sa propre poche et disparaît... Le loup poursuivi qui court, dérape, sort de la pellicule et passe devant les perforations... Tous ces moments de joie intense, c'est le cinéma de Tex Avery qui nous les a apportés.

Puis il y eut, en février 1947, *Hellzapoppin* (qui remontait à 1941), catalogue complet de tout ce qu'il est possible d'imaginer dans l'interaction spectateur – music-hall – cinéma, et où le plus beau gag, pour mon goût, est le suivant. Sur l'écran, une annonce qui s'adresse à nous, spectateurs : on demande Stinky Miller, un petit garçon qui doit retrouver ses parents, et, comme s'il était dans la salle où nous sommes, on voit l'ombre de la tête d'un enfant qui se lève, derrière nous, longe un rang de spectateurs et sort...

Et puis j'ai découvert, ensuite, un film du cher Buster Keaton, *Sherlock Junior* (1924), où, projectionniste de cinéma, il se mêle aux films qu'il présente.

Quant à Hardy, quand Laurel l'agace, ne nous regarde-t-il pas comme pour nous prendre à témoin ?

Cette petite liste témoigne de ce que, depuis longtemps, j'avais été intéressé par la transgression du rite bien établi, par l'irruption de la réalité réelle dans la réalité convenue, entreprise périlleuse, car l'auteur prend toujours le risque d'entamer le crédit qui s'attache à son histoire. Cela porte un joli nom, ça s'appelle la liberté... et le spectateur s'en fait volontiers le complice.

Mais, au fait, l'acteur qui joue un rôle et, soudain, découvre les spectateurs, c'est déjà Harpagon dans *L'Avare* : « Ils me regardent tous et se mettent à rire. »

Or Molière avait emprunté ce thème à une pièce latine de Plaute, où l'avare s'écrie : « Pourquoi riez-vous ? Il y a des voleurs parmi vous ! »

Plaute vivait deux cents ans avant Jésus-Christ, il y a donc plus de deux mille ans !

Les années 1960

Les années 1960, c'est l'âge d'or, l'époque où la télé se démocratise (entre 1959 et 1969, on passe de 1 million à 10 millions de postes). Les enfants nés à la fin des années 1950 voient arriver chaque année des nouveautés auxquelles ils s'attachent, et les instituteurs sont obligés de se tenir informés des programmes pour rester dans le coup. J'ai entendu parler d'un garçon dont les parents n'avaient pas la télé et qui lisait dans le journal de la veille le résumé du feuilleton ou du film pour pouvoir en parler avec les autres sans l'avoir vu. Le cas n'est sûrement pas isolé.

Les feuilletons commencent à déferler, les américains « Capitaine Troy » et « Rin-Tin-Tin », mais aussi les premiers français, « Le Temps des copains » et « Janique Aimée ». Bientôt ce sera « Thierry la Fronde ». Jean-Claude Drouot sera si célèbre que le cinéma ne lui proposera aucun film, persuadé que, dans un autre rôle, on ne verra que Thierry la Fronde.

Ce feuilleton raconte une histoire qui se déroule pendant la guerre de Cent Ans, la lutte d'un petit groupe de résistants contre l'ennemi anglais. Or, le 24 janvier 1965, Winston Churchill meurt. C'est un dimanche, jour de programmation de « Thierry la Fronde ». La diffusion sera annulée par respect (excessif à mon goût) envers le vieux lion et la perfide Albion.

Le 29 janvier 1961, diffusion d'un téléfilm de Maurice Cazeneuve, *L'Exécution*, où l'on voit une jeune comédienne sortir de son lit. Elle passe à l'écran, nue, de dos, pendant une douzaine de secondes. On a hurlé au scandale, et c'est à la suite de cet incident qu'on a institué le célèbre carré blanc (qui avertissait qu'on pouvait être effarouché...).

Pêle-mêle, au cours de cette décennie, vont apparaître des réalisations fort différentes. Et c'est très bien ainsi. Il y a « Intervilles » de Guy Lux comme il y a *Les Perses* d'Eschyle, de Jean Prat, « Âge tendre et tête de bois » comme « Discorama » ou « Le Mot le plus long ». Cette émission est l'ancêtre des « Chiffres et des lettres ».

Une anecdote en passant. Du temps où les mots étaient composés de huit lettres, le tirage donne : HACIRTNE

Je cherche, je trouve six lettres, « Racine » ; petite sonnette, le candidat annonce : « Huit lettres... Chantier... » Ah ! je n'avais rien vu : l'anagramme de mon nom ! Mes huit lettres... Tchernia...

On va s'occuper beaucoup des enfants. Et aussi des parents, car « Bonne nuit les petits » conduit les petits spectateurs dans leurs lits (au début en tout cas !).

Puis vint « Belle et Sébastien », « Le Manège enchanté », et « Le Canard Saturnin ». Il y eut par la suite une mode des vrais animaux, filmés dans des conditions bien difficiles. On leur fabriquait des petites maisons à leur échelle que les projecteurs surchauffaient. C'est ainsi que les lapins et les poulets tournaient de l'œil et qu'on les retrouvait... à la cantine.

J'ai rencontré un électricien qui m'a dit un jour :

« Je viens de faire un film, c'est la première fois que j'ai mangé les acteurs... »

C'est l'époque où Claude Santelli ouvre son « Théâtre de la jeunesse » et où, en 1963, poussent « Les Raisins verts » : Averty, Dabadie, Michèle Arnaud, Dirk Sanders. « Les Raisins verts », on le sait, agacent les dents, agacent les uns et ravissent les autres. Dans une mise en page superbe s'affirme un ton inédit : l'irrévérence, l'humour noir, l'esprit d'Alfred Jarry, si cher à Jean-Christophe Averty. Il était allé chercher Ouvrard, un comique troupier octogénaire, pour chanter *J'ai la rate qui se dilate*. Les bébés passés à la moulinette feront beaucoup jaser.

La première émission est diffusée un samedi soir, soirée familiale par excellence. Scandale magnifique.

Je me souviens encore d'un sketch étonnant avec Serge Marquand, le frère de Christian et de Nadine Trintignant. Il tient une petite fille dans les bras, quelqu'un l'apostrophe et lui dit : « Ah ! Mais comment l'appelez-vous ? – Avec un couteau, naturellement ! »... L'appeler... la peler... vu ?

Il y avait aussi un courrier illustré. On voyait un agent de police. Il disait : « J'aime un camarade de travail, que dois-je faire ? »

La deuxième chaîne arrive en 1964, et c'est le passage de la RTF à l'ORTF, l'Office de radiodiffusion-télévision française. Je n'aimais pas ce mot. Dans les familles bourgeoises, l'office, c'est l'endroit où l'on sonne les domestiques. Penser que nous appartenions à l'Office n'était pas très valorisant.

Ce qu'il y a de curieux, c'est que la deuxième chaîne va se doter de programmes particulièrement excitants mais que suit un petit public : les gens attendront assez longtemps avant de s'acheter un nouveau poste. Mais s'ils ne les voient pas, ils entendent parler des grands succès de la deuxième chaîne : « Rocambole », un feuilleton quotidien, et surtout « La Caméra invisible ». À tel point que, à Noël 1964, Sabbagh, qui dirigeait la première chaîne, a fait un triomphe en diffusant et « Rocambole » et « La Caméra invisible », que les gens ont alors découverts parce qu'ils venaient l'un et l'autre de la glorieuse deuxième chaîne.

N'oublions pas que sur les téléviseurs offrant les deux chaînes, et cela restera vrai pendant longtemps, l'image se calait spontanément sur la première lorsqu'on allumait le poste. Et, à l'époque, la télécommande n'existait pas. Il fallait faire un effort pour changer de programme.

La couleur, je l'ai signalé, arrive en 1967. Il existait dans les années 1950 un objet étrange qui n'a pas dû connaître un très grand succès. Il était destiné à donner au spectateur l'apparence de la couleur. C'était une plaque transparente, composée de trois bandes horizontales : celle du bas était brune, celle du milieu, verte, celle du haut, bleue. On posait la chose sur l'écran, et, dans un plan général de campagne, le premier plan apparaissait couleur terre, la campagne, verte, et le ciel, bleu. Mais la speakerine en gros plan, elle, avait tout aussi bien les épaules marron, le menton vert et le front bleu... Ce n'était pas une grande réussite technique !

Une autre émission célèbre appartient à la décennie 1960 : « Au théâtre ce soir ». C'est Sabbagh qui l'a lancée.

Un samedi soir il diffuse un enregistrement de *La Bonne Planque*, une comédie jouée en public, en Belgique, par une équipe efficace où brille Bourvil. Énorme succès, et Sabbagh décide donc de réaliser des enregistrements au Théâtre Marigny.

Le grand public, qui ne va que rarement au théâtre, est heureux d'avoir l'impression d'y être. Il entend la petite sonnette, les trois coups, et, à la fin, l'acteur principal qui annonce et fait applaudir chacun de ses camarades ainsi que le décorateur et le costumier, Roger Harth et Donald Cardwell, qui sont devenus, à cette occasion des célébrités.

Beaucoup de téléspectateurs ne connaîtront rien d'autre du théâtre. Il y a quelques années, dans une petite salle parisienne, je vais voir une comédie. Il y a derrière nous un couple jeune qui regarde autour de lui. Tout l'émerveille, les loges, le rideau, l'ouvreuse... À la fin du spectacle, les comédiens saluent plusieurs fois, le rideau retombe, les spectateurs commencent à se lever. La jeune femme, déçue, se tourne vers son compagnon : « Ils n'ont pas dit les noms !... » Le rite d'« Au théâtre ce soir » lui manquait.

Je note, dans les années 1960, un fait minuscule qui m'amuse. Le 15 février 1961, je suis le présentateur d'une émission consacrée à ce phénomène rare : une éclipse de soleil visible en France. Or, le 11 août 1999 a eu lieu une autre éclipse de soleil dont on a beaucoup parlé. Dans l'émission qui lui fut alors consacrée on diffusa des extraits de l'émission de 1961 et, en particulier, les derniers instants où je donnais rendez-vous aux spectateurs pour la prochaine éclipse : celle de 1999. Je ne suis pas près de retrouver l'occasion d'annoncer un événement avec une avance de trente-huit ans.

En ces années 1960, ce qui continue à enchanter le public, c'est le catch, ses héros – et d'abord l'Ange blanc, vêtu de blanc et masqué. Les organisateurs avaient eu une idée simple mais efficace. Leurs vedettes portaient des noms mythiques, le Bourreau de Béthune, l'Homme masqué, et ils portaient des cagoules. Le public ne connaissait pas leur visage, ce qui permettait d'avoir, le même soir, un Ange blanc à Biarritz et un autre à Colmar.

Les matchs étaient commentés par Claude Darget, et il faut dire qu'il était irrésistible. Il adoptait un ton noble, des phrases ampoulées : « Cette brute herbivore au front bas va-t-elle venir à bout de l'indigène des Carpathes ? » Distanciation, dérision...

Il commentait aussi l'émission de Rossif, « La Vie des animaux », avec des phrases peuplées de silences : « Ah ! la mangouste prend son temps... pour s'approcher du serpent... Que va faire le reptile ?... Éternelle rivalité... Et la mort est au bout du chemin... » Les gens adoraient ça, et préféraient ces absences d'informations animalières à des commentaires zoologiques dont ils n'auraient rien retenu.

D'ailleurs, dans la vie, Darget adoptait volontiers un parler sentencieux. La dernière fois que je l'ai rencontré, c'était sur le palier du premier étage de Cognacq-Jay. Je monte, il m'arrête : « Va-t'en ! Tu n'as rien à faire dans cette maison, homme libre... Sors d'ici ! Fuis ce repaire de valets et de cireurs de bottes... »

Il avait fait un procès à l'ORTF, où son avancement de journaliste stagnait, et il l'avait gagné, ce qui était très mal vu de l'administration. Il continuait à jouer au tennis, à s'occuper de sa collection de timbres et à promener son chien, nommé L'Arsouille.

Il me faisait beaucoup rire et il y était très sensible. Je le revois au couronnement de la reine Elizabeth, à Londres, en 1953, déclarant dans les couloirs de la pension de famille où nous logions : « Je suis un royaliste français et j'emmerde Sa Majesté la reine d'Angleterre. »

Ses différends avec Léon Zitrone étaient fameux.

On m'affirme qu'il avait réussi à dresser L'Arsouille à pisser sur la porte du bureau de Léon. Il y eut à l'époque un témoin qui a observé jour après jour cette petite guerre, un jeune stagiaire resté très discret : Michel Drucker.

Une anecdote dépeint bien Darget : il était généralement habillé, sous sa veste, d'une chemisette de tennis à manches courtes. Quand il présentait le journal les manches de la veste remontaient, laissant les poignets nus et roses largement découverts. Sabbagh lui fait une réflexion, l'invitant à porter des chemises à manches longues. Le lendemain, il est venu en chemisette, avec des manchettes blanches qu'il glissait au dernier moment sous ses manches de veste, et qui lui couvraient les poignets... Mais, sous sa table de présentateur, il portait des charentaises, ayant expliqué à Sabbagh que l'on voyait ses poignets mais pas ses pieds...

Il m'a raconté bien des histoires, et l'une de celles qui m'enchantaient se passe en 1918.

La nuit, Paris est bombardé par la Grosse Bertha, un canon de trente mètres de long qui envoie ses obus à cent kilomètres, et fera d'ailleurs cent vingt-cinq victimes. Quand l'alerte sonne, on descend à la cave. Ce que font les parents du jeune Darget (il devait avoir alors sept ou huit ans), avec Claude et son petit frère. Son père, M. Savarit, était journaliste à *L'Écho de Paris*, si je me souviens bien. Un obus tombe, on entend un bruit sourd et lointain, alors le papa se lève et injurie les Allemands : « Gueux de Boches ! Chiens de Germains ! Vous frappez lâchement les civils mais on vous reconduira à la frontière, à coups de botte dans le cul ! »

Ces monologues vengeurs enchantent les deux petits garçons. Au point que quand l'alerte sonne à nouveau, qu'ils se retrouvent dans la cave mais que la

Grosse Bertha ne se manifeste pas, bien assis sur une caisse appuyée contre l'un des murs, ils donnent ensemble deux bons coups de tête dans la muraille. Le papa entend le bruit sourd et lointain, se lève et vaticine : « Gueux de Boches !... » Quelle belle séquence !

Cher Darget !

Les Branquignols

Branquignol vient de branque, mot ancien qui signifie bizarre (plus que niais). On n'en connaît pas bien l'origine. Le provençal ?

Ce mot est devenu célèbre en 1948. Le Petit Théâtre La Bruyère, au bord de la faillite, va en effet jouer à bureaux fermés pendant des mois un spectacle musical qui porte ce titre.

L'auteur n'a que vingt-sept ans, il s'appelle Robert Dhéry, il a déjà joué dans une douzaine de films et a mis en scène une bonne dizaine de comédies et de revues au théâtre.

Des comédiens qui arrachent les rires, une musique vivante, des gags visuels, des chorégraphies comiques... c'est le bonheur. La musique est de Gérard Calvi, les paroles des chansons, de Francis Blanche, les danses, de Colette Brosset. Colette est la femme de Robert. Le soir de la première, elle n'est pas là, elle met au monde une petite fille, Catherine. Quant à Robert, il joue ailleurs, dans une pièce de théâtre dont il n'a pas pu se dégager...

Quand on parle du couple, on dit « les Dhéry ». Ils sont inséparables, et leurs réussites sont dues en grande partie à cet amalgame. Leur troupe était le prolongement de leur famille, et, à Londres ou à New York,

Colette apaisait la nostalgie des copains en leur préparant un bœuf en daube ou un cassoulet : il le fallait bien, car pendant cinq ans ce fut le plus long succès international d'une troupe française. Où qu'ils se trouvent, ils recréaient l'atmosphère des villes de province.

Pendant leurs années londoniennes, j'ai eu l'occasion d'aller les voir. Nous faisions souvent, pour la RTF, des « directs » en collaboration avec la BBC.

En 1956, avec mon ami Chatel, nous faisons une émission chez Madame Tussaud (qui se dit en français musée Grévin). L'émission achevée, je vais dîner avec les Branquignols, puisqu'ils jouent avec un immense succès à Londres *La Plume de ma tante*, florilège des meilleurs spectacles qu'ils avaient joués à Paris. (La reine elle-même était venue au théâtre, sur le conseil de sa sœur, et on avait exigé, de sa part, qu'il n'y eût aucune coupure. Pourquoi ? Parce qu'il y avait un sketch irrésistible dont le décor était une pissotière parisienne. Margaret, qui avait vu le spectacle, lui en avait parlé, et la reine craignait d'en être privée par le protocole.)

Je dîne donc avec eux et je leur dis : « Une idée m'est passée par la tête. En allant chez ma mère, à Levallois, j'ai traversé toute cette zone sur laquelle on va construire un grand boulevard périphérique, je suis passé devant une vieille maison miteuse toute noire, le long de laquelle il y avait une superbe voiture américaine blanche. Je me suis dit que ce serait intéressant qu'un des locataires de cette masure fût le possesseur de cette auto. » En fait, il s'agissait vraisemblablement d'une voiture sortie d'un atelier de peinture, à des fins de lustrage. Je raconte les quelques situations que tout cela m'avait inspiré, autour de l'idée « l'habit fait le moine ».

Bonsoir, je vais me coucher, et le lendemain matin je prends le train pour rentrer à Paris. Sur le quai de Victoria Station, je vois Dhéry qui m'attend : « Je ne voulais pas que tu repartes à Paris sans t'avoir dit qu'il faut absolument qu'on fasse ce film. »

Ah ! sacrée nouvelle ! Durant la nuit cette idée simple lui avait fait échafauder quelques gags, et c'est ainsi que nous avons écrit une histoire... par correspondance. Car, après l'Angleterre, ils sont partis pour l'Amérique, mais nous avons continué à nous écrire sur papier avion.

Petit à petit s'est construit un scénario – « La Belle Auto blanche » – que nous n'avons pu tourner qu'en 1961, une fois achevées les tournées anglo-saxonnes. Entre-temps, Robert avait pris des vacances, il était revenu à Paris, et nous avions travaillé ensemble. *La Belle Américaine*, scénario de longue haleine, aura connu des versions fort nombreuses.

Pour moi, ça a été une chose importante. Je dois beaucoup à Dhéry, d'abord parce que si ce film a pu se faire, c'est sur son nom et parce qu'il avait une solide réputation dans le métier, et aussi parce que j'ai beaucoup appris de lui, et d'abord dans les rapports avec les comédiens : comment obtenir d'eux ce que l'on souhaite ? Tantôt par des voies claires, tantôt par des chemins détournés. Je fus frappé par l'œil qu'il avait pour jauger un comédien et deviner ce qu'il pouvait donner. Il y a eu, dans sa troupe, parfois, des acteurs moyens, dont on disait « il est merveilleux » – oui, il était merveilleux parce que Robert suscitait chez lui ce qu'il pouvait donner, le *right man* à *sa right place*.

Ainsi, j'ai eu l'occasion de participer à la création d'un film, du début jusqu'à la fin. J'étais le metteur en scène en second, un peu comme devaient l'être les réalisateurs qui travaillaient avec Buster Keaton. Chaque fois qu'il s'est agi, pendant le tournage, de résoudre un problème, je lui ai toujours laissé la décision lorsque nos avis étaient opposés : dans notre collaboration, il était le chef. Ce n'est pas une chose si exceptionnelle, il y a même aujourd'hui des films réalisés par des paires de frères, si j'ose dire, les Taviani, les Coen, les Dardenne...

Quand on a eu fini le scénario, Robert a douté de la qualité du dialogue qu'on avait écrit. On avait pensé, dans la distribution, à engager Alfred Adam, qui était très ami avec Dhéry, pour tenir le rôle du copain désagréable, jaloux, avec son grand nez. Il me dit : « On pourrait peut-être demander à Alfred de revoir un peu les dialogues. » Adam a repris le texte et amélioré les dialogues – il était auteur dramatique, ne l'oublions pas.

Dans l'équipe, il y avait aussi Louis de Funès. Il était gâté, puisqu'il jouait des jumeaux, deux personnages aussi savoureux l'un que l'autre. Dans les premières versions du scénario, le policier et le contremaître étaient deux personnages sans parenté, intéressants et drôles, bons tous les deux pour de Funès, et nous eûmes l'idée d'en faire deux jumeaux pour l'avoir dans les deux rôles.

De Funès, comme Dhéry, était un homme dont l'œil enregistre tout, voit tout. Je me souviens du jour où nous avons fait les essais de costumes. Quand il joue le contremaître de l'usine, une boîte des années 1950, un peu vieillote, il est habillé comme les contremaîtres de l'époque, avec une blouse grise et un chapeau mou. On essaie une blouse, il se regarde dans une glace. C'est une blouse qui avait, derrière, une martingale. Il dit : « La martingale, on va la baisser de quelques centimètres. » On découd, on déplace, et, brusquement, ça rapetisse ses jambes, sa silhouette, il est bas du cul, absolument cocasse... Il n'y avait que lui, le clown qu'il était, pour deviner l'efficacité de l'opération. Qui aurait pensé à cela ? Il fallait être dans la blouse et, surtout, être de Funès.

Le ménage Pérignon, les héros du film, était formé de Robert et de Colette, et dans le décor de leur chambre trônait la vraie photo de leur vrai mariage. Colette a eu un mauvais jour sur le tournage, mais elle l'a assumé avec courage. Depuis, elle a souvent prouvé qu'elle n'en manquait pas. Au concours d'élégance automobile, elle est traînée, allongée dans l'herbe, par le chien Grospépère (qu'interprétait le chien Gold). La laisse était doublée par un câble d'acier, et c'est une auto qui la remorquait. Elle portait une robe très légère avec un mince rembourrage de caoutchouc. On aurait dû prendre une photo de sa poitrine après le tournage de la séquence...

Il y avait aussi, bien sûr, Carmet et Jacques Legras, Jean Lefebvre, le jeune Piéplu, le bon Fabbri, l'indispensable Rollis, le ministre qu'interprétait Bernard Lavalette, et dans lequel Jacques Chaban-Delmas a cru se reconnaître, et des présences amicales : Jacques Charrier, Pierre Dac... Roger Pierre et Jean-Marc Thibault sont venus chacun tourner un plan. Ils étaient dans l'éclat de leur gloire, et un ami a vu, dans je ne sais quelle ville, à la devanture d'un cinéma, un grand panneau publicitaire ainsi conçu :

Roger Pierre et Jean-Marc Thibault
dans
La Belle Américaine

Un point c'est tout : personne d'autre ! Or on les voyait chacun pendant trente secondes environ !

Pour Serrault, qui joue si bien le clochard, ça s'est passé ainsi. Le scénario était écrit, on était dans la pré-préparation du tournage. Et on commence à parler de Michel : « Qu'est-ce qu'il va jouer là-dedans ? – Le plus simple, c'est de le lui demander. » Un jour, Michel vient nous voir : « Écoute, Michel, on voudrait que tu lises le scénario. Si quelque chose t'amuse là-dedans... » Et on a continué tous les deux à travailler. Au bout de trois quarts d'heure, Serrault nous a dit : « Je veux faire le clochard. » On s'y attendait. Il avait bien raison... Chauveau... ! Veaufroid tu m'appelais... !

Ce type entre deux vins, chancelant et cocasse, il lui a donné, dans une scène, comme il le fait si bien, des accents vraiment émouvants... si émouvants que le personnage que jouait Robert devenait déplaisant, retournant la situation... On a coupé une partie du dialogue au montage pour ne pas bouleverser les rapports entre les personnages.

Le premier titre, *La Belle Auto blanche*, ne nous plaisait pas, et c'est Colette Brosset qui a eu l'idée de ce titre simple et efficace : *La Belle Américaine*, si efficace que l'expression s'est rapidement popularisée.

Un souvenir qui m'a frappé : un jour, tandis que nous écrivions le scénario, Robert me dit : « Je le vois, Louis, il va faire ci, il va faire ça. » Et il me joue de Funès magnifiquement. Je ris, il s'arrête : « Ah ! la vache ! il en a, de la chance, il est petit... » Le cri du cœur ! Buster Keaton est petit, Louis de Funès est petit, Chaplin est petit. Robert est grand. Il m'est arrivé, quand nous tournions des séquences où il y avait plusieurs personnages, de lui dire : « Robert, je ne te vois pas », parce qu'il se recroquevillait un peu au milieu des autres. Comme il jouait le personnage principal, il fallait tout de même qu'on le voie...

Avec son charme et son aisance, Dhéry aurait pu faire une carrière d'acteur tout en finesse au cinéma. Mais il n'y a rien à regretter. Son succès international comme auteur, interprète, chef de troupe et metteur en scène est d'une autre envergure.

La Belle Américaine a connu un grand succès, puis chacun a repris ses activités. Ils s'en allèrent jouer *La Grosse Valse* aux Variétés. Moi, je mis en route pour la télévision « L'Ami public n° 1 », une émission que j'allais faire pendant dix-huit ans ! Bref, nous ne nous étions pas vus depuis plusieurs mois lorsque Dhéry m'appelle :

« Il faut que je te voie. J'ai pensé à quelque chose. Ce serait l'histoire d'un Français venu à Londres à l'occasion d'un match de rugby avec une bande de supporters et à qui il arrive... »

Je le vois déjà, le film. Il s'appellera *Allez France !* Je vois déjà les supporters, je vois déjà Londres visité par Dhéry...

Entre l'Angleterre et lui, c'était une vieille histoire d'amour qui remontait à ses quinze ans. Son papa, meunier à Héry, dans l'Yonne, avait estimé que la meilleure éducation qu'il pouvait offrir à son fils était de lui faire apprendre une langue vivante, et c'est ainsi qu'il l'avait envoyé pour un an à Ramsgate. L'hôte qui l'avait accueilli avait eu une remarquable idée : faire voir à Robert une bonne demi-douzaine de films américains et britanniques chaque semaine. Sans sous-titres, bien sûr ! Il apprendra donc le cinéma et l'anglais en même temps au pays natal de Chaplin et de Laurel. Les Français diront souvent de lui qu'il a le chic anglais et l'humour britannique et les Anglais qu'il a la « french touch » et l'esprit parisien.

Les Branquignols viennent de passer trois ans loin de Londres. Robert sera heureux d'y revenir. Il sait qu'avec la bizarrerie qui règne dans ce pays si proche et si lointain il y a de quoi faire un film.

L'Angleterre, moi, je l'avais découverte depuis quelques années grâce aux rapports que nous avions avec la télévision britannique. Quand j'allais travailler à Londres, je m'efforçais toujours d'y rester au moins une journée de plus – pour le plaisir. Je prenais le plan du métro, et je me disais : Tiens, je ne suis jamais allé dans ce coin-là. Je descendais à la station et je me promenais. Je savais que dans les instants qui suivraient je rencontrerais un type portant un drôle de costume, j'apercevrais une boutique dans laquelle on vendait des choses étranges... Tout était curieux, cocasse. Dans ces années-là, tout se mélangeait, la tradition et le renouveau, le chapeau melon et la minijupe, sur fond de musique des jeunes Beatles. C'était le milieu des années 1960, le *Swinging London*, la ville branchée qu'elle ne cesserait plus d'être. C'est là que nous allions tourner *Allez France !* en 1964.

D'emblée, un embarras : pendant une grande partie du film, le héros, que joue Dhéry, est habillé en policeman. Or, peu de temps avant notre venue, un hold-up s'était déroulé à Londres à partir d'un faux tournage auquel avaient été mêlés de faux policemen. Refus d'autorisation. Nous avons été obligés de voler quelques plans généraux avec une caméra à main et de tourner les scènes de rue à Richmond, une jolie petite ville typique.

Il fallait aussi, sujet oblige, tourner un France-Angleterre de rugby à Twickenham. Or, cette année-là, le match se jouait à Colombes ! On a donc tourné à Colombes des mêlées et des plans généraux en plongée, de telle façon qu'on n'aperçoive pas les panneaux publicitaires français, puis on a fait des plans d'extérieurs à Twickenham et des plans de supporters tricolores pendant un match Galles-France à Cardiff. On a donné tout ça au monteur, et le merveilleux Jurgenson s'est débrouillé !

Le groupe de supporters, disait le scénario, emmenait un coq tricolore (crête rouge, plumes blanches, queue bleue) nommé Popaul. L'ennui, c'est qu'il n'y a pas de coqs blancs en Grande-Bretagne. Il a donc fallu en importer un de France (et sa doublure, au cas où la vedette aurait une défaillance), ce que la douane anglaise n'accepta qu'en contrepartie de l'engagement formel de la production que ces deux volatiles resteraient en quarantaine et n'auraient jamais le moindre rapport avec une poule britannique !

Il suffisait maintenant de peindre la queue de Popaul : ce qui fut fait. La presse, ravie de cet emblème de l'entente cordiale, prit des photos. Hurlements d'une société de protection des animaux : on avait attenté à la santé d'un animal en peignant la queue du coq ! Avant que cela ne prît les proportions d'une affaire d'État, nous avons expliqué que la teinte bleue avait été obtenue à partir du bleu de méthylène et qu'un médicament qu'on utilise sur la gorge d'un enfant ne saurait être considéré comme « mauvais traitement à volaille » !

Autour du coq, la troupe des supporters était assez colorée. Jean Richard, Raymond Bussières, Jean Lefebvre, Robert Rollis, Robert Burnier, Bernard Lajarrige, Robert Destain, et l'indispensable Jean Carmet. Pour leur faire jouer des Franchouillards, il fallait plutôt les freiner que les exciter. Le soir, après le tournage, débarrassés de leurs vêtements et insignes tricolores, ils prenaient leurs quartiers dans un établissement faussement chic de Soho, le Charlie Chester

Casino. Carmet a vite rendu fou le portier chamarré, genre généralissime, à qui il parlait dans un charabia où surnageaient des bribes de français et des relents d'anglais. L'aspect raisonnable, bourgeoisement vêtu, de Carmet ne permettait pas à l'autre de s'en débarrasser si facilement. Alors, dès que le groupe arrivait, l'éblouissant portier se cachait.

Dans les salles de jeux, nos amis avaient vite remarqué que les croupiers lançaient « Rien ne va plus ! » en français, avec un accent charmant. Et quand on entendait : « Qui veut la banque ? », la réponse fusait : « Mon cul ! »

Les comédiens qui jouaient les Anglais étaient parfaits. Abandonnant pour une fois son vrai mari, Colette Brosset devint une exquise petite Parisienne mariée à un lord : lady Brisburn (prononcez Brise Burne, s'il vous plaît).

Un point à noter : au générique d'*Allez France !* apparaît Jean L'Hôte. Un ami extrêmement fin, plein d'idées drôles et qui a été long à faire son trou à la télévision. Il fallait le connaître pour comprendre tout ce qu'il avait en lui.

Il avait écrit plusieurs recueils de nouvelles, et de l'une d'elles, *Le Huguenot récalcitrant*, il avait fait un beau téléfilm, interprété par Jacques Dufilho. Encore un enfant de Saint-Germain-des-Prés, celui-là. Il fallait le voir, dans la vie, hors représentation, en compagnie d'Hubert Deschamps. Ils improvisaient volontiers, pour leur plaisir, pour le nôtre aussi. Un thème revenait souvent : deux frères des Écoles chrétiennes, d'une noble bêtise, évoquant les habitudes douteuses de leurs élèves...

Lhote avait travaillé comme gagman avec Tati. Il nous a donc rejoints, apportant de très bonnes idées. Il s'est bien entendu avec Robert et il a réalisé, plus tard, avec lui et Colette, *La Communale*, une histoire touchante et drôle d'instituteur – adaptation de sa propre histoire familiale.

Un jour, il m'a raconté une histoire en me jurant qu'elle était authentique. Moi, je suis bien sûr que c'était une de ses inventions.

Dans un vieux collège de province, un professeur d'histoire sans autorité est habitué à faire ses cours dans un brouhaha épouvantable. Il le subit, il parle en marchant de long en large, et il raconte le Grand Siècle ou la guerre de Cent Ans, d'une voix monotone.

Un jour, après avoir refermé la porte, il commence à déambuler dans le bruit, comme d'habitude. Brusquement, c'est le silence, un silence complet, comme si les élèves s'étaient figés. Il s'arrête, les regarde et reprend sa marche et son récit. Le bruit reprend aussi. Après ce premier aller, il entame son retour, il marche, et le bruit s'arrête. Il repart, le bruit aussi. Il cherche à comprendre, s'aperçoit que les élèves regardent le sol et découvre un cercle tracé à la craie. Quand il est dedans le bruit s'arrête, quand il le quitte le bruit reprend.

Fatigués sans doute de la bruyante liberté dont ils jouissent, les élèves ont inventé ce procédé cruel qui les amuse. Et le professeur en profite. Il fait son cours, ce jour-là, planté dans son cercle.

Désormais le professeur obéira. Chaque jour, il cherche sa place. Elle se trouve parfois au fond de la classe, parfois derrière les élèves, parfois dans un coin... Il connaît, dans l'humiliation, le plaisir de faire son métier paisiblement.

Mais après quelques semaines les élèves se lassent. Un matin, le prof entre et cherche son rond. Il entoure exactement la base du grand poêle de chauffage.

Et le bruit reprend.

Walt Disney

Mickey et moi nous avons le même âge. J'ai fait sa connaissance grâce à ses premiers dessins animés quand nous avions quatre ou cinq ans, lui et moi. Un an ou deux plus tard parurent *Le Journal de Mickey* et le premier album cartonné. Je me souviens du début : « Mickey, souriceau malicieux, était plongé dans la lecture de *Comment voler* par le fameux Lindbergh. » Tout cela ne nous rajeunit pas, Lindbergh a traversé la mare aux harengs (expression d'époque) en 1927. La chance des personnages dessinés c'est qu'ils ne vieillissent pas. Encore que. Mickey a gardé ses petits gants blancs mais il a perdu sa queue. Moi, ce sont les cheveux que j'ai perdus.

En 1961, le bureau parisien des Productions Walt Disney a proposé à la télévision française un accord pour créer une série régulière. Il y aurait quatre émissions d'une heure par an, constituées par un montage de séquences données gratuitement, avec comme contrepartie la diffusion d'une séquence extraite du prochain film en exploitation. C'était pour la télévision une très bonne affaire : quatre émissions Disney alors qu'aucun extrait n'était jamais diffusé ; et c'était pour Disney une très bonne affaire aussi, car cette position nouvelle à la télé ne pouvait que conforter une image de marque d'exception : jamais Gaumont ou Paramount n'eurent d'émission régulière à la télévision. À la vérité, quand on entendait le nom Disney, on ne songeait pas à la grande maison de production Walt Disney mais à l'auteur, au créateur, au magicien...

« Pierre, ça vous amuse de faire ça ? »

C'est Jean-José Marchand, le responsable de la partie cinéma à la direction des programmes, qui me pose la question. Je réponds oui, bien sûr. Je sens tout de suite l'attrait qu'exercera cette émission, et je sais – c'est pour moi si important – que j'aurai plaisir à la faire.

Il faut trouver un titre. Au pays des gangsters, l'homme à abattre, c'est l'ennemi public nº 1. Considérons que, *a contrario*, l'homme le plus aimé, c'est « L'Ami public nº 1 ». Accepté.

Au bout de quelques émissions, car elles furent vite très populaires, on ne m'appela plus ni Pierre Tchernia ni l'ami public, mais « Oh ! c'est Walt Disney »... J'ai entendu souvent aussi : « C'est le monsieur des enfants. » Il faut dire qu'à la même époque j'ai animé (comme on dit) « Les Jeux du jeudi », émission sympathique, certes, préparée avec beaucoup de cœur par Claude Cobast, mais avec un manque de moyens très manifeste. Très vite elle fut confortée par l'adjonction de Zorro.

« L'Ami public nº 1 » était une émission de montage que je présentais « à l'image », comme on disait. Il y avait, chaque fois, un thème central, et j'en puisais les éléments dans la cinémathèque. Les extraits ne devaient pas être trop longs pour ne pas déflorer le film, pensait la maison Disney ; ils doivent être suffisamment longs pour composer un bon programme, pensais-je.

J'avais dans la place un allié, mieux, un complice, qui devint vite un très grand ami, Georges Guignard, disparu hélas, qui rendait compte à Londres, et, parfois à Burbank (quartier de Los Angeles où se trouvaient les Studios Disney), et, parfois, à Londres. Guignard jouait sur cette dualité, livrant une information, en retenant une autre pour le confort de notre émission et le plaisir du public.

Je n'avais pas à ma disposition que les extraits de films. Il y avait aussi des montages documentaires, ce qu'on appelle aujourd'hui les « bonus » des DVD, où l'on voyait les techniciens au travail. Ajoutons le catalogue de films d'éducation, inconnus des projections publiques et souvent passionnants. Il existe, par exemple, un film de huit minutes, consacré à la prévention de la malaria et au danger du moustique qui la propage, « joué » par les nains de *Blanche-Neige* et destiné à la projection devant des populations analphabètes. C'est d'une efficacité remarquable. Il existe aussi, mais on ne les communique pas, des films d'instruction pour le pilotage des avions de chasse joués par Mickey et Donald, et qui furent très utilisés pendant *World War II*, comme on dit là-bas.

L'un des premiers documents dont je pus disposer, et je l'ai diffusé plusieurs fois, fut « la séquence de la soupe » où Blanche-Neige sert le repas à ses amis les nains. Il n'existe que sous forme de brouillon. La bande-son est achevée : paroles, chanson, musique, bruits, mais l'animation n'est pas mise en couleur. C'est très beau à voir car on sent encore le coup de crayon. L'exécution n'est pas peinte sur Cellulo mais simplement dessinée en noir et blanc sur du papier à dessin. Par moments, on voit, estampée, la marque de fabrique de la papeterie.

Pendant plusieurs années l'émission fut diffusée en noir et blanc, mais quand un sujet est vif, rapide, enlevé, on n'y pense pas. Un souvenir à ce propos :

au début des années 1980, dans le cadre de « Mardi Cinéma », j'ai programmé *Fanfan la Tulipe*, le film de Christian-Jaque interprété par Gérard Philipe, tourné en 1952 en noir et blanc. Il y eut un nombre important de réclamations de spectateurs furieux qu'on ne le leur montre pas en couleurs. Dans leur souvenir, ce film si réussi n'était pas en noir et blanc...

Le courrier qui arrivait n'était pas considérable. En général, des enfants réclamaient telle séquence qu'ils aimaient particulièrement : la tyrolienne des nains, la fabrication de la robe de Cendrillon, Baloo et Mowgli... Une lettre, cependant, revenait souvent. En voici le modèle.

Monsieur,

Avec ma famille nous aimons bien votre émission et nous ne la ratons jamais. Il m'est venu une idée : au lieu de passer un extrait de Blanche-Neige, *passez donc* Blanche-Neige *en entier...*

Eh oui ! C'était une bonne idée, mais jamais les Productions Disney ne nous l'ont proposé. Bien sûr, il n'était pas question pour eux de brader leur trésor ! Ce n'est qu'une vingtaine d'années plus tard qu'on a pu voir un long métrage à la télévision. Il me semble que c'était, sur La Cinq, *Robin des Bois*.

En suivant la vie de l'entreprise Disney, j'ai pu observer la sage méthode qui présidait à la gestion de la mécanique. Il y avait un nouveau dessin animé de long métrage tous les trois ans. Notre émission commença au temps des *Dalmatiens* pour finir avec *Bernard et Bianca*. Les années sans production nouvelle permettaient de faire des reprises et de mettre en place des longs métrages de fiction. La suprématie de Disney s'accommodait parfaitement de ce système, mais, dans les années 1990, est apparue la concurrence des longs métrages de dessins animés venus d'autres sociétés de production, et il a fallu forcer les feux de la machine.

La sortie d'un nouveau dessin animé annuel commence avec *La Belle et la Bête.* S'amorce alors la transformation de la technique, avec l'arrivée de l'ordinateur, qui simplifie les travaux longs et répétitifs.

La même méthode préside aujourd'hui à la vie des cassettes et des DVD. À la sortie d'un DVD correspond une date de disparition, un an plus tard. Il laissera alors place à un autre titre, quitte à être remis en vente quelques années plus tard. Les perspectives, chez Disney, sont toujours de longue durée.

À la fin de l'année 1962, on fêta le premier anniversaire de notre émission. Ce fut l'occasion d'un reportage à Burbank. Comme le voyage était coûteux, il fut décidé d'en tirer le meilleur parti possible. Au reportage « Ami public », furent adjoints trois sujets pour « Cinq Colonnes à la une » : un autre reportage Disney, d'actualité celui-ci, un sujet *Fort Bliss*, un sujet *Las Vegas*. L'équipe augmenta, je fis le voyage avec Averty et un excellent cameraman, Willy Kurant.

Je partis en avance, car je voulais profiter d'un séjour là-bas pour voir certains documents à la cinémathèque. Quand l'Europe avait été libérée, la direction commerciale de Disney avait sélectionné avec soin les films susceptibles d'être exportés : la guerre était finie, il était inutile d'indisposer tel ou tel public. En particulier les Allemands. À ma connaissance, on n'a jamais vu *Der Führer's Face*, qui reçut un Oscar en 1943. C'est Donald chez les nazis. Il se lève le matin, trempe un grain de café attaché au bout d'une ficelle dans une tasse d'eau chaude et marche dans la rue au milieu de maisons dont le toit de travers ressemble à une mèche et qui portent, au milieu du visage, une petite lucarne noire – on dirait une moustache. Tout est hitlérien, c'est une vraie réussite graphique. La dernière image nous montre, en ombre sur un rideau, une silhouette, le bras levé, figée dans le salut du Reich. Non... c'est la statue de la Liberté, c'était un cauchemar...

J'ai vu aussi *Education for Death*, une classe nazie où le professeur et les élèves sont tous de méchants loups. Il y a un mauvais sujet, un dépravé, qui ne comprend rien et qui croit, par exemple, que dans l'histoire du loup et de l'agneau le personnage sympathique c'est l'agneau. Il faut faire son éducation, l'éducation de la mort.

Ce reportage fut l'occasion de se promener dans ce que nous ne connaissons pas en France, un domaine (quel mot employer ?) de studios. Un studio, chez nous, c'est un ensemble de trois ou quatre plateaux au maximum avec quelques dépendances, loges, projection, salles de montage, etc. Là-bas, on entre dans un vaste parc, gardé par des hommes en uniforme et peuplé de bungalows à un étage : salles techniques au rez-de-chaussée, bureaux au premier. Plus loin, vous apercevez un tronçon de rue américaine, un bout de rue de western, les extérieurs de ce pays de soleil qui attendent un tournage.

J'ai été très intéressé par la rencontre de Jimmy McDonald, le spécialiste des bruits. Il avait une formation de batteur et régnait sur les réserves : la quasi-totalité des instruments de percussion européens, africains, asiatiques... et des placards où sont rangés de petits instruments bricolés qui font les *schplounk !* ou les *frrrt !* nécessaires aux bandes de dessins animés. J'ai découvert aussi des partitions où les *splatch !* et les *plouf !* étaient inscrits en barres de mesures.

Ce jour-là, il y avait Clarence Nash, un vieux

monsieur délicieux qui avait été engagé *à vie* par Disney. Il se produisait au début des années 1930 dans un numéro de music-hall, des imitations d'animaux. À la radio, Disney entend un jour un canard comique qui le comble, et c'est ainsi que, du jour au lendemain, Clarence Nash deviendra *The Voice*, le vrai, l'inimitable Donald Duck.

Nous avions prévu deux interviews de Disney : l'une pour « Cinq Colonnes », sur la reprise de *Blanche-Neige* en Europe, et un sujet plus général, une visite, pour mon émission.

Walt Disney nous attendait dans son bureau, au premier étage d'un bungalow. Il était comme sur les photos : la moustache, le sourire, très attentif. Nous ne passerons que trois quarts d'heure ensemble, mais il sera très présent. Accueil cordial, quelques mots en français : « Hello Pierre, bonjour. » Je n'ose pas dire « Hello Walt », et nous convenons de ce que nous allons dire.

Le bureau est bien tel qu'on l'a vu dans l'émission de télé « Disneyland », où il présente des extraits de films : des photos de lui entouré de personnalités mondiales, des Oscars qu'il a gagnés, des décors de sa prochaine production... Ce qui m'étonne, c'est qu'il ne s'y trouve ni cameraman, ni caméra, ni projecteurs, alors qu'il est prévu que, pour cette séquence, le studio fournira le matériel. Quelqu'un s'approche, dit quelques mots à l'oreille du patron : « *Well !* » répond celui-ci en se levant.

Nous sortons du bureau, descendons l'escalier, longeons l'allée, entrons au rez-de-chaussée d'un autre bungalow. C'est un petit studio tout équipé, avec une caméra et des techniciens... Lumière !... et nous voilà dans une réplique parfaite du bureau : les mêmes Oscars, les mêmes photos... C'est là que Disney enregistre chaque semaine les enchaînements de ses émissions et les interviews : il n'y a aucune raison pour qu'on chamboule à chaque fois le bureau du *boss* !

En quittant Burbank, Jean-Chistophe Averty et moi avions encore deux sujets à faire pour « Cinq colonnes » : *Fort Bliss* à El Paso et *Las Vegas*. Fort Bliss était (est peut-être encore...) une grande base de l'OTAN. On y formait des officiers européens au maniement des missiles. Je n'étais pas très réceptif au sujet, mais j'étais enchanté d'être là.

El Paso est situé au bord du rio Grande, à la frontière Texas-Mexique. De l'autre côté du rio, c'est Ciudad Juarez, une ville pleine de dentistes. On est allé dîner là-bas un soir, et on a vu des plaques de dentistes sur toutes les maisons. On nous a expliqué qu'ils sont bien moins chers au Mexique...

Un détail qui a son importance pour moi : lorsque vous quittez El Paso pour vous diriger vers San Francisco par la Butterfield Route, la deuxième étape, c'est Lordsburg, la ville où John Wayne achève sa vengeance dans *La Chevauchée fantastique*... Compris ?

On nous demandait un sujet vivant sur la vie des officiers français et de leurs familles. Ils nous ont vite expliqué que la bouffe n'était pas terrible, qu'ils se promenaient dans des autos américaines gigantesques et que les officiers américains roulaient en Renault. Leurs femmes nous ont parlé des relations qu'elles entretenaient avec les Américaines, qui vivaient dans des maisons où tout est toujours ouvert et qui trouvaient normal d'aller dans les salles de bains des Françaises pour tâter de leur fond de teint. Rien de tout cela n'était très glorieux, et le sujet ne fut jamais diffusé.

Nous sommes en octobre 1962. Les Soviétiques ont installé des fusées à Cuba, la marine américaine prépare le blocus. Y aura-t-il la guerre ? Khrouchtchev et Kennedy vont-ils s'entendre en temps utile ?

En partant pour Las Vegas, nous avons senti une atmosphère pesante. Nous avions une correspondance à Albuquerque, et nous y avons vu des avions militaires dans lesquels montaient des officiers de réserve un peu serrés dans leur uniforme. Les journaux télévisés se terminaient avec l'hymne américain, sur fond de marines, de tanks et de bombardiers.

Quand nous avons atterri à Vegas, on entendait une musique douce, mais douce... Et pendant les quelques jours que nous y avons passés, nous n'avons jamais vu un bulletin d'informations.

Nous en avons rapporté des images rares. Il est strictement interdit de tourner dans un casino à Las Vegas, mais un patron sympathique nous avait autorisés à le faire.

Ce qui frappait le visiteur, c'était le nombre extraordinaire de machines à sous (certaines d'entre elles étaient couplées : deux machines mais une seule manette), il y en avait dans les toilettes, les boutiques... Le plus rigolo, c'était de voir, à huit heures du matin, des dames, un sac à provisions à la main, qui jouaient quelques dollars de plus...

Ah ! j'oubliais : il n'y a pas eu la guerre, cette fois-là.

Jean-Christophe n'est pas seulement le créateur qu'on connaît, il est aussi un grand collectionneur de documents sur l'histoire du jazz. Et ce voyage dans l'Ouest a été l'occasion pour lui de rencontrer de vieux musiciens dans la banlieue de Los Angeles. Ils étaient abasourdis de voir arriver ce Français zozotant qui leur demandait dans quel coupe-gorge ils jouaient en octobre 1927.

L'un d'entre eux a réagi vivement. Il s'appelait Tom Brown. Il a flanqué Jean-Christophe à la porte avec cette phrase superbe : « Quand j'ai mis le pied dans le train de Chicago, en 1916, je ne savais pas que cinquante ans plus tard un emmerdeur me demanderait s'il s'agissait du droit ou du gauche ! »

Deux ans plus tard, une nouvelle émission, annuelle celle-ci : « SVP Disney ». Jusque dans les années 1980, SVP est un organisme privé créé dans les années 1930 et qui renseigne par téléphone les gens qui cherchent à louer un éléphant, à acheter un kayak d'occasion, à dénicher un professeur d'esperanto... Dans l'hôtel particulier où était installée cette entreprise, une trentaine de femmes obligeantes répondaient, jour et nuit.

J'ai proposé de faire, en 1964, une émission en direct, consacrée à Disney et diffusée le jour de Noël en début d'après-midi. En téléphonant, on donnait sa voix à un titre de film, et le plus plébiscité passait à l'antenne. La première émission interactive de la télé, sans doute.

Dès la veille au soir les enfants téléphonaient, et les demoiselles du téléphone (c'est ainsi qu'on appelait les standardistes en 1900), avec rigueur et souci de bien faire, me communiquaient (j'étais à Cognacq-Jay, au studio) leurs totaux (voir Fernand Raynaud : *Le 22 à Asnières*).

C'était, après le déjeuner de Noël, une émission qui rassemblait les familles et qui eut toujours beaucoup de succès. Mais il y avait en France au moins une famille qui détestait cette émission : la mienne, car, le matin de Noël, je quittais toujours la maison pour aller préparer et présenter ce grand direct, et je ne revenais qu'en fin d'après-midi.

Le 15 décembre 1966, Walt Disney est mort. Ce fut une bien triste nouvelle, relayée par la presse du monde entier.

Il y avait deux chaînes de télé à l'époque. Sur l'une d'elles, la première, je crois, on a décidé de passer « L'Ami public n° 1 », qui devait normalement être diffusé quelques jours plus tard. Sur la deuxième chaîne, on m'a demandé de faire, en toute hâte, l'après-midi, un sujet d'un quart d'heure pour le magazine d'actualités.

Un peu avant vingt et une heures, je suis monté à la régie finale de Cognacq-Jay, le cerveau de la maison. Les deux programmes des deux chaînes étaient en diffusion, chacun sur son antenne. Quand le sujet *Disney* du magazine commença, il y eut une seconde d'ahurissement : sur les deux chaînes, côte à côte, il y avait deux Tchernia... Heureusement, je ne portais pas la même cravate.

René Goscinny

« Je me suis permis d'amener un ami. » Cognacq-Jay, hiver 1964-1965. C'est Gus, le dessinateur, habitué des studios de télévision, venu, comme moi, à une réunion organisée par la direction. On a convoqué des chansonniers, des dessinateurs, des comiques. Il s'agit de chercher « en séminaire » des idées d'émissions drôles. Il me présente son ami : René Goscinny. Un monsieur impeccable, costume, cravate, qui fume une Pall Mall en souriant. Je ne vois que le regard vif et le sourire entre deux fossettes. Nous nous serrons la main : je connais *Astérix*, bien sûr, et lui regarde la télévision.

De cette réunion qui rassemble une vingtaine d'amuseurs ne sortira pas une minute de drôlerie : le comique ne jaillit pas sur commande. Son meilleur résultat, et ça en valait la peine, c'est notre rencontre et le début de notre amitié. Nous avons des origines un peu semblables, et les mêmes références : Tex Avery, Zig et Puce, O. Henry, et, chefs de file, Laurel et Hardy.

Très vite, j'ai envie de travailler avec lui. L'occasion est proche. Je propose, pour les fêtes de Noël 1965, de célébrer le soixante-dixième anniversaire du cinématographe (28 décembre) par une émission dont le titre serait « L'Arroseur arrosé ».

L'Arroseur arrosé, c'est le premier film de fiction (cinquante secondes !), le premier film comique et aussi le premier piratage – car Louis Lumière a tout simplement emprunté le gag à un journal pour enfants.

L'émission sera composée de sketches courts et de gags visuels où la situation se retourne, où l'arroseur est arrosé. Pêle-mêle, il y aura une séquence Nouvelle Vague, un film sous-titré, une fausse opérette d'Offenbach, un film sur la Légion, un film classique japonais... Bref, des parodies : cela enchante Goscinny, lui qui use si habilement de références – westerns pour *Lucky Luke*, *Mille et Une Nuits* pour *Iznogoud*... Les deux personnages, chaque fois, seront interprétés par mes chers et indispensables amis, Roger Pierre et Jean-Marc Thibault, qui savent si bien être à la fois inventifs et rigoureux.

Il y aura aussi Marie Dubois, Micheline Dax, Jacques Fabbri, Moustache, Pierre Dac et Georges Van Parys, l'ami fidèle, le grand musicien qui n'aime rien tant que les pastiches. C'est lui qui aménagera la musique de Michel Legrand pour *Les Arroseurs de Cherbourg* (une production Imper Films), qui composera une chanson de tourlourou, *Faut arroser les arroseurs*, et qui s'amusera avec Offenbach pour offrir à Micheline Dax *L'Arroseuse de Gerolstein*.

Il y avait aussi une parodie de Sacha Guitry où Louis XIV (Jean-Marc) conduit par Lenôtre (Roger) découvre les grandes eaux de Versailles :

LOUIS XIV : Ah, comment vous remercier, je tiens tellement à vous, Lenôtre, que je voudrais vous appeler Lemien.

LENÔTRE : Oh, Sire...

LOUIS XIV : Ah çà ! mais craignez-vous donc les gelées... Qui a mis ces tas de fumier sur les roses ?

LENÔTRE : Les tas, c'est moi, Sire.

LOUIS XIV : Ah non, permettez-moi, et pour la première fois, de ne pas être d'accord avec vous : l'État c'est moi...

LENÔTRE *(à la caméra)* : Est-il amusant !

Marie Dubois était une reine de tragédie, et aussi une blonde héroïne de Hitchcock dans un épisode de la série « Alfred Hitchcock présente » (Pierre Dac faisait une imitation du maître), *Les Amours brûlantes.* Elle voulait tuer son mari en l'arrosant d'acide sulfurique.

Mon ami Jean Marsan, de son côté, avait composé une fable de La Fontaine. En voici l'intégrale.

Le Chou et la Mauvaise Herbe

Sa majesté le chou, pommé, frisé, superbe,
Trônait en son potager.
Près de ce monarque une mauvaise herbe
Se balançait au vent léger.
Le chou disait à l'herbe avec désinvolture.
Vous avez bien sujet d'accuser la nature.
Le jardinier vous refuse ses soins,
Autour de mon trognon il sarcle, bine et bêche.
Il m'arrose d'eau fraîche,
Retenez ce dernier point.
Qu'il fasse un peu trop sec, vous mourez de jaunisse ;
Vers moi matin et soir
Volent les arrosoirs.
Vous vivez dans la peine et moi dans les délices.
Votre couche est dure et l'on fait mon lit
De crottin choisi.
Ainsi de son mépris arrosant l'herbe folle
Le chou parlait.
Quand un couteau le coupe. On l'emporte aussitôt,

On le met à la casserole
Avec quelque perdrix pour les moines d'un cloître.
L'herbe continue d'embellir et de croître.
Le chou honteux et confus
Jura, mais un peu tard,
Qu'on ne l'arroserait plus.

J'allais oublier la scène du duel de *Cyrano*. Jean-Marc jouait Cyrano avec une épée creuse contenant un fin tuyau et finissait le combat en envoyant un jet d'eau au visage de Roger. On ne pouvait rater cet à-peu-près :
« À la fin de l'envoi, je douche. »

Quelques mois plus tard, l'ORTF envoie notre arroseur à Montreux représenter la France au festival international de la Rose d'or, festival de variétés où, jusqu'alors, la France n'avait jamais obtenu qu'une mention pour une « variété à scénario » (ça s'appelait « Do-ré-mi » et j'en étais l'auteur). On m'a raconté par la suite que les jurés (des gens de télévision venus de nombreux pays) avaient beaucoup aimé nos plaisanteries, à l'exception des jurés japonais, qui avaient quitté la salle. Il faut dire que les héros d'une de nos séquences consacrée au cinéma japonais, Roger, Jean-Marc et Micheline, jouaient des personnages traditionnels, hiératiques et impassibles, mais les faisaient parler avec un énorme accent marseillais.

Nous sommes des héros : on nous attribue la Rose d'or et le prix de la Presse !

Glorieux, le lendemain, je reviens de Suisse avec l'assez vilain trophée : la Rose d'or. À la frontière, un douanier zélé la bloque, persuadé qu'il s'agit d'or véritable ! Je ne cherche pas à l'en dissuader et je lui abandonne la merveille.

Très fier, j'arrive à Paris, je lis le premier journal

qui me tombe sous la main : trois toutes petites lignes annonçant que la France avait remporté la Rose d'or, sans donner le titre de l'œuvre, sans un nom d'interprète ou d'auteur. Le lendemain, paraît un article sur deux colonnes pour raconter l'incident frontalier... Le fait divers était, pour la presse, nettement plus intéressant que notre victoire.

Encore un jour, et ma femme voit arriver un grand directeur des douanes, la bouche pleine d'excuses et la Rose d'or dans les bras. Je l'ai toujours, dans un placard.

Entre-temps, bien sûr, j'avais fait la connaissance d'Albert Uderzo, le deuxième élément du tandem astérixien. Très différents l'un de l'autre mais unis par le rire et l'amitié. Ils se connaissaient depuis 1952 : ils étaient alors, chacun de son côté, auteurs complets de leurs séries, textes et dessins. Mais Goscinny se sentait surtout maître de la machine à écrire, et Uderzo, plus habile à tenir le crayon. Ils ont eu la bonne idée de s'associer et de se compléter. Ils vont, pendant sept ans, réaliser des séries dont le nom ne vous dit sans doute rien : *La Famille Moutonet* ou *Jehan Pistolet*. Ils commencent à rencontrer le public avec *Oumpah-Pah* (combien de lecteurs de 1958 le regrettent encore !) avant de créer, en 1959, le journal *Pilote* et *Astérix*. Et c'est parti...

C'est en 1968 que j'aurai le plaisir de travailler avec eux. Déçus par un dessin animé d'*Astérix* réalisé secrètement en Belgique sans eux, ils décident d'en faire un autre et se lancent dans une adaptation d'*Astérix et Cléopâtre*. Leur travail fait, ils minutent le scénario : soixante-cinq minutes. Trop court... La bonne distance pour un dessin animé de long métrage, c'est quatre-vingts minutes, il en manque donc une quinzaine. Ils viennent me demander de les aider. Il faut trouver des séquences à incorporer à l'action, mais qui ne fassent pas « rallonge », et j'ai le bonheur de leur proposer des morceaux qui leur conviennent : le bain de Cléopâtre, le gâteau empoisonné, le rêve d'Obélix...

Nous sommes en mai 1968, Anne Goscinny, la fille de René, vient de naître, et il cherche dans tout Paris les bouteilles d'Évian nécessaires aux biberons. Au Quartier latin on crie CRS-SS, et dans un petit patronage de la rue Guénégaud un ami entend des louveteaux qui conspuent leur cheftaine : Cheftaine-SS. À la Maison de la Radio, dans les assemblées générales, les amis se traitent de camarades. À l'occasion d'une réunion de journalistes, Léon Zitrone, prenant un virage vers la gauche, explique sa nouvelle attitude aux membres de la rédaction devant Claude Darget, qui commente la chose, sans rien dire, en retournant sa veste.

Longtemps, dans les années 1960, les directions de la télévision demandaient à René et à Albert d'écrire un *Astérix* spécialement pour la télévision. Idée intéressante mais irréalisable. Ce qu'ils firent, c'est de composer une histoire qui se passait en Gaule dont les héros étaient deux légionnaires. Ce fut *Deux Romains en Gaule* qu'interprétèrent Roger Pierre et Jean-Marc Thibault (Ticketbus et Prospectus) en bute à un décurion odieux que jouait Jean Yanne. Lino Ventura me fit le plaisir de jouer un gag, habillé en Gaulois. Pour qu'Astérix ne fût pas entièrement absent, Uderzo, peintre sur trottoir, dans une rue du village, dessine son héros qui s'anime quelques secondes.

Le premier dessin animé consacré à Lucky Luke, *Daisy Town* (1971), a été réalisé au studio Belvision à Bruxelles. Une fois par mois nous allions, Goscinny et moi, mesurer l'avancement du travail. C'était toujours une heureuse journée de vacances et de bavardages. C'est d'ailleurs au cours d'un de ces trajets qu'est né le projet du *Viager*. J'y reviendrai.

On arrivait à la gare du Midi, on saluait la grande figure de Tintin sur le building d'en face, on respirait une bouffée d'odeur de chocolat venue d'une fabrique voisine, et on retrouvait Morris et l'équipe fort chaleureuse des animateurs et des décorateurs.

Le directeur de production nous fascinait. Il s'appelait José Dutilleu, c'était une force de la nature, d'une robustesse souriante qui lui permettait de travailler douze heures par jour, toujours impeccable, toujours efficace, toujours bienveillant.

René, invariablement, lui demandait de ses nouvelles, et il répondait : « Parfaitement bien. » Suivait la question rituelle :

« Qu'est-ce que vous avez pris, ce matin, au petit déjeuner ?

– Une belle petite cervelle meunière avec mon café au lait.

– Quelle santé ! Toujours gai, toujours souriant !

– Oh ! parfois je suis mélancolique... je m'en vais tout seul me promener dans le quartier où j'allais chercher mon grand-père à son travail.

– Qu'est-ce qu'il faisait, votre grand-père ?

– Il était tueur aux abattoirs. »

Nous allions souvent dans un petit restaurant où nous accueillait, toujours aimable, un garçon sympathique. Un jour...

« Qu'est-ce qu'il y a de bon au menu, aujourd'hui ?

– Je vais peut-être prendre le bœuf en daube, dit Goscinny.

– Ne prenez pas ça, la sauce est très grasse, répond le garçon.

– Alors une belle sole, reprend René.

– Je ne vous le conseille pas, elles ne sont pas fraîches...

– Dites donc, vous, au moins, vous êtes franc !

– Oh ! Ils m'ont mis à la porte, je m'en vais cet après-midi... Alors... »

Oui, alors...

Dans *Bonjour l'angoisse*, plus tard, j'ai reconstitué ce dialogue. Bernard Haller jouait (et très bien) le garçon.

C'est un ami plein de surprises, Bernard. Je me souviens d'un jour de canicule où je lui ai rendu visite, à Paris. Il m'a ouvert la porte avec un passe-montagne sur la tête, une grosse écharpe autour du cou, une veste et une parka sur les épaules, des gants de laine : « Je suis désolé de te recevoir aussi mal, le chauffage est en panne. »

Ce que je sais de lui et que bien des gens ignorent, c'est qu'il fut, vers 1970, la vedette d'une réussite internationale.

Toujours curieux, il avait été l'un des premiers à acheter un répondeur téléphonique (bien pratique lorsqu'on mène une vie d'artiste). Ce qui fut embarrassant, au début, c'est que les interlocuteurs ne connaissaient pas ces appareils, et, interloqués, timides, ils ne laissaient pas de message. Il décide alors de faire des enregistrements plus attirants. Laissant libre cours à sa faconde de fantaisiste, il a ainsi fabriqué des petits sketches d'une minute. Exemple : l'attaque du train par des Indiens. Au milieu des coups de feu, des galopades de chevaux, du sifflement des flèches, on l'entendait expliquer d'une voix haletante sa position périlleuse et l'impossibilité dans laquelle il se trouvait de répondre.

C'était très réussi. Il y avait aussi une querelle de ménage avec insultes, bris de vaisselle et appel à l'aide.

Assez rapidement il se passa ceci : dans un grand hôtel américain, un producteur demande au standard de joindre Bernard. La jeune femme obtient le répondeur et s'amuse beaucoup. Le lendemain, elle refait le numéro et tombe sur la querelle de ménage...

Elle raconta cela à ses collègues, et bientôt, de Montréal, de Tokyo, d'Australie, les standardistes, qui n'avaient pas grand-chose à faire la nuit (et pour qui le téléphone était gratuit), écoutèrent les sketches de Bernard. Ses bandes magnétiques étaient pleines d'éclats de rire interrompus par des déclics de fin d'écoute, et il finit par renvoyer l'express de Sacramento à son terminus.

Carambolages

J'ai été sifflé au festival de Cannes. Je n'étais pas seul en cause. Il s'agissait d'un reproche collectif où j'avais ma part. Cet opprobre avait pour raison la projection du film de Marcel Bluwal, *Carambolages*, en mai 1963.

Gaumont avait proposé à Bluwal de tourner un film que dialoguerait Michel Audiard. Marcel a dit à Michel : « Et si on demandait à Tchernia de travailler à l'adaptation ? » Il a dit oui, moi aussi.

Bluwal s'intéresse à un roman de Fred Kassak, qui porte le même titre (il est « éponyme », j'hésite toujours à utiliser des mots rares – comme disait Carmet : « C'est un mot au-dessus de ma condition. »). C'est l'histoire d'un jeune arriviste qui donne de bons coups de pouce à la hiérarchie d'une entreprise en tuant ses supérieurs l'un après l'autre.

Audiard n'aime rien tant que d'avoir en main un roman à la mécanique robuste, que les gens comprennent bien, pour cette base en béton édifier des façades et des vitrines à sa façon.

Je suis enchanté : depuis 1950, Bluwal a été souvent un bon compagnon, et voir Audiard au travail, comprendre comment il fonctionne, m'intéresse beaucoup.

Commencent alors des séances de travail en commun. On tourne autour du roman et on tourne aussi autour de la constitution de cette équipe de trois personnes qui se forme, difficulté et plaisir renouvelés dans l'exercice des métiers du spectacle.

On cherche, on trouve, on hésite, on revient, et moi j'accumule des notes. Bluwal pense à sa mise en scène, moi, à la construction du récit, Audiard, aux personnages.

Quand il est dans un sujet, bien sûr, il cherche les acteurs, c'est ce que faisaient Prévert, ou Jeanson. Les rôles principaux sont déjà attribués : Jean-Claude Brialy et Louis de Funès. Puis arrive Virlojeux, parce qu'on a besoin d'un homme plus âgé qui lui correspond bien. Il y a aussi Sophie Daumier, parce que Audiard a envie d'écrire un rôle pour elle. Je m'installe chez lui, à Dourdan, en pension... Belle maison, bonne maison, excellente maîtresse de maison, et les deux fils sont charmants. Le matin, je travaille, je rédige les notes de la veille, et l'après-midi on avance tous les trois.

Le premier jour, Audiard me dit :

« Bon, écoute, tout le début, tel qu'on l'a défini, tu l'écris demain.

– Je te fais un résumé ?

– Ah non, tu l'écris !

– Pas les dialogues ?

– Si, si, bien sûr. Tu écris les scènes comme si c'était toi qui en étais chargé. »

Il veut avoir en main un « monstre », c'est-à-dire un brouillon. Ce qui l'intéresse, c'est qu'on lui apporte toutes les précisions nécessaires au récit, tout ce qu'on ne doit pas oublier de dire, de montrer, tout ce qu'on doit préparer. Si, dans une scène, deux bobines plus tard, il y a un quiproquo, il faut que le spectateur soit en mesure de comprendre pourquoi.

En écrivant le dialogue, j'ai trouvé des choses qu'Audiard a conservées ensuite : une réplique qui colle bien avec le personnage, il la garde. Mais il y a aussi bien des scènes que j'ai écrites et qui sont utiles mais plates. Alors Michel ajoute quelques mots, change certaines répliques. Et brusquement ça devient comique, ça devient bizarre. Quand cessera notre travail en commun, il reprendra seul toutes les scènes et écrira l'ensemble du dialogue. C'est un vrai talent de dialoguiste, et celui-ci caractérise le cinéma français. On n'a jamais vu un générique de film américain précisant : « Dialogues de... » Pas plus que dans le cinéma italien : les Italiens se mettent à six pour écrire une histoire, puis le scénario, la *sceneggiatura*, comme ils disent, mais le dialogue ne fait l'objet d'aucun travail spécifique. C'est véritablement quelque chose de très français, qui tient peut-être à notre tradition théâtrale.

Quand le son est arrivé, en 1929, le cinéma français a eu besoin de scénarios dialogués : sur les affiches, on lisait « 100 % sonore et parlant ». On est allé chercher des dramaturges, on a repris les grands succès du théâtre comme *Jean de la lune* et *Les Vignes du seigneur*, mais il fallait aussi des produits frais. La Paramount a créé un service où les auteurs étaient engagés à l'année. De grands scénaristes comme Charles Spaak ou Bernard Zimmer ont écrit leurs propres dialogues, mais il y avait aussi des auteurs habiles à ficeler une intrigue qui manquaient d'esprit pour faire parler les personnages.

Il faut dire que le public français, très vite, s'aperçoit qu'il aime les mots, et il est gâté : chaque année, dans les années 1930 il y a au moins un film de

Pagnol et un de Guitry (de 1932 à 1940, une douzaine chacun).

Deux grands noms vont s'imposer dans la rubrique « Dialogues de... » : Henri Jeanson et Jacques Prévert. Ils vont participer au choix et à l'élaboration des scénarios, bien sûr, mais ils seront réputés pour leurs dialogues, bien différents l'un de l'autre, gouaille mordante pour Jeanson, réalisme poétique pour Prévert.

Ils vont s'attacher à des acteurs, les choisir : Jouvet pour Jeanson, Gabin pour Prévert, Arletty pour les deux. C'est dans leurs traces que marche Audiard.

Il a été attaqué dans les années 1960 par les tenants de la Nouvelle Vague, pour qui il était l'incarnation même d'un cinéma de mots d'auteur et non pas un auteur. Il y eut, entre eux et lui, de beaux échanges d'invectives cependant qu'il écrivait quelques-uns de ses cent dialogues, et même un peu plus (dont dix-neuf pour Jean Gabin).

Il savait parfaitement varier le ton : l'écriture des *Tontons flingueurs* n'est pas celle de *Mortelle Randonnée*. Il est bon, pour saisir Audiard, de lire ses livres, où il était vraiment lui-même, et de le voir passer du ricanement à la mélancolie.

J'ai dû rester quinze jours ou trois semaines à Dourdan, au cours de l'hiver 1962-1963. Ma femme et mes enfants sont venus un dimanche, un peu comme si j'étais un grand malade en convalescence. C'était extrêmement agréable.

Un jour, Audiard me dit : « Cet après-midi, il faut que j'aille à Paris pour voir des trucs. Continue. » Il revient de Paris, le soir : « Demain, on laisse tomber *Carambolages* parce qu'il y a un film qui est en détresse et il faut absolument que j'écrive. Je ne vais pas faire ça tout seul, on va le faire tous les deux. » Le lendemain, on a fermé provisoirement le dossier *Carambolages*, on a travaillé vraiment très sérieusement sur un film dont je ne dirai pas le nom et on a complètement refait des séquences. Elles n'étaient pas mal, ma foi ! Ça nous a fait deux journées de travail très bien payées. Dans ces cas-là, le producteur dans l'embarras est généreux.

Dans *Carambolages*, il y avait un inspecteur de police, Baudu, et la grande joie d'Audiard fut d'imaginer qu'il avait un passé très chargé. Bluwal et moi, on a trouvé cette évolution très intéressante, on voyait ce qu'Audiard allait en faire : un forcené, un ancien flic de la brigade Bonny-Lafont, un nostalgique du temps des baignoires, de la rue Lauriston, l'horrible époque de la fin de l'Occupation. Il fallait un acteur démesuré : Michel Serrault s'imposait. J'ai présenté l'un à l'autre les deux Michel, et leur collaboration a été par la suite tout à fait remarquable : *Garde à vue*, par exemple... Ils sont devenus amis : le dernier dialogue qu'a écrit Audiard, c'est celui du beau film de Jacques Deray avec Serrault et Charlotte Rampling, *On ne meurt que deux fois*.

Ni Bluwal ni moi n'avons cherché à freiner Audiard. Nous fûmes les premiers à lire les vaticinations de l'énergumène Baudu. Le ministère de l'Intérieur trouva ça beaucoup moins drôle... La discussion avec la censure fut difficile. Et il fallut, finalement, diffuser au début du film un avertissement... qui se moquait de lui-même.

Les personnages et les événements de ce film ne sont que le fruit d'une brillante imagination. Si de mauvais esprits s'avisaient d'y découvrir une critique, même nuancée, d'un certain patronat et d'une certaine police, cette opinion serait réputée diffamatoire et impitoyablement poursuivie comme telle.

Cette année-là, le festival de Cannes avait envie d'une comédie, et Gaumont voulait absolument participer. *Carambolages* a fait partie de la sélection. Mais, du coup, ce film n'avait rien à faire là ! On lisait dans le journal *Arts* : « Ce n'est pas un mauvais film, c'est un film déplacé. Comme un chou-fleur dans une exposition de tulipes. » Bluwal, Audiard et moi avons assisté à la projection au rang le plus élevé de l'ancien palais. On était comme trois oiseaux sur une branche sous la pluie. Il y avait des rires très méchants et des Oh... des Ah... terribles. À la fin, le film a été salué par une bordée de sifflets. Le lendemain, Audiard écrivait un article :

Ils ont osé siffler Michel Audiard
par Michel Audiard

Avant de quitter Audiard, une réplique, extraite non pas d'un film mais de sa vie quotidienne. Le 28 avril 1976, dans un salon du George V, nous sommes une douzaine de personnes assises autour d'une grande table ovale. À la fin du repas, Jean Gabin se lève, Michel Audiard aussi. Le premier va remettre au second la médaille de la Légion d'honneur. « Au nom du président... » Gabin lui donne l'accolade et conclut : « Maintenant c'est à toi de parler, t'es dialoguiste, non ? » Michel ne dira qu'une phrase, mais une vraie réplique d'Audiard : « Ce n'est pas un honneur que l'on me fait, c'est une injustice que l'on répare. »

À cette époque-là, j'ai aussi collaboré avec la Gaumont époque Poiré. Alain Poiré, c'est un sérieux morceau du cinéma français. Il avait un grand pouvoir, il était heureux de diriger une vaste écurie d'auteurs et de comédiens. La Gaumont, c'était une usine à films, mais avec la touche Poiré l'efficacité était considérable.

René Clair, que j'avais eu la chance de rencontrer assez souvent, en particulier à l'occasion d'une série d'interviews, lui avait demandé de m'engager pour un mois : c'est ainsi que j'ai collaboré au scénario final des *Fêtes galantes*, son dernier film. D'autres auteurs sont venus, un par un, « faire le mur » (il m'avait dit qu'il souhaitait que je sois le mur sur lequel il ferait rebondir ses balles). Il possédait la structure de son scénario, mais il avait besoin de concevoir certains gags, certaines répliques...

René Clair était ouvert à la critique et attentif à tout ce qu'on pouvait lui apporter. Dans ce cas précis, il voulait raconter la bêtise, la cruauté, l'injustice des guerres, et pour faire passer tout ça il avait choisi une époque, le XVIIIe siècle, la guerre en dentelles... Quatre ou cinq ans plus tôt, on avait vu *La Grande Guerre* de Mario Monicelli, où l'horreur de la guerre se mêlait à des séquences comiques... Et c'était bien plus fort.

Pour moi, ce fut un mois passionnant. René Clair, à l'époque des ciné-clubs, en 1945, ç'avait été une découverte enchanteresse : *Entr'acte*, *Le Million*, *À nous la liberté*, *14 Juillet*, *Fantôme à vendre*... Sans oublier les superbes comédies de son époque « américaine » : *Ma femme est une sorcière*, *C'est arrivé demain*... J'ai toujours été triste de le voir malmené, méprisé par les chroniqueurs des années 1960... J'aime mieux revoir *Le silence est d'or* de René Clair que...[1].

1. À l'heure où nous mettons sous presse, ce titre ne nous a toujours pas été communiqué.

Perce-Neige

Il a commencé en disant : « J'ai une enfant pas comme les autres. »

En ce soir de décembre 1965, Lino Ventura lance son appel à la télévision. Il alerte l'opinion. Bientôt, tout le monde connaîtra Perce-Neige. Deux minutes et demie de grande émotion, et d'une importance considérable. Non seulement en raison de l'argent qui a été collecté et des maisons que, grâce à lui, on a pu faire construire sur le modèle conçu par Lino et sa femme, mais surtout parce que, en s'adressant à tout le monde, Lino parlait aux parents concernés. Le plus horrible, je crois, pour des parents d'enfants handicapés, c'est en effet de se dire : « Il est en bonne santé, je vais peut-être mourir avant lui, je vais abandonner mon enfant. »

Ce soir-là, un homme célèbre, un homme de cœur, envisageait de les aider. Et ce soir-là aussi, des milliers, des dizaines de milliers de gens dont les enfants, eux, étaient comme les autres, ont eu conscience de ces problèmes, de la nécessité de tendre la main.

Lino et Odette Ventura étaient les parents de Linda, une fillette handicapée. Ils connaissaient les problèmes des parents. Lino s'est dit qu'il fallait « faire quelque chose ». Il l'a fait car il savait que l'affection que lui portait le public serait utile à cette cause. Mais il a fallu qu'il surmonte sa pudeur, son orgueil latin, et ce ne fut pas facile.

Aujourd'hui, on parle des handicapés, on les aide. Enfin, un peu. Par exemple, les handicapés moteurs. Il existe enfin des centres où ils peuvent être accueillis, alors qu'à l'époque ce n'était une préoccupation ni pour l'administration ni pour qui que ce soit. C'était aussi le temps où, dans la rue, quand des parents passaient avec un enfant handicapé, un mongolien par exemple, ils voyaient d'autres familles changer de trottoir, comme si le mal était contagieux.

Il fallait donc « faire quelque chose », et quelque chose à la télévision, bien sûr. Lino est allé demander conseil à quelqu'un en qui il avait toute confiance, Michel Audiard. « Je ne connais pas bien la télévision, je ne sais pas comment m'y prendre », lui a-t-il dit. Audiard a dû répondre : « Il faut demander au môme Chernia [c'est comme ça qu'il m'appelait], il va te débrouiller tout ça. » J'ai vu Lino, j'ai dit oui, bien sûr, tout de suite. Mais « tout ça » n'a pas été facile à mettre en route. Le ministère de la Santé publique n'a pas sauté en l'air d'enthousiasme.

Enfin, quand on a obtenu de pouvoir réaliser cette émission, je me suis rendu dans un service de l'ORTF pour convenir des conditions de l'enregistrement, et là, j'ai entendu une secrétaire que je connaissais très bien me dire : « C'est affreux, tous ces enfants-là. On devrait les tuer à la naissance. » Tuer, T-U-E-R. Oui, j'ai entendu ça.

On a reçu énormément de courrier. Je me souviens de ces lettres écrites par des gens de toutes origines, dignes, émus, émouvants : ils racontaient leur propre histoire.

Plusieurs appels à la télévision ont suivi celui de Lino. Il y eut Joseph Kessel, Jeanne Moreau, Jean

Gabin, un récital de Brassens. Jean Gabin était le parrain de la petite Linda : « Vous savez, Tchernia, moi, quand je parle dans mes films, j'ai un dialoguiste. Là, qu'est-ce que je vais dire ? » J'ai répondu : « Depuis trois semaines, je lis des lettres qui sont bouleversantes. Je vous propose d'en extraire quelques paragraphes, et vous les lirez. » C'est ce qu'il a fait. Il a lu ces témoignages émouvants avec une grande simplicité.

Un détail : après sa diffusion, ce petit document a disparu. Qui peut bien le regarder en secret, je ne sais où... ?

Il fallait un nom, ça ne pouvait pas s'appeler Association de défense des enfants handicapés. J'ai dit à Lino : « Il faut un nom simple, un mot, une image. » J'ai proposé Perce-Neige parce que c'est un joli nom, une des premières fleurs à sortir de l'hiver, et qu'il faut faire fondre la neige qui entoure ces enfants, qu'ils quittent l'ombre et le froid.

Quelques mois plus tard, l'association était reconnue d'utilité publique. Lino et Odette avaient gagné.

On a continué à se voir, bien sûr, et pas seulement pour parler de Perce-Neige : en amis.

Je me souviens d'une promenade à Baracé, un petit village de l'Anjou où Lino et Odette avaient leur maison de campagne. Ils s'y étaient installés parce que pendant la guerre, après la mort de son père, Lino y avait été recueilli par un paysan qu'il m'a décrit comme un homme robuste qui fouettait ses chevaux lancés dans la campagne au grand galop, debout dans la carriole. Ce paysan, quand arrive la guerre de 1939, est obligé de se présenter à Angers : on réquisitionne les chevaux pour la cavalerie de l'armée française. Il emmène donc un cheval auquel il tient beaucoup, bien qu'il ne puisse pas se résoudre à penser qu'on va le lui prendre. Enfin, il y va.

Dans une caserne, une longue file de paysans qui attendent de passer devant une commission constituée par des officiers de cavalerie. Chaque paysan présente son cheval, ses chevaux, deux officiers regardent les dents, le derrière ou je ne sais trop quoi, on garde le cheval ou on ne le garde pas.

C'est alors qu'une idée lui est venue : il a sorti de sa poche un petit canif, il l'a ouvert, et au bout d'un certain temps, alors qu'il ne restait plus que cinq ou six chevaux devant lui, il a commencé à donner un petit coup de canif dans le ventre du cheval. Le cheval a rué et il l'a vite maîtrisé. Deux minutes plus tard, il a recommencé. Quand il est arrivé devant les officiers, il a donné un dernier petit coup, et le cheval s'est mis à ruer de plus belle. « C'est un cheval malade, il est fou, je suis bien embêté avec. – Allez hop ! Réformé ! Repartez. » Quelle jolie scène !

C'était un dimanche matin de printemps, il faisait doux, et Lino me racontait, comme ça, avec émotion, des histoires de son enfance. Bien sûr, avant de partir, il avait préparé le déjeuner : une perdrix au chou rouge. Il avait laissé le faitout à feu doux. On revient, on s'apprête à passer à table, il soulève le couvercle : le chou avait rendu toute son eau, une vraie soupe... Il est entré dans une colère ! C'était juin 40, c'était l'incendie de Rome, un moment incroyable ! Plus on riait, plus il hurlait. Son honneur de cuisinier était bafoué. Il faut dire qu'il était bon cuisinier. Ah ! ses pâtes ! Ah ! sa soupe ardéchoise !

Quant à Odette, une fille de pâtissier, elle faisait le plus extraordinaire mille-feuille que j'aie connu... Et j'en ai connu, des mille-feuilles !

Un autre jour, Lino me dit : « Il faut que j'aille à

Saumur, le Cadre noir organise un grand gala pour Perce-Neige. Mais ce qui m'embête, c'est qu'on va me demander de parler, viens avec moi. »

Il n'aimait pas la foule, il n'aimait pas les discours, il n'aimait pas les situations officielles. On regarde le spectacle (toujours magnifique) du Cadre noir, puis nous nous rendons à la sous-préfecture de Saumur pour la réception. Il dit quelques mots et je continue derrière lui pour expliquer l'histoire de Perce-Neige. Remerciements à tout le monde, on boit un verre de champagne, on se prépare à rentrer à Paris par la route. Un monsieur très bien s'approche alors et lui dit : « Ah, monsieur Ventura, c'est une grande joie de vous voir ici, vous savez. C'est une région merveilleuse, extrêmement giboyeuse. Nous avons une belle saison de chasse... Vous êtes chasseur, je pense, monsieur Ventura ? » Et Lino, avec son regard lourd, son visage taillé dans le granit, lui répond : « Non, monsieur, je ne suis pas chasseur. Et je n'ai jamais tenu un fusil à la main en dehors de mes films. » L'autre court encore !

Perce-Neige date de 1965 : bientôt quarante ans. C'est un grand souvenir : je pense que, depuis lors, un peu moins de gens changent de trottoir... Enfin, je l'espère...

La télévision a vraiment été utile à ce moment-là : il était content, le môme Chernia.

« Monsieur Cinéma »

Dans les années 1960 le cinéma français est en pleine dégringolade. En 1957, les écrans de l'Hexagone avaient vu défiler 411 millions de spectateurs. En 1967, ils ne sont plus que 211 millions, et dix ans plus tard ils ne seront que 170 millions.

Responsable ? Le petit écran gratuit (ou presque) à domicile. On ne va plus au cinéma mais on achète des postes : de 1959 à 1969, le parc, comme on dit, passe de 600 000 à 10 millions.

Pour les directeurs de salle comme pour les producteurs, pour les techniciens comme pour les comédiens, la situation est grave.

Il y a pourtant de grands succès en 1966 : *La Grande Vadrouille*, *Un homme et une femme*, *Docteur Jivago*. Mais la télévision diffuse, gratuitement, chaque semaine, les grands films des années précédentes, et sa production propre est tout aussi attractive : « Belphégor », « Les Saintes chéries », « Au théâtre ce soir »...

Le directeur du Centre national de la cinématographie, André Holleaux, rencontre alors Claude Contamine, le directeur de la télévision. Ils constatent les chiffres que je viens de citer. L'avenir est sombre : le cinéma, étranglé, va-t-il cesser de fabriquer ces films dont la télévision a besoin ? Il faut redonner aux téléspectateurs l'envie d'être des spectateurs : la télévision doit aider le cinéma. Et l'on décide de concevoir des émissions de télévision qui donneront envie de quitter son fauteuil pour aller faire la queue aux Champs-Élysées. À cette époque, les jeux sont très populaires : « La Tête et les jambes », « Le Mot le plus long », « L'Homme du XXe siècle »... On fera donc un jeu.

Un jeu dit culturel, où les candidats qui s'affrontent apporteront la dramatisation nécessaire et où l'on présentera des extraits de films nouveaux.

« Pierre, ça vous amuse de faire ça ? – Oui », ai-je répondu. Oui, bien sûr, cela m'enchante même. Et puis je n'ai jamais fait d'émission de jeu. Il faut dire que la notion de jeu, la compétition, tout cela est bien loin de mon tempérament.

Quand je joue à la belote avec mes enfants, il faut toujours me confirmer qu'à l'atout le valet est maître, et qu'à sans-atout le dix passe avant le roi. J'y pense et puis j'oublie, comme dit la chanson.

Je suis même si loin de l'envie de triompher de l'autre que j'éprouve toujours de la compassion pour le perdant... Pendant les années de « Monsieur Cinéma » on a vu passer de nombreux candidats professeurs, instituteurs, et, quand ils perdaient, je pensais à leur retour en classe devant les élèves qui, tous, avaient vu le prof se planter. Ça me navrait. Ce comportement, je n'ai pas le souci d'en faire mystère puisqu'au jeu de *Trivial Pursuit* il y a une question ainsi rédigée : « Quel est le présentateur de télévision qui dit toujours : "Hélas non, monsieur" au candidat qui fait une erreur ? » La réponse c'est... devinez.

Je devais donc m'adjoindre un spécialiste du jeu et une encyclopédie vivante. Pour dénicher le spécialiste, j'ai demandé son avis à Pierre Bellemare, l'homme des jeux. Il m'a donné un conseil dont je lui suis encore reconnaissant : « Tu devrais demander à Jacques Rouland : il adore jouer et il adore le cinéma... »

De Jacques Rouland, je savais surtout qu'il était, dans l'équipe de « La Caméra invisible », l'auteur des situations, l'inventeur des points de départ des sketches improvisés où triomphait Jacques Legras.

Très vite, j'ai découvert que nous pouvions rire des mêmes choses. Et, d'abord, de ce qu'il inventait pour « La Caméra invisible ».

Je me souviens d'une séquence dans laquelle Legras, dans un bistrot, présentait une petite machine. Il y glissait un billet de 50 francs, il tournait la manivelle, il en sortait un billet de 100. Des vrais billets, on pouvait toucher. Mais le plus succulent, ce n'était pas la machine, c'était la tête du client qui regardait. Qu'imaginait-il ? Il tournait la tête, regardait ailleurs, regardait à nouveau et observait les autres. Et chaque inclinaison de sa tête devenait drôle ! Même chose avec certains dialogues qu'avait Legras avec des passants, lorsqu'il les mettait dans l'embarras. Je revois un serrurier à qui il demande d'ouvrir sa porte dont il a, dit-il, perdu la clef. L'honnête artisan avait toutes les raisons de prendre Legras pour un cambrioleur tellement culotté qu'il faisait faire son « travail » par un autre. Les regards, les silences, tout était admirable, parce que la situation était forte et simple.

C'est donc Rouland qui allait mettre au point notre règle du jeu. Passionné de cinéma depuis l'enfance et joueur d'échecs, de cartes, de tennis, il était vraiment pour moi le partenaire idéal.

Quelques semaines avant qu'on ne me fasse cette proposition, j'avais rencontré un grand jeune homme à lunettes portant une serviette de notaire qui avait fondé, avec Alain Resnais, Remo Forlani et Francis

Lacassin, une revue consacrée aux bandes dessinées, et dont le titre, *Giff-Wiff*, rendait hommage à un personnage de la bande de Pim-Pam-Poum. Il voulait que j'écrive pour eux un hommage à Mickey. Au cours des conversations que j'eus alors avec lui (il s'appelait Jean-Claude Romer... et il s'appelle toujours comme ça), je découvris un homme accueillant, attentif, dont la compétence d'historien du cinéma était indiscutable. Amical et scrupuleux, il allait être, jusqu'au bout, le compagnon parfait et rester ensuite, pour moi, un ami tout aussi indispensable[1].

Très vite il nous apparut nécessaire de nous adjoindre une autre personne qui s'occuperait des invités. Ce fut Pierre-Louis. Il avait commencé sa vie de comédien à l'âge de treize ans dans *La Tragédie de la mine*, de Pabst, en 1931, et avait poursuivi sa carrière tout en réalisant trois films et en devenant producteur de radio et animateur de télévision. Il était, surtout, dans la profession, l'ami de tout le monde, et son vrai nom était Amourdedieu.

Au son de la musique de Gérard Calvi, générique du film de Jean Herman, *L'Œuf*, notre émission vit le jour le lundi 4 novembre 1966 sur la deuxième chaîne. J'étais, du même coup, responsable de la soirée cinéma du lundi, et nous n'hésitions pas à diffuser *M le Maudit* ou *Hellzapoppin* à neuf heures du soir en version originale ! Il est vrai que le patron de la chaîne était alors Jacques Thibau, un homme qui avait une haute idée de la télévision.

Au départ, l'émission ne s'appelait pas « Monsieur

1. Jean-Claude a été aussi l'archiviste de « Monsieur Cinéma ». Il a noté que, en vingt-deux ans, pour 704 émissions réalisées, il avait repéré 4 883 extraits de films et rédigé 23 932 questions dont aucune ne fut contestée.

Cinéma ». Elle commença sous un autre nom : « 7e Art, 7e Case ». Il s'agissait d'une sorte de jeu de l'oie dont Jacques Rouland fut le premier à réaliser qu'il était perfectible... Et ce fut « Monsieur Cinéma », le duel entre deux candidats : sept questionnaires de sept questions séparés par cinq extraits de films et l'interview d'un invité. Un gagnant, un perdant, mais parfois deux vainqueurs ex aequo qui se retrouvaient la semaine suivante. Le gagnant pouvait, s'il était très fort, rester dix semaines (au maximum). Claude Blazy resta onze semaines, car à la fin de la dixième les deux candidats furent ex aequo.

Ces candidats étaient recrutés à la suite d'éliminatoires que nous organisions dans différentes régions. On leur posait, par écrit, quarante questions, et on faisait jouer les meilleurs. Leurs réponses nous permettaient de vous faire une idée du niveau de leurs connaissances, car l'important était d'opposer deux candidats de force équivalente.

Un jour, nous eûmes une désagréable surprise. L'un des deux candidats ne savait rien, ou presque. J'étais stupéfait car, aux éliminatoires, il avait assez bien répondu.

« Vous êtes troublé, monsieur, disais-je, c'est normal, reprenez-vous... Je repose la question... »

Rien. Qui avait bien pu être le partenaire de Bourvil dans *Le Corniaud* ? Qui avait pu écrire *La Femme du boulanger* ?...

Il partit assez vite, sans paraître autrement déçu. Deux ou trois ans plus tard, par hasard, dans une rue, Jacques Rouland rencontre ce jeune homme qui lui donne alors l'explication :

« Ce n'était pas moi qui avais passé l'éliminatoire, c'était un copain qui connaissait bien le cinéma. Le jour où vous l'avez convoqué, il avait un examen à passer, je suis donc venu à sa place, comme ça, pour voir... »

Jacques ne lui a pas fait de compliments. À cause de lui, nous avions fait, ce soir-là, une bien mauvaise émission.

On enregistrait le jeudi, on était diffusé le dimanche (car nous avons vite quitté le lundi soir).

Mai 1974, un samedi, veille du premier tour de la présidentielle. On parle des sondages, des chances de Chaban-Delmas... Au marché, une dame m'interroge :

« Alors, demain, qui est-ce qui va rester ?

– Giscard et Mitterrand, d'après ce qu'on dit... »

Et elle de me répondre :

« Mais non, pas ça, votre émission... le gagnant de la semaine dernière, il va rester ? »

Un dimanche, je suis chez moi, je déjeune tranquillement avec ma famille, le téléphone sonne : « Ici la gendarmerie de Versailles – Ah ! Bonjour, Jean », dis-je, persuadé qu'il s'agissait d'une blague de Carmet. Non, c'était bien la gendarmerie de Versailles. « Votre émission vient de passer, il y a quelqu'un qui nous dit que votre nouveau candidat est un escroc recherché par la police. Pouvez-vous nous communiquer le nom et le téléphone de cet homme ? – Je ne les ai pas. Mais si par hasard la scripte de l'émission est chez elle, je vous répondrai dans cinq minutes. » La scripte était là, elle me donne le nom de cet homme et son adresse, un petit hôtel versaillais. Je communique ces informations à la gendarmerie, qui se renseigne. L'hôtelier répond : « Ce monsieur est parti tout à l'heure. Pendant "Monsieur Cinéma" il a pris sa valise... – Il vous doit de l'argent ? – Non, il a réglé sa note. » Le lendemain, ce petit incident a fait la première page d'un journal qui avait réussi à se procurer la photo de l'homme. Quelques jours plus tard, une autre gendarmerie, de je ne sais trop où, reçoit un appel d'un restaurateur : « Allô, il y a une photo qui est parue dans le journal, eh bien ce monsieur est dans le restaurant. Si vous voulez l'arrêter, faites vite. » Les gendarmes sont venus, ils se sont approchés de l'homme, lui ont demandé ses papiers, et il s'est dressé devant eux, outré : « Attention, messieurs, prenez garde ! Vous faites une erreur qui va vous coûter cher. Je suis le général de Boissieu, le gendre du général de Gaulle. » Il avait fait fort ! Renseignement pris, il n'était pas le gendre du général de Gaulle...

Il y avait les candidats et aussi les invités. Vittorio De Sica m'a beaucoup frappé. C'était un homme que j'admirais comme auteur, comme acteur. Il avait un charme infini... et savait fort bien en jouer.

Il est venu un jour de décembre 1971 pour la présentation à Paris du *Jardin des Finzi-Contini*, un film très émouvant, pudique, racontant l'histoire de bourgeois romains juifs pendant la guerre. Je parle du film avec lui, je l'écoute, ravi, et je le remercie de nous avoir rendu visite.

« Vous permettez que j'ajoute quelque chose ? »

Il me quitte des yeux, se tourne vers la caméra du gros plan qu'il avait parfaitement repérée, fixe les spectateurs en souriant, et dit à peu près :

« Mesdames et messieurs, on va présenter mon film dans trois jours, et vous aurez l'occasion le même jour d'aller voir un film avec le merveilleux Louis de Funès. »

C'était *La Folie des grandeurs*.

« C'est un grand comique, peut-être le meilleur. Le film est sûrement très amusant, mais, si vous pouvez, ne négligez pas mon film. C'est un petit film d'émotion, de tendresse... il est plus fragile que l'autre, mais je serais si content si vous y alliez... »

J'aimais aussi recevoir Michel Simon. Un jour, il arrive pour présenter *Blanche*, un film de Borowczyk tourné en extérieurs. Il avait fallu refaire la bande sonore en studio, ce que Simon détestait. Il est grognon : il n'aime pas le film, c'est évident. Je n'arrive même pas à lui faire dire le nom du metteur en scène. Il m'interrompt : « Il y a une question tellement plus importante : la vivisection ! Il y a des animaux qui meurent chaque jour, dans des laboratoires, tués dans l'impunité la plus complète... C'est un scandale ! » Et on a parlé de vivisection : brusquement il était ravi, loin du film, et il m'a dédicacé un livre qu'il n'avait pas écrit, *La Vivisection, quel crime !...*, dont il avait des exemplaires plein ses poches.

Cher Michel Simon, je l'entends encore éclater de rire, un autre jour. « Quand j'entends dire que j'ai été bien dirigé par tel metteur en scène, le rouge de la honte me monte au front, parce que je n'ai *jamais* été dirigé – même quand j'étais soldat de deuxième classe ! » Et il est vrai que quand il était soldat, en Suisse, il avait souvent fait de la prison car il ne saluait jamais les officiers dans la rue : « Je n'avais aucune raison de saluer des gens que je ne connaissais pas. »

Un soir, la souriante Marthe Keller arrive au studio, triste et préoccupée. Elle a passé une mauvaise journée : dans une salle de cinéma, pendant la projection, on lui a volé son sac, ses papiers, ses clefs... Elle est allée à la préfecture de police, les inspecteurs l'ont accueillie avec amitié (« Ah ! la petite demoiselle d'Avignon ! »), elle leur a raconté sa mésaventure et l'inspecteur lui a dit : « Eh oui, on vole souvent les sacs dans les salles de cinéma, et surtout les cinémas d'essai, parce que là les gens dorment. »

À « Mardi Cinéma », un peu plus tard, pendant la

diffusion du film de la soirée, nous avions le temps de parler avec nos invités.

Je revois Paul Meurisse nous racontant une scène qu'il avait vécue. Pierre Brasseur l'invite à déjeuner pour lui faire rencontrer un producteur à qui il voulait proposer un scénario qui leur conviendrait parfaitement.

Généreux, Brasseur a convié ses hôtes dans un bon restaurant et ne lésine pas sur le menu. Le repas est très agréable, mais il faut l'écourter car le producteur a un rendez-vous. Brasseur demande donc l'addition... dont le total le plonge dans l'ahurissement. Trop poli pour témoigner, devant ses hôtes, de son mécontentement, il paie, laisse un bon pourboire et guide les deux autres vers la porte. Sur le chemin, Brasseur repère une table, six convives, belle argenterie, perdreaux truffés, château-latour. Il s'approche, simule un faux pas, s'accroche à la nappe de la table et fait tout tomber, vaisselle et perdreaux. Le personnel, Meurisse, les convives, s'empressent : « Monsieur Brasseur, que s'est-il passé ? » Il se relève, l'œil brillant, et lance : « J'ai été victime d'un coup de fusil ! » Puis, poussant ses hôtes, il passe la porte, impérial.

Le temps a passé, et pourtant je me souviens comme si c'était hier des principaux candidats de l'émission. M. Dufour, un serrurier d'Orléans, qui depuis son enfance recopiait sur des cahiers toutes les informations qu'il lisait dans les journaux et les revues. Sa mémoire fonctionnait comme un ordinateur : question, réponse... Un jour, Mme Goulian, une grande directrice de production du cinéma français qui procède à sa reconstitution de carrière, ne parvient pas à retrouver tous les films auxquels elle a participé. Elle me confie son embarras, et comme j'enregistre le soir même avec M. Dufour, je l'interroge après le jeu. Il complètera la liste en un instant.

Après son triomphe, dans la région d'Orléans, on le faisait venir, le samedi soir, dans les bals, en attraction, et il avait une de ces façons de vous dresser la biographie de Meg Lemonnier ou de Bernard Lancret devant les danseurs émerveillés... D'autant plus émerveillés, d'ailleurs, que s'ils ne connaissaient pas la réponse, la question leur était tout aussi incompréhensible...

Dans les jeux de mémoire, on croise souvent des candidats très forts mais lugubres qui font marcher leur tête comme une machine. Ce n'était pas le cas de Claude Blazy, de Torreilles, dans les Pyrénées-Orientales, un instituteur qui connaissait parfaitement le cinéma mais qui, surtout, était un candidat vivant.

Cela donnait, par exemple :

« Titre d'un film dans lequel Jean Gabin dit à Michèle Morgan qu'elle a de beaux yeux ? » Eh bien, il ne disait pas : « *Le Quai des brumes.* » Il disait : « Je m'en souviens, je l'ai vu avec mon père, comme c'était en plein air, chacun apportait sa chaise, sur la place de Torreilles. Ce jour-là il pleuvait... On se disait : "On ne va pas le voir", et miracle ! la pluie s'est arrêtée à l'heure dite et on a vu le film, que c'était beau, *Le Quai des brumes* ! » Brusquement l'émission devenait beaucoup plus excitante, et il ne le faisait pas exprès. Il était comme ça, joyeux, vivant. Il l'est toujours. Autour de lui, dans le Sud-Ouest, un groupe d'acharnés organise chaque année des joutes d'érudition cinématographique. Il y a là d'anciens candidats et de jeunes amateurs en mal d'émission du même genre.

« Monsieur Cinéma », avec quelques variantes (« Le Dernier des cinq », « Ces messieurs nous disent »), fidèle au jeu de questions, a duré quatorze ans – de

1966 à 1980. Ensuite, pendant sept ans, nous avons continué à servir le cinéma en réalisant des émissions en public, à l'Empire, jouant à des énigmes avec les vedettes invitées. Le temps des mémoires mémorables était passé. Ce fut « Jeudi Cinéma », puis « Mardi Cinéma ». Un soir de juin 1987, je rentre chez moi après un « Mardi Cinéma » diffusé en direct, et ma femme me dit :

« Tu n'avais pas l'air gai ce soir...

– Oui, ça fait deux ou trois fois que... il faut que j'arrête. »

Ce soir-là j'avais fait l'émission comme un travail et non plus comme un plaisir. Or il m'a toujours semblé qu'il est nécessaire, pour le spectacle comme pour la cuisine ou l'amour, de prendre du plaisir si l'on veut en donner aux autres.

J'ai donc arrêté après avoir servi le cinéma pendant vingt et un ans. Servir le cinéma, c'était bien l'objectif de l'émission, tel qu'il avait été fixé en 1966. Et ce qui m'enchante, c'est que, aujourd'hui encore, je rencontre des femmes et des hommes qui avaient huit ou dix ans dans les années 1970-1980 et qui viennent me dire : « "Monsieur Cinéma" et "Mardi Cinéma" m'ont donné le goût du cinéma. »

Qu'est-ce qui peut vous faire plus plaisir que d'avoir été utile ? Nous avons réalisé ces émissions sans faire de cours ex cathedra, en restant souriants et en expliquant toujours qu'il valait mieux aller voir un film de cinéma dans une salle de cinéma qu'à la télévision, que c'était fait pour ça. Je remarque que quand on parle de films nouveaux, aujourd'hui, à la télévision, on commence en général par dire : « Votre film a déjà fait 450 000 entrées en deux semaines. » C'est une information dont je faisais rarement état à l'époque. Il me semblait plus intéressant de parler du film que de son audience..., mais désormais on admire plus le succès que le talent.

Quand François Truffaut réalisa *La Nuit américaine*, il nous fit un grand plaisir. Il voulait que deux personnages de son histoire, l'assistant et l'accessoiriste, que jouent Jean-François Stévenin et Bernard Menez, regardent « Monsieur Cinéma » à la télévision et répondent brillamment au questionnaire avant le candidat interrogé. Avec Jean-Claude Romer, nous avons préparé sept questions à propos de la carrière de Jeanne Moreau. Pour l'enregistrement, je jouais mon propre rôle, mais il nous fallait un candidat. Nous avons choisi un homme qui avait été lui-même candidat à notre jeu et qui avait été, aussi, l'assistant de Truffaut avant de devenir le réalisateur de *Garde à vue* et de *Mortelle Randonnée* : Claude Miller.

Encore un paragraphe : le nom de l'émission « Monsieur Cinéma », c'est Jacques Rouland qui l'a trouvé. Ce faisant, il m'a fait un joli cadeau : « Monsieur Cinéma », dans notre esprit, c'était le titre du gagnant de la semaine, mais, en fait, pour le public, « Monsieur Cinéma » ce fut bientôt moi, et je le suis resté.

Le Viager

L'histoire du *Viager* commence sur un quai de la gare du Nord. J'ai rendez-vous avec Goscinny : comme chaque mois, nous allons à Bruxelles voir l'avancement du tournage du dessin animé *Lucky Luke*. Il fait les cent pas sur le quai, il m'attend avec impatience :

« Crois-tu qu'on ait déjà fait un film sur le sujet du viager ?

– Non, pas que je sache.

– Tu crois que c'est une bonne idée ?

– Excellente. »

En effet, et l'heureuse carrière de notre film l'a prouvé. L'idée lui avait traversé l'esprit la veille à onze heures du soir, mais il avait craint de réveiller mes enfants en me téléphonant !

En deux heures de train, la structure du scénario est née : un homme d'une soixantaine d'années, petit employé solitaire, propriétaire par héritage d'une maison, la met en viager pour s'y retirer. Il fait ça sur le conseil d'un médecin qui le croit très malade et compte bien faire profiter sa famille d'une bonne affaire.

L'écriture du scénario prendra tout de même plusieurs mois.

À Bruxelles, ce jour-là, justement, il y avait Saul

Cooper, le représentant des Artistes associés[1], coproducteurs de *Lucky Luke.* Au cours du déjeuner, Cooper demande si par hasard nous avons un sujet de film.

« Oui, dit Goscinny, un sujet sur le viager.

– Qu'est-ce que c'est ? »

Les Américains ignorent tout de ce système, et il me semble qu'en dehors de la France peu de pays usent de cette élégante spéculation sur la mort d'autrui. Cooper comprend très vite l'intérêt du sujet.

L'aventure du *Viager* fut exemplaire. Cette idée de Goscinny a poussé, vite et bien, comme dans un rêve. Producteur, distributeur : *Tout le monde il est beau, tout le monde il est gentil,* comme disait le titre du film de Jean Yanne sorti presque en même temps que notre *Viager.* Saul Cooper ne s'est préoccupé de ce que nous faisions que pour nous encourager, nous faisant une confiance totale.

Et nous avons donc commencé à écrire *Le Viager,* au début de l'été 1970. Nous nous réunissions chez Goscinny, l'après-midi. J'écrivais au stylo et au feutre d'un côté de la table, lui tapait à la machine. Son bureau était toujours vide. Juste un cendrier, un paquet de Pall Mall, un stylo à bille à plusieurs couleurs et sa machine américaine, une Royale. Il plaçait sur le rouleau une feuille blanche, un carbone et un double de couleur jaune. En faisant cela, il avait comme un air de gourmandise et il souriait, disant : « Où en étions-nous ? » Je pense que l'écriture de ce scénario fut pour lui un plaisir : ne lui permit-il pas de s'évader, pendant quelques semaines, cette année-là, de ses obligations implacables, *Astérix, Iznogoud* et *Lucky Luke* ? Un peu comme des vacances.

1. Société américaine créée en 1919 par Mary Pickford, Douglas Fairbanks, Charlie Chaplin et David Wark Griffith.

Des vacances, nous en avons pris après deux mois de travail commun. Il est parti pour Cannes, moi pour la Bretagne, et nous avons écrit, chacun de son côté, un scénario d'une centaine de pages en suivant le déroulement que nous venions d'imaginer, chacun avec son tempérament.

Au retour à Paris, nous avons mixé ce que nous jugions le meilleur, et nous avons ainsi rédigé le scénario définitif, en ajoutant au récit des détails et des mots qui témoignaient de quarante ans de vie quotidienne en France. Nos souvenirs, qui étaient aussi ceux des spectateurs. Exemple : Martinet est dans sa maison et Galipeau-Darras vient le chercher. Il ferme sa porte à clef, et accroche la clef à un clou. Je ne sais combien de personnes m'ont dit : « Ah ! ça me rappelle tellement mon grand-père qui mettait la clef sous un pot de fleurs, qui mettait la clef sous le paillasson... »

Il y a dans *Le Viager* deux premiers rôles : Michel Serrault et la maison. C'est la maison qui a demandé le plus de recherches.

Dès le début, nous nous sommes dit : l'histoire commence dans les années 1930 et finit de nos jours, en 1971, il nous faut donc trouver une maison qui ait pris une valeur considérable dans l'intervalle. Où ? Réponse : Saint-Tropez, nom magique et international. Dans les années 1930, la petite maison se trouvait dans un coin de campagne perdu, et en 1971 elle figure en couleurs dans *Demeures de rêve*.

J'ai passé, en compagnie de la directrice de production, une semaine dans la région, repérant les extérieurs nécessaires et me promenant avec des directeurs d'agences afin de dénicher l'objet rare. Mais aucune des maisons à louer ne convenait.

Il était nécessaire que l'environnement fût typiquement provençal, que le lieu fût isolé pour évoquer la situation de la maison en 1930, et, bien sûr, qu'on aperçût la Méditerranée. Bref, la quadrature du cercle.

J'étais prêt à regagner Paris et à me contenter d'une belle maison repérée à Tourtour, à trente kilomètres au nord, dans les terres, quitte à la raccorder, au montage, à des vues de mer prises à Saint-Tropez. C'est alors qu'un des « dénicheurs » vint me chercher le matin de mon départ.

Il voulait me montrer une maison qui correspondait exactement, disait-il, à ce que je lui avais raconté, mais qui n'était pas à louer. Il m'emmena par des chemins de campagne sur une colline, au-dessus de la baie des Canoubiers (où se trouve la maison de Brigitte Bardot), et je tombais en effet sur ce que j'avais imaginé.

Un long bâtiment agricole avec un premier étage, une porte cochère, des vignes alentour, et, devant, au loin, la mer... Il y avait même un détail architectural insolite qui répondait au scénario : à l'étage, l'une des fenêtres était une porte-fenêtre dotée d'une modeste barre d'appui. Or Elvire, que joue Rosy Varte, devait tomber. C'était parfait.

Les propriétaires habitaient une ferme, un peu plus loin. Il fallait absolument s'arranger avec eux. Une petite fille me vit arriver et fila vers la maison en criant : « Mémé ! C'est le monsieur de la télévision ! »

C'était bien pratique d'être le monsieur de la télévision. Les gens ont vite confiance, et dans un cas de ce genre, lorsque la production est défaillante, ils savent à qui s'adresser.

La mémé me reçut, m'écouta et me dit de revenir le soir, quand le « patron » serait là.

Le patron fut très accueillant. Je lui racontai le scénario et, croyant l'amadouer, je soulignai le fait que Willy Holt et son équipe, « la déco », allaient, au fur et à mesure de la chronologie de l'histoire, apporter des embellissements. « Là on va construire un petit muret, on va planter des oliviers, repeindre la façade... Tout ça vous restera, bien sûr... » J'entends encore la réponse que me fit M. Tabaron :

« Je veux bien vous aider, je suis d'accord, mais ce que je vous demande c'est que vous me remettiez le bâtiment dans l'état où il est aujourd'hui... Quand je travaille dans la vigne, aux beaux jours, il y a des autos qui s'arrêtent, des gens qui veulent acheter... Mais la maison n'est pas à vendre. C'est là que je range mes machines, mon matériel. C'est un lieu de travail... Ils me font perdre mon temps, ces gens-là... Je laisse traîner exprès des vieux fûts, des vieux pneus, plus c'est encombré et moins ils s'arrêtent... Alors, les embellissements, j'en veux pas. »

Et c'est ainsi que l'équipe de la déco, les peintres, les ensembliers, ont passé plusieurs jours, en fin de tournage, à « désembellir » la maison. J'y suis passé, l'année dernière, c'est maintenant la maison Donadio. Il y a toujours des fûts, des pneus, de vieilles remorques... et puis il y a aussi, toujours, la vigne et la mer.

Pour Michel Serrault, comme pour moi, *Le Viager* était un projet important. Pour moi, parce que, après mes collaborations heureuses avec Robert Dhéry, je me retrouvais réalisateur en titre ; pour Michel, parce qu'il devait se mettre dans la peau d'un personnage principal plus lourd que ceux qu'il avait assumés jusque-là.

Le Viager raconte quarante ans de la vie d'un homme, depuis sa soixantième année jusqu'à ses cent ans, travail excitant pour un acteur, mais délicat à réussir. L'une des premières envies dont me parle Michel, c'est : « J'ai l'impression que si j'avais un nez... » Il avait un nez très fin, et il éprouvait le besoin d'avoir un visage un peu plus épais. C'est ainsi qu'on lui fabriqua des faux nez en caoutchouc.

Nous avions longuement parlé de l'histoire et du personnage. Mais c'est peu de temps avant le début du tournage qu'il m'a posé une question essentielle : au cours de ces années, est-il seulement conscient de ce qui se trame contre lui ? Est-il naïf ou sournois ? J'ai répondu : « Nul ne le sait et on ne dit rien au spectateur, tu joues merveilleusement les personnages ambigus, je te laisse faire... » Cette réponse lui a bien plu, je crois.

Physiquement, les gestes n'étaient pas faciles à imaginer. À soixante ans, ce vieux garçon solitaire est décati : « Je me suis usé tout seul », dit-il. À partir de là, au grand air, il ira de mieux en mieux, mais en même temps il vieillit... Pas commode à conjuguer, tout cela...

Michel aime bien s'assurer d'une référence, non pas pour la copier, mais, pour s'approcher d'une vérité. Avec *La Cage aux folles*, c'est ce qui s'était passé. Il lui avait fallu du temps pour composer le personnage de Zaza. Il me parlait de ses hésitations, jusqu'au jour où il me dit : « C'est Albert. » Parce que Albert Fratellini, le grand clown, jouait souvent sur la piste les travestis extravagants. Ce serait la référence. Que de fois nous avons parlé de cet Auguste admirable qui lui dit un jour : « Les gens croient que c'est une perruque verte qui fait rire, ils se trompent... » Et frappant sa poitrine, il ajoutait : « C'est de là que ça vient. » Pour Zaza, c'était la même chose.

Un jour, Michel me dit : « Pour Martinet, il faut que je pense à ma grand-mère. » Dans sa jeunesse, sa famille habitait le même appartement qu'elle, et avec ses frères et sa sœur ils multipliaient les farces à ses dépens, une femme souriante, gentille, une vraie grand-mère.

Ils avaient bricolé un poste de radio avec un micro et un fil, et pendant les mois qui précédèrent la Libération, ils fabriquèrent de toutes pièces des bulletins d'informations délirants à l'intention exclusive de leur grand-mère, qui vécut ainsi une année complètement inédite et peu connue de l'histoire de France...

« Je l'ai imitée dans la façon qu'elle avait de hocher la tête afin de marquer la bienveillance, de prendre les mains de ses interlocuteurs pour traduire la reconnaissance », a dit Michel.

Il ne jouait pas sa grand-mère, il s'en imprégnait.

On s'est demandé : comment va-t-on l'habiller, Martinet ? Décision capitale. C'est un homme modeste, il a donc une garde-robe réduite. On a décidé de l'habiller d'un costume deux-pièces, veston et pantalon grisâtres, boutonné avec trois boutons, comme ça se faisait de 1930 à 1970... L'important c'est que ça ne fasse pas « chic ». Nous sommes allés chez Traonouez, l'homme qui « habillait » tous les films, mais nous n'avons pas trouvé chez lui ce que nous cherchions, et nous avons donc décidé de faire du sur mesure. Pas chez un grand tailleur élégant, bien sûr, un petit tailleur pour petites gens. Nous apprîmes qu'il se trouvait un magasin parisien – que je ne citerai pas ici – où exerçait encore un tailleur. En effet, dans les entrepôts du grand magasin en question, nous trouvâmes l'homme. Mais il ne coupait plus guère de vêtement, il se contentait de faire des retouches.

Il voit arriver un acteur fameux et un monsieur de la télévision. Nous commençons à lui expliquer ce que nous voulons. Tissus... mesures... premier essayage : Michel enfile la veste et le pantalon, mais ce n'est guère brillant. Alors intervient une courte scène très cocasse.

Le tailleur : « L'épaule, là, tombe un peu, je vais la reprendre.

– Mais non, ne la reprenez pas...

– L'arrondi en bas, je pourrais...

– Ce n'est pas la peine, on le filmera de dos surtout. »

Puis on lui a fait déplacer légèrement les boutons pour que tout aille un peu de guingois, et raccourcir le pantalon. L'homme a dû être abasourdi de notre peu d'exigence.

Quand nous sommes sortis, nous nous sommes dit : « Si on s'occupait tout de suite des chaussures ? » Et nous nous sommes rendus dans un très estimable magasin qui est une sorte de conservatoire des modes disparues.

Une vendeuse, éblouie à la pensée que M. Serrault venait se faire chausser ici, dit :

« Que voulez-vous, messieurs ?

– Nous voudrions des chaussures qui ne marquent pas trop notre époque. Il faudrait qu'elles évoquent les années 1930. Du 42.

Elle nous présente des Richelieu box-calf de la meilleure qualité.

« Non, vous n'avez rien de plus ordinaire ? »

Elle s'en va et revient avec des sandalettes.

« On a ça. C'est un modèle déjà plus simple.

– Ce n'est pas mal, mais c'est encore un peu chic.

– Mais nous n'avons rien d'autre ! »

J'aperçois alors dans un coin des chaussures qui n'étaient même pas en cuir, faites dans une sorte de matière plastique noire : elles avaient des soufflets sur les côtés, comme nous avions vu quand nous étions gosses dans nos campagnes.

« Montrez-nous donc ça ! »

Michel essaie, et là, pour la vendeuse, c'est le coup de grâce. Il me parle à l'oreille :

« C'est épatant... Elles me vont bien, mais je me demande si on ne devrait pas les prendre un peu plus grandes.

– Je vois : un peu clown ?

– Pour ma démarche...

– Oui. Mademoiselle, vous avez du 44 ? »

Elle en avait. Et nous sommes partis, abandonnant cette malheureuse navrée d'avoir vendu à une vedette de cinéma une paire de chaussures lamentables dont la pointure ne correspondait même pas au pied du client.

Si ce tailleur et cette vendeuse lisent ce livre et se reconnaissent, qu'ils sachent que nous les saluons amicalement.

Avec l'équipe, nous avons décidé de tourner d'abord les séquences de la ville de Saint-Trop', puis les scènes de campagne et de bord de mer. Bien nous en prit, parce que si l'avant-dernier jour de juin Saint-Tropez était encore une ville paisible, le 1er juillet, elle devenait intenable, envahie par une masse considérable de voitures arrivées au cours de la nuit charnière entre juin et juillet.

Moteur ! Et c'est parti pour huit semaines, quatre à Saint-Trop', quatre à Paris. On a eu des jours heureux, des jours difficiles, comme dans toute entreprise de spectacle.

« Vous avez dû vous marrer quand vous avez tourné ce film. » On ne se marre pas plus en tournant une comédie qu'on ne pleure en tournant un drame. En tout cas, s'il est quelqu'un qui n'a pas d'anecdotes drôles à raconter, c'est bien le réalisateur. Il est là à animer la troupe, à serrer les boulons, à dire « il n'y a pas de problème » alors qu'il y en a partout... Bref, les cocasseries, ce n'est pas son lot.

Cette année-là, Goscinny prit ses vacances de telle façon qu'il puisse être sur place chaque jour. Présence précieuse : nous pûmes ensemble, et sur-le-champ, aménager des bouts de dialogue, ajouter tels petits éléments afin d'améliorer le film.

Je pus compter aussi sur deux amis. D'abord le décorateur, Willy Holt, que je connaissait depuis bien longtemps : il avait été le collaborateur de Gilles Margaritis à la télévision. Peintre de talent, décorateur de grandes productions, il m'apporta énormément. De même Jean Tournier, le directeur de la photo, que je connaissais depuis le début du Journal télévisé. Il avait été l'opérateur du seul James Bond tourné en France, et je l'avais présenté à Dhéry pour *Allez France !*

À Paris, Gérard Calvi pensait à la musique. Le thème fut léger et tendre : une flûte volant au-dessus de l'orchestre.

Les comédiens, eux aussi, étaient des amis. J'ai vraiment eu autour de moi une troupe chaleureuse : chaque comédien, lorsqu'il partait, après ses jours de tournage, causait un peu de peine aux autres. Ces départs, d'ailleurs, correspondaient aux disparitions des personnages. Il y eut d'abord celui d'Odette Laure, celui de Jean-Pierre Darras, puis vint le tour de Rosy Varte et enfin celui de Galabru. Une belle équipe, aux talents multiples, adroits aux jeux du théâtre, du cinéma et du cabaret-spectacle.

Galabru jouait un grand rôle avec Serrault pour la première fois. Je l'avais connu au concours de sortie du Conservatoire, en 1951. Je savais avec quel talent il allait nous apporter la bonne conscience de l'imbécile : « Faites-moi confiance ! » Pour camper son médecin, il puisa dans son enfance. Il avait un oncle qu'il accompagnait dans ses tournées et qui aurait fait, à l'en croire, un fameux comédien lui aussi. Un jour, ils s'étaient retrouvés tous deux chez un malade. Le docteur s'était fait rassurant : « Vous êtes un jeune homme, vous nous enterrerez tous. » Mais en passant la porte il avait glissé à son neveu : « Il ne passera pas la semaine. » Quand Michel racontait cette histoire, c'était succulent.

Jean-Pierre Darras. On lui avait rarement donné l'occasion, au cinéma, de montrer tout ce dont il était capable. Au théâtre, il avait débuté dans la troupe de Vilar, et avait fait aussi du cabaret. On l'utilisait pour jouer (et il le faisait fort bien) des personnages éclatants, mais il était aussi un merveilleux acteur de composition.

Rosy Varte, futur Maguy, c'était la compagnie Grenier-Hussenot, c'était aussi La Rose rouge. Une comédienne que j'aimais beaucoup, et je savais ce que nous apporteraient sa beauté et son autorité.

Odette Laure, divette de music-hall, détaillant les couplets à la perfection, était aussi fine et nette au théâtre. Il me semble que, du quatuor maudit, c'est elle qui avait le moins de texte à dire. Mais chacune de ses répliques était ciselée, on ne perdait rien.

Yves Robert. J'avais été acteur chez lui à deux reprises. Quand il avait réalisé *La Guerre des boutons*, des copains étaient venus lui prêter main-forte et j'avais fait le garde-champêtre. Puis, du temps de La Rose rouge, en 1953, j'avais joué *Les Bonnes Manières*. Il me rendait la visite et vint incarner une caricature d'officier de marine opportuniste (ce qui ne fut pas du goût de tout le monde à la Royale).

Nous eûmes aussi un tout jeune comédien, à peu près inconnu : Gérard Depardieu. Au théâtre, je l'avais vu dans *Une fille dans la soupe*, puis dans *Les Garçons de la bande.* Il entrait en scène, et brusquement tout le reste s'estompait. C'est ça, la personnalité.

Je le fais joindre, il vient me voir au studio. Je lui dis : « Je serais heureux que tu sois avec nous. » Un tout petit rôle, aux côtés d'un voyou que jouait Jean Richard.

Jean Richard, c'était encore tout un passé d'amitié, c'était la tournée en Allemagne, puis *L'Amiral,* de nombreuses émissions, puis *Allez France !...* Je dis à Depardieu que Jean Richard serait un voyou un peu amorti, que je l'habillerais avec une chemise noire et une cravate blanche, comme les voyous des années 1930. « Comme toi tu es plus jeune et que tu seras son acolyte, pour faire contraste, tu mettras une chemise blanche et une cravate noire. – Alors il faudra m'acheter une chemise. » Il avait des tee-shirts mais pas de chemises... Dans le film, on ne le voit pas beaucoup, mais dans les plans où il se trouve, il est présent.

Il y avait aussi Carmet. Il jouait une « cassure », comme on disait dans le théâtre d'avant-hier, un avocat abruti, minable, un peu crasseux. Ce fut une joie de le voir rejoindre pour quelques jours notre équipe. Je le revois travailler son rôle jusqu'à la dernière seconde avant le tournage. Il avait recopié son texte sur de petites fiches sur lesquelles il portait par ailleurs de mystérieuses indications. Il ne voulait pas en perdre un mot.

(Il aimait tant les mots qu'il détestait le mime. Un jour, un ami l'entraîne à un spectacle de pantomime. Au bout d'un quart d'heure il n'en peut plus. Il se lève et crie : « Plus fort ! » Pas facile d'être aussi drôle avec deux mots !)

Dans les dernières séquences, on voyait apparaître le petit garçon aperçu dans son berceau au début du film : Noël Galipeau, né un 25 décembre, ce qui est économique pour les parents : un seul cadeau pour fêter Noël, sa fête et son anniversaire !

Claude Brasseur a été parfait, bien sûr, un ton différent des autres : il imposait un autre caractère, une autre vérité.

Qui encore ? Il y avait un vieux monsieur et une vieille dame, le grand-père et la grand-mère de la famille.

Elle, ce fut Madeleine Clervanne, qui avait été une excellente Madame Mac-Miche dans le « Théâtre de la jeunesse » de Claude Santelli.

Pour le grand-père, j'ai demandé à Noël Roquevert s'il voulait bien venir avec nous. Il a accepté, il n'avait pourtant que quelques mots à dire. J'ai su par la suite qu'il avait été déçu de sa place au générique. Je n'ai pas eu le temps de m'en excuser auprès de lui : il est mort très vite, ce fut son dernier film.

Une dernière précision : au début du film, une petite fille explique le principe du viager, c'est la voix de Nathalie Serrault, ma filleule. Cependant qu'elle parle, de naïfs dessins d'enfant défilent sur l'écran, ils sont l'œuvre d'un petit garçon de trente-sept ans, Marcel Gotlib.

Voici, en supplément, une petite histoire authentique, rapportée par un ami.

Pour aider une dame âgée, il avait pris un viager dans une petite ville où il avait vécu dans sa jeunesse. En partant en vacances, un été, il décide de faire un détour. Il arrive dans une rue tranquille, par un après-midi brûlant, sonne à la porte, mais la vieille dame n'ouvre pas. Un rideau s'écarte à une fenêtre voisine et une dame lui dit :

« Vous cherchez madame Chouilloux ?

– Oui.
– Elle est au cimetière.
– *(plein d'espoir)* Au cimetière ?
– Oui. Tous les mercredis elle va sur la tombe de son mari. »

Eh bien oui, *Le Viager* fut un film réussi. Et il repasse régulièrement à la télévision. J'ai pris un plaisir tout particulier à aller photographier, à Levallois, la façade du Magic Ciné quand il y fut projeté.

Les années 1970-1980

Nous voici en 1970. Au cours de cette décennie, on va passer de 10 millions à 30 millions de postes de télé. La troisième chaîne vient au monde en 1971, l'ORTF éclate en 1975, et la concurrence approche : Canal+ en 1984, France 5 en 1986, et Bouygues achètera TF1 en 1987.

Ce qui me paraît nouveau, surtout, c'est l'attitude du public devant le poste. Pendant vingt-cinq ans, l'appareil magique avait trôné dans le foyer. On lui accordait une sorte de respect. Or, au cours de ces années 1970-1980, il va devenir le support d'utilisations multiples qui contribuent à le démocratiser.

Il devient l'écran du magnétoscope : le programme au choix. Il me revient la dernière réplique de *L'Avare*, c'est Harpagon qui la lance : « Et moi retrouver ma chère cassette !... » Quelle prémonition ! La chère cassette désormais renferme un autre trésor : un film, et les marchands de vidéos, le samedi, vont louer jusqu'à trois ou quatre cassettes à leurs clients afin qu'ils puissent supporter le week-end ! En semaine, quand les parents travaillent, les enfants utilisent l'écran pour leurs jeux.

Avec le Caméscope, on utilise l'écran d'une autre façon encore. Longtemps les cinéastes amateurs n'avaient guère été en mesure d'infliger à leurs invités plus de quelques minutes de film après le dîner, car la pellicule de film de 9,5 ou de 16 millimètres coûtait cher, et il fallait s'en contenter. Désormais, c'est très abordable, et l'on court le risque, après un bon repas chez des amis, de subir, pendant quarante-cinq minutes et plus, les vacances au Maroc ou le baptême du petit Kevin.

Mais la nouveauté la plus importante, c'est la télécommande. Auparavant, pour changer de chaîne, il fallait s'extraire du divan et s'en aller appuyer sur le bouton si l'on n'avait pas sous la main un esclave (épouse ou enfant) susceptible de le faire pour vous. C'est pourquoi, sans doute, on prêtait davantage attention à ce qui se passait sur l'écran. L'émission avait une petite chance... Maintenant, un simple coup d'œil et clic ! on zappe...

Dans les années, 1970 et 1980, les nouveautés s'appellent « Les Jeux de 20 heures » et « Apostrophes », « Les Dossiers de l'écran » et « Droit de réponse », Gicquel et Mourousi, « Les Rois maudits » et « Le Petit Rapporteur », « Casimir » et « Dallas ».

Pour ce qui me concerne, je l'ai dit, j'ai mis fin à « Monsieur Cinéma » (devenu « Mardi Cinéma ») au bout de vingt-deux ans. L'envie était venue à me manquer. Ce qui étonna. L'administration aimait les émissions « qui roulent bien », et à chaque nouvelle saison on me disait : « On reconduit les moyens. » Ni plus ni moins.

Pour moi, c'était agréable : une équipe qui connaît bien son affaire et un public satisfait. Avec Rouland, nous nous partagions très bien les obligations, et il avait repris « La Caméra invisible » (devenue « La Caméra cachée ») pour faire ce qu'il faisait si bien avec son merveilleux complice Jacques Legras. Cette bonne organisation de notre travail m'avait même permis d'entreprendre, parallèlement, bien d'autres choses...

Dans ces années-là, j'ai ainsi réalisé deux films : *La Gueule de l'autre* et *Bonjour l'angoisse*, et six téléfilms, adapté en dessin animé quatre histoires d'*Astérix*, produit trois séries documentaires et collaboré à la conception du parc Astérix... Ajoutons d'autres activités moins connues du grand public, auxquelles j'ai participé avec ardeur.

La Société des Auteurs et compositeurs dramatiques (SACD), dont j'ai été commissaire puis le vice-président, auprès de mon ami Claude Brûlé, puis enfin président.

Le Forum des images, création de la Ville de Paris, où se fait un travail considérable d'initiation, d'éducation à l'image et au son, cinéma ou télévision et qui propose au public plus de deux mille projections par an.

L'émission belge « Zygomaticorama » où, pendant des années, j'allais entraîner mes amis comédiens et auteurs français dans ce pays où je me trouve si bien.

De temps en temps, tout de même, nous partions vers notre chère Bretagne pour écouter gronder les vagues...

Idéfix

Dans les années 1970, Goscinny et Uderzo décident d'ouvrir leur studio d'animation. Un rêve d'enfant, conçu devant les dessins animés de Disney, prend corps. Ils auront tout sous la main : les ateliers de dessinateurs, les bureaux de la décoration, le studio d'enregistrement pour les voix, les bruitages et les petites formations musicales. Une unité de travail qu'ils s'offrent comme un cadeau. Ils la baptisent Idéfix, du nom du plus menu de leurs personnages, le chien d'Obélix.

J'ai participé au travail de préparation des *Douze Travaux d'Astérix*. Le scénario n'était pas l'adaptation d'un album mais une histoire originale d'après une idée qui leur était venue. René avait rédigé un texte minutieux, dialogues compris. Puis, autour de Goscinny et d'Uderzo, Henri Gruel, le responsable plein d'humour de la bande sonore, Pierre Watrin, le chef de l'animation, et moi-même avons commencé à nous réunir.

Il s'agissait de réaliser le découpage définitif de l'œuvre. C'est ainsi que les personnages, les décors, les situations, prirent place progressivement, chaque plan étant rapidement croqué par Uderzo sur de petits carnets de notes. Il improvisait en quelques secondes, saisissant d'un œil l'organisation de l'espace, la place qu'y occupait chaque personnage.

Ce qu'il reste alors à préciser (et cela ne devra plus changer), c'est le dialogue, autrement dit les mouvements des lèvres d'après le son : on enregistre donc les mots avant de dessiner la bouche. Dans certains studios, on confie cet ultime travail à un spécialiste qu'on appelle le « boucheur ».

Le choix des comédiens était, pour Goscinny et pour moi, une étape passionnante et délicate. Il faut oublier l'aspect physique du comédien et se concentrer sur la voix qui le caractérise. Et il est arrivé que telle voix enregistrée par un très bon comédien soit refusée par les animateurs : ils ne se sentaient pas à l'aise, la voix et l'allure du personnage ne se combinaient pas assez bien à leur goût.

Les séances d'enregistrement étaient joyeuses et délicates. Les comédiens jouaient sans le soutien des dessins, on devait les laisser improviser tout en les tenant dans une ligne générale.

Entre les films astérixiens et les films luckylukesques, il a défilé du bien beau monde dans le studio d'Henri Gruel !

Roger Carel, qui avait à son actif tant de personnages de Walt Disney, fut un Astérix malin et vif ; Jacques Morel, un bonhomme Obélix genre nounours ; Micheline Dax sut camper une Cléopâtre impérieuse à souhait.

Daniel Ceccaldi, Lucky Luke, eut à lutter contre les Dalton – Pierre Trabaud, Gérard Hernandez, Jacques Balutin et Pierre Tornade. Rantanplan, c'était Bernard Haller.

Bien des amis vinrent prêter leur voix : Henri Virlojeux, Odette Laure, Jacques Fabbri, Stéphane Steeman, Jean-Marc Thibault, Ada Lonati (Jolly

Jumper, le cheval, le brave compagnon de Lucky Luke, n'aura parlé qu'une fois, pendant le rodéo de *La Ballade des Dalton* : et c'est Goscinny lui-même qui lui a prêté sa voix.)

Naïfs ou raisonneurs, les imbéciles de Goscinny sont des Augustes qui nous donnent l'heureux sentiment d'être plus malins qu'eux. Rantanplan, Dilat Larat, Averell, nous les aimons. Par exemple, dans *Tortillas pour les Dalton*, Averell, le vorace, est attablé dans une auberge mexicaine. Il dévore une sorte de tartelette fourrée de « frigoles », des haricots rouges.

Il dit, la bouche pleine, à l'aubergiste :

« Comment s'appelle cette croûte délicieuse autour des frigoles ?

– Ça s'appelle un bol en terre cuite, *amigo.* »

Parmi les imbéciles de la série des *Astérix*, j'ai ma place : Uderzo a souvent caricaturé des amis. Et je me flatte d'avoir été particulièrement honoré, puisque je figure dans cinq albums. Cette glorieuse distinction mérite d'être examinée de près.

Si l'on analyse la carrière militaire du Romain que j'incarne d'abord, on s'aperçoit qu'il s'agit d'un benêt qui se révélera également un ivrogne au terme d'une lente déchéance. D'abord membre anonyme de l'état-major de César, il devient centurion et prend alors le nom de Gaspacho-Andalus. On le retrouve sentinelle, il prend une volée de baffes de la main d'Obélix (*Astérix chez les Belges*) et connaît le comble du déshonneur dans *Obélix et compagnie* : hirsute, une amphore à la main, je suis évacué sur un bouclier porté par deux soldats...

Lamentable !... Oui, mais qui me porte ? Goscinny et Uderzo eux-mêmes ! C'est ça la gloire !

Goscinny a travaillé avec de nombreux dessinateurs. Sujets de tous style et de toutes dimensions, illustrations hors-texte de Sempé pour *Le Petit Nicolas*, histoires brèves pour les *Iznogoud* de Tabary, albums complets pour Uderzo et Morris. Pour *Lucky Luke*, Morris avait créé seul les personnages. Goscinny, en collaborant avec lui, sut magnifiquement mettre en valeur la si bonne idée graphique des quatre Dalton aux tailles croissantes (ou décroissantes, selon le sens de lecture).

À propos de graphisme, un souvenir. Je prépare le tournage d'un téléfilm, *La Grâce*, d'après Marcel Aymé, au studio des Buttes-Chaumont, et j'ai besoin d'une photo de l'intérieur d'une église. La plus proche, c'est Saint-Jean-Baptiste, rue de Belleville. Il suffit de demander l'autorisation au curé. Pour faire plus vite, j'y vais moi-même.

Il est dix-huit heures, fin novembre, la nuit est tombée. La rue, commerçante, est animée, mais dans l'église il fait noir. J'entre. Juste quelques ampoules devant le chœur où sont agenouillées deux ou trois personnes. Un peu de lumière aussi autour du présentoir des cierges. Quelques-uns s'y consument, et il m'en arrive un rire d'enfant. Je m'approche : un petit garçon, son cartable à terre, joue avec les cierges. Il les déplace. Il en plante quatre de tailles croissantes : « Regarde, dit-il, c'est les Dalton ! »

Goscinny aimait les imbéciles, il aimait aussi les calembours. Morris ne les supportait pas. Uderzo et Tabary, eux, s'en amusaient. J'en cite deux que j'apprécie particulièrement.

César rend sa liberté à un esclave au visage rougeaud : « César affranchit le rubicond », dit un témoin.

Un esclave numide malmené par un garde romain lui flanque une grande gifle. « On ne parle pas sèchement à un Numide », dit un autre témoin.

C'est l'exemple type d'une des réussites d'*Astérix* : la double lecture. L'enfant lit ce passage, n'en comprend que le sens littéral et passe à la suite. Le papa qui, lui, a une vague connaissance de la Numidie et du Rubicon, explique la plaisanterie à son fils et marque un point.

Un jour il me dit : « Dans mon prochain album il y aura un bateau grec nommé l'*Hypoténuse*, et on verra les officiers dîner au carré de l'hypoténuse. »

L'*Hypoténuse* n'a jamais pris la mer, hélas.

Cet humour, on le retrouvait dans les lettres qu'il adressait à ses amis. Une année, il est venu en Bretagne, dans notre maison, à côté de Pont-Aven, en compagnie de Gilberte, son épouse, et d'Anne, sa petite fille.

J'étais d'autant plus sensible à cette visite qu'il préférait la Méditerranée à l'Atlantique, les villes à la campagne, et qu'il disait volontiers : « La civilisation s'arrête au dernier bec de gaz. » Après trois jours de soleil breton, ils partirent vers celui de Cannes, et de là il nous écrivit :

« Nous sommes revenus Bretons de notre séjour. Gilberte ne parle plus que de bolées de pastis et se promet quand nous serons à Kercannes de faire des galettes au sarrasin-bagnat. Nous avons décidé, aussi, de créer un mouvement autonomiste et de faire sauter un relais de Télé-Monte-Carlo. En attendant, et en l'absence de lit breton, nous couchons dans les placards. »

Goscinny et Uderzo faisaient souvent des tournées

à l'occasion du lancement de leurs albums. Presque à chaque fois, après les discours et les signatures, ils entendaient : « On va vous faire une surprise, on a eu une idée, on va manger du sanglier... » Et cette idée originale se renouvelait à chaque ville, et à chaque ville ils rêvaient d'une omelette aux herbes ou de harengs-pommes à l'huile.

Les agaçait aussi l'« explication » du succès d'*Astérix* par ceci : c'est le nationalisme, c'est le gaullisme... Et Goscinny d'expliquer : le pays du monde où l'on vend le plus d'*Astérix* par tête d'habitant, c'est l'Islande. Alors ils sont gaullistes, les Islandais ?

Astérix est entré dans le *Petit Larousse*, et ses deux auteurs aussi. Par-delà la mort de Goscinny, le succès a continué. Uderzo a composé cinq albums, écrits, dessinés et publiés sous le label « Albert-René ».

J'ai été très heureux de constater l'énorme succès remporté par les films que Claude Zidi et Alain Chabat ont réalisés. J'ai rencontré Alain il y a trois ans, et il m'a dit :

« On vient de me proposer de réaliser le second *Astérix* : j'ai accepté.

– C'est un bon choix, tu vas le faire très bien.

– Tu sais que je ne trahirai par Goscinny... »

Il ne l'a pas trahi, loin s'en faut. Par la suite, Chabat m'a demandé de dire le commentaire du film, comme hier dans les dessins animés d'*Astérix*, et cela m'a fait très plaisir.

D'ailleurs, vingt ans plus tôt, Chabat aurait travaillé à *Pilote*, l'esprit des Nuls en est tout proche. C'est un journal qui a bouleversé la façon de rire. Goscinny m'a dit un jour à quel point il était fier de l'avoir créé et pu offrir, grâce à lui, aux dessinateurs et aux scénaristes, une liberté inconnue de la génération précédente.

J'ai vu Goscinny quelques jours avant sa mort. Il sortait de l'hôpital où il avait subi des examens. Il plaisantait, souriant comme toujours.

« Le médecin m'a interdit de fumer. Je dois prendre un médicament, une pilule quotidienne jusqu'à la fin de mes jours. Je lui ai dit : “Docteur, vous croyez que je peux en acheter deux flacons ?” »

Je ne suis pas sûr qu'il ait entamé le second. Il est mort en pédalant sur un vélo sans roue, sous les yeux de sa femme : il faisait le test de l'effort dans une clinique. Le cœur a lâché. C'était un samedi matin, le service de réanimation était fermé.

C'est comme ça que nous avons perdu René Goscinny.

Les Gaspards

Dans le scénario du *Viager*, il y avait une séquence de visite des catacombes qui n'a finalement jamais été tournée. Pour la réaliser, j'avais consulté un album de cartes postales représentant le sous-sol de la région parisienne : aussi bien les catacombes que les égouts et les champignonnières.

La dernière carte était extraordinaire : elle représentait une carrière de gypse dans laquelle on faisait des extractions et dont le plafond se trouvait à 16 mètres, une cathédrale ! Je me suis dit que ce serait excitant de tourner dans un lieu pareil.

Le thème du film est venu de là : un ministre des Travaux publics, d'une activité fébrile, ouvre des chantiers dans tout Paris. Mais un groupe d'amateurs de silence et de musique, qui vit dans le sous-sol, s'oppose aux travaux de toutes ses forces. Un libraire paisible se trouve être le témoin, et la victime, de ce combat.

J'ai dit à un journaliste : « C'est un reportage imaginaire à la suite de personnages que j'espère cocasses en des lieux qui me paraissent curieux. »

Ce scénario, je l'ai un peu, très peu, écrit avec Goscinny. Il était pris à ce moment-là par pas mal de choses. Quand je lui ai parlé de cette histoire, il m'a dit oui affectueusement, mais le sujet, je l'ai senti, ne lui plaisait pas vraiment. Je l'ai tout de même informé de ce que je faisais, et il m'a aidé de ses conseils. Au stade du montage, il m'a proposé des aménagements et des coupures bien choisies. Nous avons, à cette occasion, retrouvé le producteur du *Viager* : Saul Cooper avait entre-temps créé Les Films de la Seine, il était désormais producteur indépendant. Pour lui, *Les Gaspards* étaient la suite logique de l'aventure du *Viager*. Il s'est associé avec une femme très chaleureuse qui aimait bien le cinéma, Albina du Boisrouvray. Ma collaboration avec Cooper fut une belle histoire d'amitié, même si, malheureusement, ce ne fut pas une très bonne affaire. Je le regrette d'autant plus que la confiance qu'il m'a témoignée aurait mérité d'être mieux récompensée.

Le titre n'a pas aidé le film. *Les Gaspards*, ça n'attire pas, et, si on se renseigne, ça attire encore moins :

« Ça veut dire quoi, *Les Gaspards* ?

– Les rats.

– Oh ! il y a des rats ! Quelle horreur ! »

Or il n'y en a pas, ni une souris, ni un mulot, ni un Mickey, pas une queue de rat...

J'ai écrit les quatre principaux rôles en pensant à des comédiens précis, et ils ont répondu présent : Serrault, Galabru, Noiret, Denner.

Les deux Michel faisaient partie de la troupe ; j'avais souvent rencontré Noiret ; Denner, c'était autre chose. Ce comédien me frappait. J'avais envie de le voir jouer le ministre, j'avais envie aussi de le connaître, de le voir vivre pendant quelques jours.

Je l'ai joint, il habitait Levallois-Perret.

« Pourrais-je vous rencontrer ?

– Oui monsieur. »

Il était très poli, un homme réservé, même un peu

mystérieux, une sensibilité attentive, un grand respect des autres...

« Voulez-vous qu'on se rencontre chez vous ?

– Non, voyons-nous dans un café.

– Place Pereire, au Royal ?

– Très bien. Prenons rendez-vous. »

On prend rendez-vous, j'arrive en avance, je l'aperçois de loin, je me réjouis déjà de le voir traverser la place Pereire. « Asseyons-nous. – Non, marchons. » On passe par la porte Champerret, on entre dans Levallois, je lui dis : « C'est là que j'ai vécu pendant vingt ans de ma vie. » Ça a peut-être arrondi les contours. On a marché longtemps, je lui ai expliqué ce que je voulais faire, pourquoi, comment. Il écoutait avec une attention studieuse. Puis il est parti avec le scénario. Et il a dit oui.

La troupe est constituée : en route pour le... sous-sol. La vraisemblance de notre histoire était menacée sur un point : l'action se déroulait à Paris, or il n'y a jamais eu, sous Paris, de tailles de gypse de 16 mètres de haut... Nous avons tourné à Livry-Gargan, où les camions de matériel pénétraient sans souci jusqu'au pied de la caméra. Au mois d'août, il faisait une chaleur étouffante, mais, en sortant de la cantine mobile pour descendre dans les sous-sols, nous enfilions des anoraks.

L'équipe technique était constituée par les amis du *Viager*, et le directeur de production, Miller, n'était autre que le jeune Claude Miller.

Carmet était marchand de vin dans la vraie cave de chez Legrand, Hubert Deschamps improvisait des répliques tout droit sorties des Saintes Écritures, Pierre Destailles faisait du vélo, et Annie Cordy m'avait fait un cadeau : il y avait dans la coproduction une petite participation belge, et Annie, venue d'outre-Quiévrain, avait accepté ce petit rôle. Chantal Goya, alors mère de deux enfants, jouait une toute jeune fille, Henri Poirier tenait le rôle de M. Pommier, et il y avait aussi Carel, Hernandez, Musson, Meunier, Muller, Demange, Gerando et, bien sûr, Rollis. Il y avait aussi Daniel Ivernel, magnifique comédien que j'avais vu à sa sortie du Conservatoire dans *Peer Gynt*, l'année où concouraient Sophie Desmarets, Michel Bouquet, Gérard Philipe... Il était tout content de jouer ce petit rôle parce que le scénario lui plaisait.

Gérard Depardieu est venu lui aussi, mais il n'avait que quelques jours à nous donner car une semaine plus tard il attaquait *Les Valseuses*.

Cette histoire bizarre prit les gens à contre-pied : comment imaginer que l'on pût préférer vivre dans le sous-sol alors que notre civilisation s'est reconnu un dieu tout-puissant, le Soleil ?

Il y eut tout de même un petit public enthousiaste aux yeux duquel *Les Gaspards* sont un film-culte : les « explorateurs urbains ». Amoureux de Paris, ils passent leurs loisirs sous la capitale, jouant à cache-cache avec la Brigade d'intervention en carrières souterraines. Pacifiques, baladeurs, ils aident à l'occasion les administrations en signalant un danger d'éboulement ou une fuite d'eau...

Ce film est un peu leur emblème. Ils le montrent aux groupes souterrains étrangers, *Cave Clan* en Australie, *Infiltration* au Canada, par exemple. Ce qui les frappe, m'ont-ils dit, c'est que certains passages du film sont tout à fait prémonitoires, alors que je les avais inventés de toutes pièces à l'époque.

Ce fut un bel album d'images, la barque dans le tunnel du canal, les machines de chantier écrasant le massif de fleurs, la traversée du lac souterrain...

Et tout cela avait commencé avec une carte postale.

Marcel Aymé

« Il y avait à Montmartre, au troisième étage du 75 bis de la rue d'Orchampt, un excellent homme nommé Dutilleul qui possédait le don singulier de passer à travers les murs sans en être incommodé. »

Ce sont les premières lignes d'un conte de Marcel Aymé, « Le passe-muraille », qui donne son titre au recueil. Un vieux copain de classe, Claude Michel, m'avait dit quelques jours plus tôt : « Mon père a acheté un livre vachement marrant, je vais te le passer. »

Ces premières lignes m'ont tellement frappé ! Je les ai lues et relues avant de me plonger dans la suite. La tranquillité de cet énoncé, ce fantastique quotidien, c'était pour moi une chose toute nouvelle. Je n'aurais jamais pensé qu'on pût mettre en scène les descendants du Chat botté au 75 bis de la rue d'Orchampt.

Après avoir dévoré « Le passe-muraille », j'attaque le deuxième titre du recueil, « Les Sabines », dont l'action commence aussi à Montmartre.

« *Il y avait à Montmartre, dans la rue de l'Abreuvoir, une jeune femme prénommée Sabine, qui possédait le don d'ubiquité.* »

Ubiquité ! Le *Petit Larousse* me faisait un clin d'œil.

Tous les contes du recueil sont des enchantements. Et le dernier attire également l'attention, mais pour une autre raison.

« En attendant », c'est l'histoire pleine de tendresse, de force, de haine, de treize personnes qui font la queue devant une épicerie, au cœur de l'Occupation. Le livre a paru en 1943. Chacune raconte ses malheurs, sur un ton différent, chacune a son histoire, une pauvre histoire. La plus courte tient en sept mots : « Moi, dit un Juif, je suis juif. » Je ne connais pas d'autre ouvrage de l'époque qui ait parlé de cette tragédie et l'ai fait si simplement, si clairement. La censure n'a pas réagi, puisque le livre a paru. Un censeur, ça ne comprend pas tout.

Très vite je me suis mis à fureter chez les marchands de livres d'occasion au marché de Levallois, sur les quais. Il me fallait lire tout ce qu'avait écrit Marcel Aymé, c'est-à-dire dix-huit livres, y compris *Les Jumeaux du diable*, dont il avait interdit la réimpression. Tout m'émerveillait : *Travelingue*, *La Jument verte*, les *Contes du chat perché* (dont j'apprendrai plus tard que Delphine et Marinette, les petites filles, étaient des personnages de l'entourage de l'auteur).

Ce que j'ai aimé, chez Aymé, c'est la liberté, la fantaisie, mais aussi la tendresse pour les humbles, la hargne pour ceux qu'il appelle souvent les *grossiums*, et le style. Quand on parle du dessin d'Hergé, on dit « la ligne claire ». Marcel Aymé, lui, a le style clair, une réalité où se glisse, léger, l'humour. Il a dit :

« ... Je pars sur des données imaginaires avec une conscience paisible et une foi robuste dans la vérité du dénouement, de sorte qu'en achevant la nouvelle j'ai le droit (parce que j'ai été réaliste tout le temps) d'ignorer les absurdités auxquelles j'ai feint de me laisser aller. »

Quoi de plus réaliste qu'un homme qui devient femme douze heures par jour, qu'un antiquaire qui vend des bottes de sept lieues ou qu'un employé de bureau que Dieu coiffe d'une auréole ?

Pour la télévision j'ai eu le plaisir de réaliser quatre de ses contes : *Le Passe-Muraille*, *La Grâce*, *Héloïse* et *L'Huissier*. Le héros, chaque fois, est un être ordinaire plongé dans une situation extraordinaire. Et ce héros, chaque fois, fut interprété par Michel Serrault. On a dit que j'étais obligé de l'employer parce qu'il détenait des documents accablants sur mon attitude pendant l'Occupation. Pure méchanceté : j'avais douze ans. J'emploie Michel tout simplement parce qu'il est le meilleur. Il est l'interprète idéal des personnages de Marcel Aymé. Sous son aspect bonhomme, il cache des trésors de violence et de tendresse, de folie et de banalité, de fourberie et de candeur, comme si tout ce que l'homme a de bon et de mauvais s'était réuni en lui. Il nous mène de la réalité au fantastique en jouant de l'atout majeur de nos métiers de menteurs : la sincérité. La sincérité dans le jeu, mon fils Jean-François, âgé de six ou sept ans, l'a définie simplement à propos des spectacles de son âge : « Les mauvais clowns, ils font exprès de tomber. »

Ces sujets fantastiques nécessitaient des trucages vidéo mais il y eut aussi des trucages simples. Dans *La Grâce*, l'auréole qui suivait parfaitement tous les mouvements de tête du héros était tout simplement une couronne de contreplaqué peinte avec de la poudre argentée manipulée par l'excellent Deshartis, directeur du Théâtre du Luxembourg, sur un fond de velours noir. (Quelques années plus tôt son père avait réalisé une marionnette à gaine à mon effigie qui apparaissait dans une émission, en direct, réalisée un soir au jardin du Luxembourg par Alexandre Tarta et où je devenais marionnette grâce aux soins diligents de Guignol et de ses amis.)

J'ai eu l'occasion aussi, pour Antenne 2, de réaliser en studio, sans public, *Lucienne et le boucher*. Il y avait là une jolie distribution : Andréa Ferréol était éclatante et cruelle, entourée de Michel Aumont, Bernard Fresson, Daniel Ceccaldi, Sonia Vollereaux...

J'avais conservée la structure théâtrale en quatre actes, et Georges Lévy avait réalisé de beaux décors qui glissaient, en suivant l'action, d'une comédie villageoise à une réalité dramatique. Je retrouve une petite note destinée à la presse :

« La littérature classique nous a donné l'habitude de voir les feux de l'amour enflammer des cœurs de rois. Phèdre dit d'Hippolyte :

Je le vis, je pâlis, je rougis à sa vue

Lucienne, elle, dit au boucher :

Elles sont fortes vos mains, elles couvrent tout un bifteck.

Nous sommes passés d'un palais grec à une boutique de province mais c'est une même passion funeste qui anime ces deux héroïnes. »

J'y avais joint une introduction à la pièce écrite par Marcel Aymé lui-même pour la création, en 1948. Il disait qu'elle représentait pour lui un théâtre de sensations « destiné à établir entre les personnages et le spectateur un contact direct, immédiat ».

Je ne résiste pas au plaisir de citer les dernières phrases :

« Quelles qu'aient été mes intentions, une chose est sûre, c'est que *Lucienne et le boucher* est une pièce hautement morale. L'adultère et ses terribles conséquences y sont représentés sous un jour bien propre à décourager les mauvaises tentations. De ce point de vue, le besoin se faisait justement sentir d'une telle pièce. On ne saurait trop la recommander à l'attention des jeunes femmes, des jeunes filles et des organisations de spectacles de patronage. »

Quand, par la suite, apparaissait une œuvre nouvelle de Marcel Aymé, j'étais un peu agacé de voir les gens en parler comme si on se mêlait de « ma » découverte.

Un jour, en 1953, en Bretagne, arrive chez Paul Guimard et Benoîte Groult, nos amis et voisins, un homme pour qui j'avais beaucoup d'admiration : Antoine Blondin. Je savais qu'il était lié à Marcel Aymé, et d'ailleurs celui-ci, dans la revue *La Parisienne*, écrivait, de temps en temps, de courts textes très drôles qui racontaient une biographie imaginaire d'Antoine.

Très vite, avec Blondin, nous avons commencé à jouer au petit jeu des citations de Marcel Aymé, et, afin de ne pas nous isoler des autres et, parler tranquillement, nous avons pris rendez-vous pour le lendemain dans le bistrot du port de Port-Manech, *Chez Job*. Ce jour-là, j'ai constaté, et avec quel émerveillement, la vivacité d'esprit de Blondin.

Je suis assis face à la porte de l'établissement et je lis *Le Vieil Homme et la mer*, nouveauté de l'époque. La radio diffuse une vieille chanson d'Édith Piaf, *L'Accordéoniste*. Antoine ouvre la porte, il est à trois mètres de moi. En trois secondes, il lit le titre du livre, il entend la chanson, et dit : *Le Vieil Air et la Môme*, improvisant une parfaite contrepèterie.

Et la conversation s'est prolongée jusqu'à une heure avancée de la nuit.

J'en profite pour rapporter une autre citation de Blondin. Le même lieu, quelques semaines plus tard. Nous sommes sur le quai. C'est la fin de l'été : on charge les autos, on ferme les villas, on ouvre la chasse. Un coup de fusil retentit.

« Quclquc hôtelier qui présente sa note », dit Antoine.

Autre souvenir, l'année suivante peut-être... Un soir de première aux Trois Baudets. En vedette, pour la première fois, Raymond Devos. À l'entracte, comme toujours, des bonjours interrompus par d'autres bonjours qui vont l'être à leur tour : le brouhaha, l'écume.

Dans ce vacarme, voici qu'apparaît Blondin. Il me cherche, m'attrape : « Viens, Marcel est là, je vais te présenter. » Nous fendons la foule avec peine et apercevons Marcel Aymé, le visage levé, les yeux mi-clos par les lourdes paupières. Antoine me présente.

Marcel Aymé me dit bonjour et je murmure une phrase banale. Je sais bien qu'il parle peu, et moi je suis intimidé comme je l'ai rarement été. Le silence va s'installer, heureusement la sonnette de fin d'entracte nous sauve, lui, Antoine et moi. La foule nous sépare...

Il n'y a pas que les grandes douleurs qui soient muettes.

En 1967, Marcel Aymé meurt. Je suis le cortège au cimetière de Montmartre. À la sortie je parle avec

Raymond Devos. Il est onze heures et demie. De l'école voisine monte la clameur heureuse des sorties de classe. Une voix claire crie : « Chat perché ! »

Qui a dit ça, à ce moment-là ? Delphine ou Marinette ?

La Gueule de l'autre

Le producteur de cinéma Alain Sarde avait eu de nombreuses conversations avec Jean Poiret. Il voulait lui faire tourner un film, un film que Jean écrirait, réaliserait, jouerait... Le projet prit corps, ce serait l'adaptation d'un spectacle de théâtre créé par Poiret et Serrault : *Opération Lagrelèche.*

Jean vient me voir, me parle de ce sujet et me demande si je veux bien travailler à l'adaptation. Oui, bien sûr, avec joie.

Ce n'est pas la première fois que je m'apprête à collaborer avec lui. Nous nous connaissons depuis la retransmission du Tabou, en 1953, vingt ans plus tôt, et en relisant un bref extrait de leur premier texte je réalise à quel point, d'un coup, Poiret et Serrault avaient soudé leur duo, créé son style, sa vérité. C'était *Le Retour de Jerry Scott.* Poiret interviewait un acteur français qui venait de faire une grande carrière aux États-Unis et de triompher dans *Une vie de Chopin*, où il interprétait le personnage de son enfance à sa mort.

« Qu'est-ce que tu fais pour donner l'apparence d'un enfant, tu te recroquevilles ?

– Non, c'est un trucage à base de glaces déformantes. Ils arrivent à me réduire.

– Uniquement avec des glaces déformantes ?

– Oui, ils me réduisent à ça. Je suis un peu plus large que nature, je suis même trois ou quatre fois plus large.

– Évidemment, ce qu'on perd en hauteur on le regagne en largeur.

– Il faut bien le mettre quelque part. Ça fait un enfant bizarre, mais enfin, un enfant quand même... Il joue dans les allées d'un square avec son cerceau.

– Un cerceau ovale ?

– Oui, il subit aussi la transformation.

– Tout est déformé...

– Tout est déformé, sauf la vie de Chopin qui ne change pas. Et il va découvrir sur un tas de sable un tambour qu'un petit camarade a laissé là.

– C'est son premier contact avec la musique ?

– C'est la révélation.

– Il doit y avoir une scène merveilleuse à jouer ?

– Il y a trois pas à jouer, extraordinaires, quand il va vers ce tambour. Il y a un élan vers le tambour, une marche au tambour. Il le prend contre sa petite poitrine et il se met à improviser avec ses petites mains.

– Ses petites mains déformées...

– Tout est déformé.

– Et il compose comme ça, d'instinct ?

– C'est sa première œuvre, son premier nocturne pour tambour. »

Dès le début de leur travail commun, j'ai été, comme tant d'auteurs et de comédiens, émerveillé par la nouveauté de leur manière, l'aspect moderne de leur jeu et le formidable aplomb avec lequel il donnait de la vérité à ces folies.

Ils ont souvent participé avec moi à « La Boîte à sel », à « La Clef des champs » et aux émissions de fin d'année. Quand Henri Spade a repris, pour une courte saison, ses célèbres « Joies de vivre », il m'a fait l'amitié de m'en confier une, et mes deux amis sont venus m'apporter un filet garni gagné à la tombola du Paradis de la ménagère, dont M. Petit-Lagrelèche (Serrault) était le directeur, habillé de son célèbre smoking à pantalon trop court.

Cela faisait allusion à un spectacle de music-hall que nous avions composé ensemble en 1959 pour l'Alhambra, gigantesque salle de spectacle située à la République et démolie depuis. Ils y avaient repris le sketch du tournage d'un film auquel ils mêlaient des spectateurs pris dans la salle, et entraînés de force par Serrault.

Nous avions aussi conçu ensemble une émission de fin d'année, « Noël à Paris », la visite du chef d'un État minuscule, ami de la France qui arrivait chez nous pour un voyage éclair en plein week-end de Noël, et à qui on faisait visiter une charcuterie fine parce que le Centre atomique de Saclay était fermé. On lui organisait un gala minable auquel participaient Robert Dhéry, Colette Brosset et Pierre Étaix. Ce fut une émission assez réussie, dont les bobines, elles aussi, ont disparu.

Le thème d'*Opération Lagrelèche* était le suivant : à Hollywood, un acteur très fameux meurt subitement, il faut garder la nouvelle secrète et trouver au plus vite un sosie. On trouve un imbécile et... Etc.

Première observation. Comme nous n'aurons jamais les moyens d'évoquer Hollywood, et qu'il faut tout de même un minimum de réalisme, nous décidons de situer l'action à Paris, dans le monde de la politique : un homme politique se fait remplacer par son cousin en cas de danger. Et nous commençons à travailler. Un jour, Jean revient et me dit : « Écoute, Pierre, je n'ai pas envie de réaliser ce film. Je n'ai pas envie de prendre sur mes épaules cette contrainte quotidienne, et tout cela pendant plusieurs semaines.

Veux-tu assurer toi-même la réalisation et que nous continuions à travailler ensemble à l'adaptation ? – Oui, bien sûr. »

J'aimais beaucoup les séances de travail avec Jean Poiret. Le regard bleu, la bouche moqueuse, il avait une faculté d'invention, un « pouvoir d'humour » étonnants et c'était aussi un être d'une politesse et d'une bienveillance parfaites. Il venait chez moi en début d'après-midi avec une boîte de petits fours. Vers dix-sept heures mes enfants revenaient de leurs cours, ma femme servait le thé – ou plutôt « les thés », car c'était la mode nouvelle des thés à la pomme, à la framboise, et pourquoi pas à la patate, à la citrouille... On ouvrait le paquet de petits fours, et Jean commençait à dire des énormités vraisemblables.

Cela fut une des grandes joies de ma famille : rire à domicile en compagnie de Poiret, de Carmet ou de Serrault tout en sirotant des boissons diverses (car le thé n'était pas la seule ressource de la maison, oh non !).

Le tournage de *La Gueule de l'autre* fut très agréable pour moi : Jean était toujours présent, tout ensemble acteur et dialoguiste, et quand il avait une idée nous en parlions, puis nous adaptions le texte.

Michel et Jean ont fait beaucoup de films où ils ont joué tous les deux, mais c'était la première fois qu'ils jouaient dans un film écrit et dialogué par Poiret. La dernière aussi, hélas. Ce que j'ai fait de bien, je crois, c'est que je n'ai pas tourné plan par plan les scènes où ils étaient ensemble. Je les ai tournées à deux caméras, ce qui permettait de travailler au montage tout en les laissant complètement libres : ils pouvaient se déplacer, improviser, assurés qu'ils étaient de conserver la continuité de l'humeur et du rythme.

Michel interprétait les rôles de deux cousins. En

général, dans les films de sosies, il y a un brave naïf malmené par un salaud. Là, les deux cousins étaient profondément médiocres. L'un était plus cruel, l'autre, plus bête. Il y avait de subtiles différences dans le jeu de Serrault qui permettaient d'identifier les deux personnages.

Alain Sarde, avait mis l'affaire en route. Le producteur délégué était Robert Dorfmann, un grand bonhomme du cinéma français...

J'ai beaucoup de respect et d'affection pour lui. Quand j'étais adolescent, le producteur était un personnage mal vu. Grosse auto, gros cigare. On racontait une plaisanterie attribuée à Malraux : « Les producteurs roulent en Cadillac, ils ne prennent jamais le métro parce qu'il faut payer le ticket comptant. » Quand j'ai commencé à fréquenter ces milieux, j'ai rencontré des producteurs passionnants. J'ai fait la connaissance du grand Mnouchkine quand se tournait *Si tous les gars du monde...* à Concarneau, avec Christian-Jaque. Il m'a dit avec son grand charme et son accent russe : « Je suis producteur, donc je suis analphabète : je confonds l'Unesco avec Ionesco... » J'ai travaillé et suis resté l'ami d'Alain Terzian avec qui j'ai fait *Bonjour l'angoisse*.

Robert Dorfmann a travaillé avec nous sur le scénario définitif. Nous avons soigneusement relu tout le texte ensemble. Il fit des remarques très judicieuses, mais ne chercha jamais à imposer son point de vue. J'imagine le travail qu'il a dû faire sur *Le Corniaud* ou *La Grande Vadrouille*.

Il avait été le producteur de *Jeux interdits*, interprété par une stupéfiante petite fille de trois ans et demi, Brigitte Fossey, et réalisé par un homme que l'on oublie un peu trop : René Clément. Le film fut présenté à la Mostra de Venise. Il avait eu du mal à boucler son budget, il avait connu des difficultés toute sa vie, et les vaincre était un de ses plaisirs. Il apprit, à la fin de la journée, qu'il allait recevoir le Lion d'or pour *Jeux interdits*. Sa première réaction fut de se dire : Si je gagne, il faudra absolument que je donne une réception. Or il n'avait pas un sou. Il a alors emprunté une certaine somme d'argent et a été la jouer au casino. Et il a gagné ! Un grand producteur.

Dans *La Gueule de l'autre*, il y a un personnage dont on pense que c'est un ancien nazi, un rôle bref, mais il fallait que ce soit quelqu'un de dur qui le tienne.

« Que penseriez-vous de Curd Jürgens ? me dit Dorfmann. – Bien sûr, Robert, mais vous n'aurez pas les moyens de le payer pour venir jouer trois jours. – Je le connais, je l'ai rencontré. » Et on a eu Curd Jürgens. Ce n'était pas indispensable au film, mais c'était mieux. Et Dorfmann ne cédait pas là-dessus.

« Bonjour la télé ! »

« Bonjour la télé ! » C'est le titre d'une émission d'après-midi qui était diffusée quatre fois par semaine, me semble-t-il, et qui était composée d'interviews de témoins de la télé des années 1950 et de la rediffusion d'une grande émission de l'époque. J'y égrenais des souvenirs en compagnie d'un autre présentateur, Frédéric Mitterrand, qui avait quinze ou seize ans de moins que moi et qui gardait donc en mémoire des sentiments différents des miens sur des sujets semblables. Faut-il ajouter qu'il s'agit d'un homme d'une grande culture, d'un être profondément aimable ? Et j'y suis extrêmement sensible. La vie est trop courte pour s'asseoir pendant une heure à côté de quelqu'un avec qui on ne partagerait ni un sandwich ni une opinion.

Je m'y suis fait un ami, Michel Royer. Il est arrivé avec une chevelure tricolore et un petit livre épatant, sûrement épuisé, *La Télé des allumés*. Avec deux amis de son âge, il y a raconté la télé de leur enfance. Ils appartiennent à la génération qui a été le plus émerveillée par la télévision, les enfants nés vers 1955-1958. Ils appellent la télé « la baby-sitteuse » et parlent des programmes, bien sûr, mais aussi du poste lui-même, objet de crainte avec sa plaque arrière en carton marron perforé, et cette inscription mystérieuse, UHF-VHF, d'où se dégageait une odeur chaude « de plastique fondu et de transfo court-circuité ». Michel Royer est un homme heureux, il est devenu le meilleur connaisseur des archives de la télévision, dont il fait des montages astucieux : il gagne sa vie avec ce qui fit la joie de son enfance, et c'est finalement une situation assez rare...

Avec « Bonjour la télé ! »..., je me trouve engagé dans un rôle de témoin, et je vais pour longtemps commencer à raconter Cognacq-Jay ou Walt Disney dans les journaux, à la radio et, bien sûr, à la télé. Je vais bien finir par en faire un livre...

Avec l'INA et France 2, je prépare simultanément une bonne série, « Notre Télévision », émissions de montages thématiques consacrés à l'évolution des genres. Je la compose avec un historien de la télévision à l'esprit curieux, Jérôme Bourdon, et une réalisatrice amie de longue date, Dominique Froissant.

Il y eut un numéro consacré à l'évolution des jeux : ceux d'hier étaient instructifs, modestes et très français. Ils partaient d'une idée astucieuse, comme « La tête et les jambes », et aucun décor fastueux ne les enveloppait. Quand je faisais « Monsieur Cinéma », je disposais d'un petit coin et de deux chaises placées devant un panneau gris pour recevoir l'invité ; derrière nous, un bureau de contreplaqué où siégeaient les deux candidats. Alentour pendaient des affiches de films, taches de couleur bon marché. On mettait en route la musique de Gérard Calvi, et c'était parti pour cinquante minutes.

De nos jours, on achète aux États-Unis ou ailleurs des jeux mis en scène – « dramatisés », comme on dit – qui ont fait leurs preuves dans le monde entier, où tout est prévu, de la musique aux mouvements de caméra, mais dont l'essentiel repose, comme en 1955, sur un échange de questions et de réponses.

Il y eut aussi un épisode consacré à l'évolution du langage et à la façon de s'en servir. Du parler compassé auquel recouraient certains, au début, Jean-Claude Carrière a dit : « C'était une télévision du XIXe siècle. » Et puis petit à petit le ton a changé, la raillerie et la provocation se sont fait une place. Et puis, au début des années 1990, on a éprouvé le besoin de dire des gros mots et de faire des allusions sexuelles. Pour certains c'est une libération, pour d'autres, une aberration.

Le langage de la rue s'est glissé dans les studios : c'est Coluche qui a ouvert les fenêtres, d'autres se sont engouffrés derrière lui, sans avoir de vraie gouaille populaire.

Je m'efforçais, dans ces émissions, de ne pas sombrer dans la nostalgie, d'expliquer l'évolution de la technique et les changements des mœurs, de faire « l'anecdotier », si l'on veut. Mais cela revenait tout de même pour moi à repasser les plats de la veille.

Or c'est justement cela qui allait me faire rebondir d'hier à aujourd'hui, du fricot au hamburger. Vers 1980, les émissions de « Mardi Cinéma » et de « L'Ami public nº 1 » étaient vues par des garçons et des filles de dix, douze ans qui, maintenant, attrapaient la trentaine et me gardaient leur amitié. Exemple : Chantal Lauby, Dominique Farrugia et Alain Chabat. À cette époque, rien n'était plus « tendance » que Canal +, et ces trois Nuls représentaient le + du +. Ils animaient le samedi soir une émission intitulée « Les Nuls l'Émission », dont le fil conducteur était un invité. De leur génération, bien sûr. Sauf une fois, quand j'y suis allé.

Ils m'ont travesti en speakerine, j'ai fait une grosse

dame très convaincante. Il y avait un sketch dans une banque : j'étais un gangster déguisé en Mickey. Au début de l'émission, je suis un grand-père assis au coin du feu. Ils sont assis en tailleur à mes pieds et je leur raconte Walt Disney (le lecteur peut se reporter à la page 229 de ce livre).

Dans le public il y a deux de mes petits-enfants, Caroline et Julien. Je les sais contents que leur grand-père participe à une émission *in*, et sur Canal, en plus. Bref, ça m'a fait du bien.

Et c'est comme cela que j'allais me retrouver ensuite avec une autre équipe de la génération Chabat, autour d'une table, une table ronde, bien sûr, puisqu'il s'agit d'Arthur et de ses chevaliers...

« Les Enfants de la télé »

Après le déjeuner que j'ai évoqué au début de ce livre, nous sommes devenus, avec Arthur et son équipe, de vieux amis, car, à la vérité, cela faisait vingt ans que nous nous connaissions.

Nous avons préparé ensemble la première émission, à laquelle devait participer Smaïn, un fou de télé lui aussi. René Quinson, un journaliste ami, a demandé à Arthur : « Quelles qualités permettent de se dire "enfant de la télé ?" – Une seule, ne pas avoir honte de dire : Je regarde la télévision et j'aime ça ! »

Très vite ils m'ont proposé d'être invité permanent. J'ai appris depuis que TF1 avait refusé ce projet, tandis que France 2 programmait la première de la série (s'il devait y avoir une série...) à vingt-deux heures trente ! La direction n'avait vraiment pas confiance...

Le décor de la première émission fut constitué par des squelettes de postes de télé sur l'écran desquels défilaient des extraits d'émissions. Le générique était constitué par des divagations de petits enfants nus sur le plateau d'un studio. Ils avaient quinze à dix-huit mois environ à l'époque. Aujourd'hui, ils ont dix ans...

La première émission commence, Arthur présente les invités, il termine par moi : Pierre *Magic* Tchernia. *Magic*, venant de lui, était un véritable hommage, mais moi j'eus sous les yeux, à cet instant même, mon cher Magic Ciné, dont Arthur n'avait jamais entendu parler.

Dès son premier numéro l'émission connut le succès. Ce mélange d'images anciennes et de visages jeunes, ces chansons de générique qu'on chante en chœur, tout cela composait un ensemble chaleureux.

Deux ou trois jours plus tard, dans un supermarché, une dame âgée me lance : « Bonjour, monsieur Magic ! »... Ce n'était qu'un début. Un regain de popularité : dans ma rue, les élèves du lycée voisin se sont mis à me reconnaître. Arthur était interviewé partout, et partout il disait qu'il me devait beaucoup, que je le confortais, que je lui faisais du bien. À moi, il m'en faisait aussi. Nous sommes quittes. La sympathie du public prit corps peu à peu autour d'Arthur, et une autre émission s'en mêla. « Surprise-surprise », sorte de « Caméra invisible » de luxe, le piégea en effet, en le mettant sur le chemin d'une femme qui était soi-disant sur le point d'accoucher et qu'il fallait mener d'urgence à la maternité. Or il se conduisit avec dévouement et gentillesse, regrettant même, après la révélation de la supercherie, que cela ne fût pas vrai. Un bon point pour Arthur.

Tout cela le conduisit au Sept d'or du meilleur présentateur. Et aux « Guignols de l'info », où comble de la gloire, on lui a fait sa tête.

On lui a fait sa fête aussi...

Aujourd'hui, l'émission approche de sa centième. Pour mon goût elle est certes trop copieuse, mais les raisons de cette longueur sont bien claires : c'est elle qui permet de diffuser trois blocs de publicité...

J'ai toujours été sensible aux équipes : elles sont la base de nos métiers. Et, sur ce point, je suis gâté. « Les Enfants de la télé » me manifestent leur sympathie à chacun de mes anniversaires.

Une année, en 1998, ils m'ont fait un cadeau particulièrement bien choisi.

Arthur me téléphone, il souhaite que je vienne à un rendez-vous, un matin de bonne heure, avec Étienne Mougeotte, le patron de TF1, pour une décision importante. Étrange, je connais Mougeotte mais je ne le rencontre jamais. Ce matin-là, c'est l'hiver, grisaille pluvieuse, je me réveille avec un beau 38°5 de température.. Je tousse un peu. J'y vais quand même, engoncé dans un gros pull-over. Au rendez-vous, un café près d'Europe 1, pas de Mougeotte. Ce n'est pas grave, me dit Arthur, on va le retrouver à une réunion, cependant qu'un cameraman, planqué derrière une table, enregistre notre rencontre.

« Pourquoi y a-t-il un cadreur ?

– On fait un *making of* sur moi.

– Ah bon ! »

Je suis trop amorti pour chercher plus loin. Il y a une auto, un chauffeur. Nous partons vers la Concorde, puis la place Vendôme. Arthur parle beaucoup, pour ne rien dire, de l'importante réunion à laquelle nous devons participer.

Nous arrivons au Ritz. Un assistant demande à Arthur d'attendre. Nous nous rendons dans une chambre, il y a là un ami d'Arthur, son médecin, dont la présence est inexpliquée.

Je somnole. On vient nous chercher. Nous empruntons un couloir. Au bout, j'aperçois, sortant d'une porte ouverte, une vaste tache de lumière : on tourne là-bas, sûrement. On tourne quoi ?

« Tu vas voir, c'est une réunion, un peu particulière... »

Nous nous approchons.

« Tu vas rencontrer quelqu'un que tu aimes beaucoup...

Nous franchissons la porte, une caméra, des projecteurs, des techniciens, deux fauteuils et... Woody Allen...

« Bonjour monsieur, me dit-il, en français.

– Bonjour monsieur. »

Je sors de mon hébétude, et très vite je comprends la situation. Mes copains ont trouvé le moyen de me faire rencontrer cet homme dont je leur parle si souvent. Il est à Paris, pour quelques jours, pour répondre à des journalistes à l'occasion de la sortie de *Harry dans tous ses états*. Et la si aimable, si efficace Denise Breton, son attachée de presse, m'a glissé dans le paquet.

Je n'ai jamais de ma vie été aussi malheureux de ne pas parler anglais. Je le lui ai dit, d'ailleurs, et il m'a répondu quelques phrases en français.

Je joue le jeu. Je lui parle de sa carrière au cabaret, des films des débuts, composés de sketches. Puis *Annie Hall*, et les rapports entre hommes et femmes...

Il me parle de sa difficulté à trouver quelqu'un pour tenir le rôle du héros de ses films. Il préférerait se contenter de réaliser, mais il lui faut bien un Allen pour jouer Allen.

Nous parlons de la mort, de Bergman...

Et puis ça se termine, je dis au revoir à ce grand petit homme. Il a une taille de guêpe, un petit pantalon, une petite ceinture. Et un visage bienveillant, un mélange de sagesse et d'enfance, un sourire un peu triste...

Merci les copains.

Et le médecin ? Arthur l'avait fait venir par crainte de me voir m'évanouir devant Woody Allen !...

Après-propos

Il y a quelques années, en Bretagne, l'été, quand la maison était pleine d'enfants et d'amis, nous avions une aide précieuse, une dame gentille et simple, prénommée Alice, qui travaillait dans une famille à mi-temps et finissait parfois ses journées chez nous. Un jour, nous lui écrivons, au mois de juin, pour savoir si nous aurons le plaisir de la voir. Elle nous répond que ce sera malheureusement impossible, que cette année-là elle est employée « à tant qu'on plaît ».

Si elle a écrit l'expression « à temps complet » de cette façon-là, c'est qu'elle l'avait toujours comprise comme cela. Elle avait adopté cette formule modeste en songeant sans doute qu'on pouvait facilement se séparer d'elle sur une décision capricieuse. Chère Alice !

À la réflexion, ce « à tant qu'on plaît » définit parfaitement la vie d'artiste. On est acteur, chanteur, présentateur, et on travaille à tant qu'on plaît. Un jour vient où on n'a plus ni besoin ni envie de vous, on ne plaît plus... J'ai eu bien de la chance depuis 1949.

Je possède un gros volume, fait de pages photocopiées : un mémoire de maîtrise de l'Institut français de presse. C'est un travail de fin d'études, réalisé en 1999, rédigé par une étudiante, Mlle Caroline Boisson. Le sujet qu'elle a traité a pour titre : *La Carrière de Pierre Tchernia, une trajectoire professionnelle singulière.*

Cette jeune fille m'a tenu informé de l'avancement de son travail, cela m'a flatté, je lui ai fourni quelques indications qui lui manquaient, et, quelques mois plus tard, elle m'a envoyé cet ouvrage où elle étudie le cours de ma vie professionnelle. Caroline Boisson a recensé des dizaines d'émissions (dont un assez grand nombre ne m'évoquent plus rien du tout), et leur diversité m'enchante. Elle parle de « carrière atypique » et me fait compliment de mon souci d'être libre et d'avoir fait mes émissions par plaisir. Liberté, plaisir... Quels jolis mots. Dans sa conclusion, elle écrit :

« Pierre Tchernia est un homme inclassable[1], sa carrière se caractérise par la diversité des genres et des fonctions. »

Dans la suite de ses propos, je découvre un mot que j'ai souvent lu : « bonhomie » (qui s'écrit avec un *m* alors que *bonhomme* en prend deux). Dans les comptes rendus de journaux consacrés à la télévision des années 1950-1960, il y avait deux formules habituelles. Si je présentais « à l'image », on disait que j'avais manifesté ma « bonhomie souriante » ; si je parlais off, sans qu'on me voie, c'était « commentaire sobre et précis ».

J'aime bien atypique, j'aime bien bonhomie. Tout cela est extrêmement agréable, merci mademoiselle.

Depuis quelques années on m'appelle plutôt « la mémoire vivante » de la télévision. Je suis vivant, oui, tant mieux, mais au travers de nombreuses émissions où l'on évoque des souvenirs, j'ai constaté que ma mémoire pouvait vite faire défaut. Un jour même, j'ai découvert comment notre ordinateur avait des ratés.

Cela se passait il y a quelques années, à Paris. Ma

1. Inclassable, mais aussi inimitable, m'affirme Laurent Gerra.

femme me demande où j'ai laissé la voiture en stationnement.

« Je l'ai laissée... pas loin... Rue Faraday... oh ! c'est idiot... non pas Faraday...... Fondary ?... Non plus, c'est dans le XVe... rue... Fortuny... juste à côté... »

Après ce petit dérapage sans importance, je découvre que, avant de dire Fortuny (un nom de sept lettres qui commence par F et finit par Y), j'ai cité deux rues où je ne mets jamais les pieds mais dont le nom de sept lettres commence par F et finit par Y... Curieux, non ? Comment ça fonctionne, ce truc-là ?

Il faut que je lise un livre consacré à la mémoire, je vais d'ailleurs le noter pour ne pas l'oublier. Je note souvent sur des cahiers des choses vues, entendues, de tous genres. Ainsi...

1975. Rencontré Noël-Noël, il me parle de la première du film *Les Casse-pieds* au Gaumont-Palace en 1948. Sans se faire voir, il va place de Clichy regarder ce qui se passe. Une foule gigantesque se presse pour la séance de vingt heures. Il s'approche, ravi. Le contrôleur-chef le reconnaît : « *Monsieur Noël-Noël, c'est un triomphe, la queue va plus loin que les pissotières !* »

Août 1980. J'ai laissé ma voiture dans un grand parking en plein air à Orly. Il y a là une camionnette qui, visiblement, n'a pas bougé depuis des semaines. Elle est couverte de poussière, d'un blanc gris presque noir. Un passant, d'un doigt, a écrit dessus : « *Existe en blanc.* »

24 octobre 1984, c'est l'enterrement de François Truffaut au cimetière Montmartre. À l'entrée, avenue Rachel, on me reconnaît, on me place dans les premiers rangs du cortège. Il y a là une foule considérable,

retenue, attentive. Nous marchons en silence, je jette une fleur dans la tombe ouverte, je fais demi-tour et je vois monter une longue colonne de gens très émus. Près de moi, deux ordonnateurs des pompes funèbres, tout de noir vêtus, considèrent la foule, et l'un d'eux chuchote : « *Ben dis donc, avec tout ça, je ne serai jamais à 17 heures au Père-Lachaise.* »

2002. Philippe Noiret me raconte qu'à Rome il a accompagné son ami Mario Monicelli, le grand réalisateur, à une réunion de jeunes cinéastes italiens en colère qui réclament une loi d'aide. L'animateur du débat, véhément, l'aperçoit.

« *Vous, monsieur Monicelli, vous faites quelque chose pour les jeunes réalisateurs ?*

– *Je vieillis.* »

Joli dialogue !

Dans mes cahiers, je note aussi ce qu'on me dit dans la rue. Parfois, frappé par la phrase d'un spectateur, je la note presque aussitôt. Ainsi :

« ... *J'aime beaucoup vos émissions. Hier j'ai été sur la tombe de mes parents à 416 kilomètres, je suis revenu aujourd'hui à 13 h 40 pour vour voir à la télévision...* »

... C'était du temps de « Monsieur Cinéma », un lendemain de Toussaint. La précision de cette phrase jointe à l'estime que ce monsieur me porte m'ont frappé.

Finalement, je ne prends peut-être pas assez de notes, certaines phrases savoureuses sont sorties de ma mémoire.

Il y a les opinions qui se répètent souvent (« *J'aime la télé mais ce qui est bien ça passe trop tard* »), il y a les erreurs induites par le prénom (« *Oh ! bonjour Pierre Bellemare* »), il y a la familiarité souriante : (« *Salut*

Pierrot, il va bien Arthur ? »). Il y a surtout deux formules d'amitié,auxquelles je suis très sensible : « *Vous avez bercé mon enfance* » et « *Vous êtes toute ma jeunesse* ».

Certaines situations se révèlent plus inattendues. Je passais sur une grande place de Lille, il y a quelques années, quand je croise un couple très respectable qui me sourit. Je fais de même, et passe mon chemin. Le monsieur revient sur ses pas, me rejoint, s'excuse et me dit : « *Je voudrais vous serrer la main.* » Ce que nous faisons. « *Merci monsieur Tchernia. Voyez-vous, ici même, il y a un an, j'ai croisé monsieur Maurice Schumann, je n'ai pas osé l'arrêter et je me suis promis que la prochaine fois je le ferais.* » Il était content, moi aussi. J'ai été serrer la main de la dame.

Il y a aussi des moments amusants. Depuis que le portable s'est banalisé, il m'arrive d'observer, de loin, quelqu'un qui est arrêté sur le trottoir et tient une conversation. En approchant, j'entends ce qu'il dit. Et cela donne à peu près ceci :

« ... *Il faut que j'aille chercher Julien et on ne pourra pas prendre le 9 h 32... Tiens, voilà Pierre Tchernia qui passe... alors on prendra le 10 h 12... Si, si, c'est bien lui... On arrivera trois quarts d'heure plus tard.* » J'ai pris place dans cette conversation que j'ai suivie parfaitement bien car les gens parlent fort, sans réaliser, je crois, qu'on les entend.

Un déjeuner dans une petite auberge du Val de Loire. Assez proche, une table où sont assises deux dames. Quand je vois qu'on m'observe, j'entends très bien :

« *On va aller dire bonjour à Pierre Tchernia.*

– *Non, il est à table, ça serait impoli.*

– *Ce ne serait pas de l'impolitesse, ce serait de la reconnaissance.* »

Gentille réplique, non ? À la fin du repas, j'ai dénoué leur embarras en leur disant bonjour moi-même.

« *Ça ne vous embête pas qu'on vous arrête dans la rue ?* » Pas du tout. C'est même assez logique : on me reconnaît parce qu'on me connaît. Sans en tirer vanité, je sais qu'il y a des millions de Français qui savent qui je suis : le monsieur de la télé. Et comme je ne suis jamais provocant à l'écran, je ne risque pas qu'on me traite de va-de-la-gueule ou de moins-que-rien. Au demeurant, les années passant, on me parle avec une amitié plutôt déférente. On me dit plus souvent « merci » que « bravo ». Ce n'est plus une allusion à la dernière émission à laquelle j'ai participé, c'est, selon la formule consacrée des Césars, « pour l'ensemble de sa carrière ».

Les chauffeurs de taxi ont souvent de belles reparties. On a le temps de les entendre et, quand ça le mérite, de les écouter. Ce chauffeur-là n'aimait pas les émissions de conversation, les discussions, les parlottes, comme il disait, où chacun cherche à briller.

« *Ce sont des émissions qui sont faites pour ceux qui les font* », dit-il. C'est un jugement intéressant.

L'autre phrase, je l'ai entendue en 1981, à une époque – qui ne dura guère – où les programmes étaient assez sévères.

« *Elle est tellement mauvaise, votre télé, que maintenant, le soir, je parle avec ma femme.* »

Ce qui était, somme toute, pour ce couple, assez réconfortant.

Et, pour en finir, la phrase qui m'a le plus amusé. Avec mon ami Chatel, nous préparons un reportage en direct dans une maison située en face de l'entrée du cimetière de Neuilly. Nous répétons. À plusieurs reprises je sors de la maison, je monte un instant dans le car-régie, j'en sors. À l'un de ces allers-retours, vers dix-sept heures, des employés des pompes funèbres sortent du cimetière. Je passe rapidement devant. L'un d'entre eux me regarde et, dans mon dos :

« *Dis donc, lui, je voudrais pas le descendre par l'escalier de service.* »

Être jaugé par un croque-mort, ce n'est pas banal !

Le comble serait d'inscrire derrière cette réplique le mot

FIN

mais j'ai envie de vous raconter encore quelque chose. Après quoi j'irai trinquer à votre santé avec mon ami Olivier Barrot. Il nous y a invités, à la fin de son affectueuse préface et j'y suis sensible.

Voici un mot entendu, le dernier, juré. C'est un compliment, sans doute celui qui m'a fait le plus grand plaisir. Je suis au bord du trottoir, cherchant mon chemin. Une petite dame passe, preste, sans s'arrêter elle me dit :

« *Bonjour monsieur… Merci d'être vous !* »

Et elle a disparu avant que je puisse lui sourire…

Maintenant, je referme le sac aux souvenirs. À la vérité, il n'est pas vide, il y demeure bien des souvenirs de ma vie de famille, depuis le jour où j'ai rencontré une jeune fille de dix-huit ans, j'avais le même âge, jusqu'au jour où elle nous a quittés. Ces souvenirs-là, permettez-moi de les garder pour nous, mes enfants et moi-même.

À votre santé.

Et vive la vie !

Index des noms

A

Adam, Alfred, 220.
Alexandre, Anne, 110.
Allais, Alphonse, 97, 101, 114, 186.
Allan, Arthur, 181.
Allen, Woody, 328.
Amadou, Jean, 163.
Amédée, Philippe de Chérisey *dit*, 107, 109.
Amont, Marcel, 163.
Anys, Georgette, 169.
Arcy, Jean d', 136, 140, 142, 155, 156, 173, 179, 193.
Arletty, 13, 15, 48, 71, 77, 254.
Arnaud, Michèle, 211.
Arrignon, Roger, 168.
Arthur, 13, 17, 18, 324, 325-328, 333.
Atger, Philippe, 57, 58.
Aucouturier, Georges, 89.
Audiard, Michel, 14, 251-256, 260.
Aumont, Michel, 310.
Auriol, Vincent, 181.
Autant-Lara, Claude, 70.
Averty, Jean-Christophe, 139, 211, 233, 236.
Avery, Tex, 206-7, 241.
Aymé, Marcel, 14, 35, 110, 298, 307-313.
Aznavour, Charles, 196.

B

Balutin, Jacques, 296.
Baquet, Maurice, 92.
Barbaud, Pierre, 99, 100.
Barillet, Pierre, 83.
Barma, Claude, 141, 153.
Barrault, Jean-Louis, 205.
Barrère, Igor, 173, 174, 193-201.
Basie, Count, 62.
Baudrier, Yves, 84.
Bazin, André, 141.
Béart, Guy, 163.
Beatles, Les, 224.
Beauvais, Robert, 36.
Becker, Jacques, 70, 77.
Bellemare, Pierre, 266, 267, 332.
Benamou, Roger, 173.
Bérard, Christian, 66.
Bergman, Ingmar, 328.
Bernhardt, Sarah, 201.
Berry, Jules, 11, 49, 89.
Besse, Jacques, 99.
Bianchini, Roland, 109.

Billard, Pierre, 111.
Billetdoux, François, 98, 99, 111.
Biraud, Maurice, 121.
Bizet, Georges, 111.
Blanche, Francis, 112, 113, 163, 217.
Blasetti, Alessandro, 68, 90.
Blazy, Claude, 269, 274.
Blériot, Louis, 22.
Bleustein-Blanchet, Marcel, 36.
Blier, Bertrand, 81.
Blin, Bernard, 96.
Blondin, Antoine, 114, 311, 312.
Bluwal, Marcel, 183, 251, 252, 255, 256.
Bobèche, 92, 161.
Boffety, Jean, 81.
Bogart, Humphrey, 62, 88.
Boisrouvray, Albina du, 304.
Boisson, Caroline, 329.
Bondartchouk, Sergeï, 27.
Bonneau, Gilles, 45.
Borde, Raymond, 203.
Borowczyk, Walerian, 272.
Boucher, Victor, 49.
Bouquet, Michel, 306.
Bourdon, Jérôme, 322.
Bourvil, 212, 269.
Bouteiller, Pierre, 11, 13.
Boyer, Jean, 48.
Branquignols, Les, 101, 166, 217-227, *voir aussi* : Dhéry, Brosset.
Brassens, Georges, 157-160, 180, 261.
Brasseur, Claude, 289.
Brasseur, Pierre, 69, 70, 273.
Brialy, Jean-Claude, 252.
Brizzio, Jacques, 83.
Brosset, Colette, 217-227, 317.
Brown, Tom, 237, 238.
Bruant, Aristide, 179.
Brûlé, Claude, 293.
Brunot, André, 66.
Burel, Léonce-Henry, 85.
Burnier, Robert, 225.

C

Caccia, Roger, 165, 166.
Calvi, Gérard, 99, 217, 268, 286, 322.
Campion, Léo, 187, 191.
Canevet, Alain, 104.
Capri, Agnès, 97, 98.
Cardinal, Pierre, 83.
Cardwell, Donald, 213.
Carel, Roger, 296, 306.
Carette, Julien, 11, 13, 71-73.
Carette, Ninette, 72, 73.
Carmet, Jean, 14, 19, 100, 101, 113, 129-134, 181, 221, 225, 226, 251, 270, 288, 305, 318.
Carol, Martine, 163.
Carrière, Jean-Claude, 131, 323.
Carton, Pauline, 11.
Castaing, Claude, 107.
Castans, Raymond, 99.
Caunes, Antoine de, 145.
Caunes, Emma de, 145.
Caunes, Georges de, 116, 119, 176.
Cazeneuve, Maurice, 210.
Ceccaldi, Daniel, 296, 310.
Celmas, 187-191.
Certain, Solange, 107.
Cervi, Gino, 68.
Chaban-Delmas, Jacques, 221, 270.
Chabat, Alain, 300, 323, 324.
Champi, 185-186.
Chaplin, Charles Spencer Junior, 222, 223, 278(n).
Charras, Charles, 110.
Charrier, Jacques, 221.
Chatel, François,François de Chateleux *dit*, 153-158, 161-164, 173, 176, 181, 183, 218, 334.

Chirat, Raymond, 11, 15.
Chouilloux, Jean-Marie, 204, 205.
Chouquet, Jean, 101.
Christian-Jaque, 232, 319.
Churchill, Winston, 54, 209, 210.
Clair, René, 70, 105, 257.
Claudel, Paul, 182.
Clément, René, 319.
Clervanne, Madeleine, 289.
Clouzot, Henri-Georges, 70, 77.
Cobast, Claude, 230.
Coen, Ethan et Joel, 220.
Coffe, Jean-Pierre, 132.
Cognacq, Ernest, 125.
Coldefy, Jean-Marc, 152.
Coluche, 323.
Contamine, Claude, 265.
Cooper, Gary, 47.
Cooper, Saul, 277, 278, 304.
Copeau, Jacques, 108, 165.
Cordy, Annie, 305, 306.
Cotti, Colette, 110.
Coty, René, 143.
Couderc, Roger, 201.
Cour, Pierre, 112.
Courbit, Stéphane, 18.
Courteline, Georges, 59, 130.
Cousteau, Jacques-Yves, 173.
Cowl, Darry, André Darricau *dit*, 90, 91, 112.
Curtiz, Michael, 67.

D

Dabadie, Jean-Loup, 211.
Dac, Pierre, 113, 186, 187, 221, 242, 243.
Dadzu, 151.
Dalio, Marcel, 69, 70.
Daniel-Rops, Henri Petiot *dit*, 56.
Daquin, Louis, 70.
Dardenne, Luc et Jean-Pierre, 220.
Darget, Claude, 127, 143, 214-216, 246.
Darras, Jean-Pierre, 286.
Darriet, Yves, 120.
Darrieux, Danielle, 57.
Daubercies, Claude, 100.
Daumier, Sophie, 252.
Dauphin, Claude, 13.
Davri, Serge, 169.
Dax, Micheline, 159, 163, 242, 244, 296.
Debouzy, Roger, 116, 119, 122.
Debré, Michel, 184.
Degex, Hubert, 161.
De Havilland, Olivia, 67.
Delannoy, Jean, 70.
Delorme, Danièle, 13, 154.
Demange, Paul, 306.
Deniau, Jean-François, 58-61.
Denis d'Inès, Jacqueline, 80.
Denis d'Inès, Pierre, 63, 79, 80.
Denner, Charles, 304, 305.
Depardieu, Gérard, 133, 287, 288, 306.
Deray, Jacques, 255.
Deschamps, Hubert, 226, 305.
Desgraupes, Pierre, 136, 193-201.
De Sica, Vittorio, 68, 271.
Desmarets, Sophie, 306.
Destailles, Pierre, 305.
Destain, Robert, 225.
Devos, Raymond, 110, 312, 313.
Dhéry, Robert, 90, 92, 99, 100, 107, 157, 166, 167, 186, 189, 190, 217-227, 317.
Dietrich, Marlène, 201.
Disney, Walt, 229-239, 295, 296, 322, 324.
Dorfmann, Robert, 319, 320.
Dorin, René, 180.
Dréville, Jean, 206.
Drouet, Minou, 182.

Drouot, Jean-Claude, 209.
Drucker, Michel, 215.
Dubillard, Roland, 98, 107.
Dubois, Marie, 242, 243.
Dudan, Pierre, 28.
Dufilho, Jacques, 157, 226.
Dullin, Charles, 115.
Dumayet, Pierre, 98, 99, 103, 116, 119, 136, 193-201.
Dutilleu, José, 247.
Duvaleix, Christian, 166.
Duvivier, Julien, 70.

E

Eisenstein, Serge Mikhaïlovitch, 26.
Elizabeth, reine, 143, 144, 214.
Ellington, Duke, 62.
Emer, Michel, 181.
Étaix, Pierre, 163, 317.

F

Fabbri, Jacques, 110, 111, 161, 221, 242, 296.
Fabre, Saturnin, 11, 13, 49.
Fairbanks, Douglas, 278(n).
Fallet, Roger, 159.
Farrugia, Dominique, 323.
Favalelli, Max, 36, 160, 161.
Fellini, Federico, 171.
Fernandel, Fernand Contandin *dit*, 47, 151, 152.
Ferréol, Andréa, 310.
Floran, Jacques, 97, 98, 152-157.
Flynn, Errol, 67.
Fonda, Henry, 88.
Fontaine, Jean, 201.
Ford, John, 67, 68.
Forlani, Remo, 267.
Forts, Willi, 84.
Fossey, Brigitte, 319.
Franju, Georges, 77(n).
Fratellini, Albert, 171, 282.
Frédérique, André, 99, 100-102, 130.
Frémaux, Thierry, 15.
Frères Jacques, Les, 14, 93, 161-163.
Fresnay, Pierre, 41.
Froissant, Dominique, 322.
Funès, Louis de, 48, 90, 91, 181, 220-222, 252, 271.

G

Gabin, Jean, 141, 142, 254, 256, 260, 261, 274.
Galabru, Michel, 286, 287, 304.
Gance, Abel, 85.
Gaulle, Charles de, 8, 116, 180, 271.
Gaumont, Léon, 139, 251.
Gaynor, Janet, 205.
Gélin, Daniel, 108, 109.
Génin, René, 206.
Gensous, Bernard, 174.
Georgel, 189.
Gerando, Marie-Pierre de, 306.
Gerra, Laurent, 330(n).
Gicquel, Roger, 292.
Gille, André, 110.
Gillois, André, Maurice Diamant-Berger *dit*, 36.
Glaser, Denise, 120.
Godard, Jean-Luc, 11.
Goscinny, René, 14, 96, 97, 241-249, 277, 278, 286, 295-301.
Gotlib, Marcel, 289.
Goupil, 162.
Goya, Chantal, 306.
Grangier, Gilles, 141.
Granier-Deferre, Pierre, 71.
Grédy, Jean-Pierre, 83.
Grello, Catherine, 132.
Grello, Jacques, 157, 180-185.

Grenet, Janine, 107.
Grenier, Jean-Pierre, 92.
Grenier-Hussenot, compagnie, 92, 287.
Griffith, David Wark, 278(n).
Grignon, Marcel, 76, 77.
Gritti, Roland, 83.
Grock, 171.
Groult, Benoîte, 311.
Gruel, Henri, 295, 296.
Guérin, Pierre-Louis, 191.
Guignard, Georges, 230, 231.
Guimard, Paul, 311.
Guiomar, Julien, 110.
Guitry, Geneviève, 205.
Guitry, Sacha, 70, 205, 242, 254.
Gus, 241.

H

Haller, Bernard, 248, 249, 296.
Hanoteau, Guillaume, 105, 108.
Harlé, Pierre-Auguste, 77(n).
Harth, Roger, 213.
Hergé, Georges Rémi *dit*, 308.
Herman, Jean, 268.
Hernandez, Gérard, 296, 306.
Hinzmann, Kurt, 126.
Hirsch, Robert, 163.
Hitchcock, Alfred, 54, 67, 243.
Hitler, Adolf, 56, 69.
Holleaux, André, 265.
Holt, Willy, 168, 280, 281, 286.
Hubert, Roger, 85.
Hugo, Victor, 25.
Hussenot, Olivier d', 92.

J

Jabbour, Gabriel, 110.
Jarry, Alfred, 211.
Jay, Marie-Louise, 125.
Joly, Yves, 169.
Jospin, Mowgli, 109.
Joubert, Jacqueline, 145-147, 153.
Jouvet, Louis, 13, 108, 254.
Jürgens, Curd, 320.
Jurgenson, Albert, 225.

K

Kahn, Albert, 85.
Kassak, Fred, 251.
Keaton, Buster, 42, 204, 207, 220, 222.
Keller, Marthe, 272.
Kennedy, John Fitzgerald, 237.
Kessel, Joseph, 260.
Khrouchtchev, Nikita, 237.
Kipling, Rudyard, 158, 159.
Krier, Jacques, 198, 199.
Kurant, Willy, 233.

L

L'Hôte, Jean, 226, 227.
Lab, Benoîte, 90, 91, 92.
Labiche, Eugène, 98.
Lacassin, Francis, 267, 268.
Lajarrige, Bernard, 225.
Lancret, Bernard, 274.
Landru, Henri-Désiré, 152.
Langeais, Catherine, 146.
Langlois, Henri, 77, 78.
Lapopie, 92.
Larriaga, Gilbert, 45 .
Lauby, Chantal, 323.
Launay, Georges, 108.
Laure, Odette, 286, 287, 296.
Laurel et Hardy, 66, 166, 207, 223, 241.
Lavalette, Bernard, Bernard de Fleury *dit*, 11, 61-63.
Laviron, Jean, 84.
Lazareff, Pierre, 193-201.
Le Vigan, Robert, 70.

Lebrun, Albert, 38.
Leclerc, Georges, 79, 80.
Lefebvre, Jean, 221, 225.
Legrand, Michel, 242.
Legras, Jacques, 221, 267, 292.
Lemonnier, Meg, 274.
Lenier, Monique, 108.
Levallois, Nicolas, 21.
Lévy, Georges, 310.
Lhoir, Géo, 101.
Lods, Jean, 81.
Lonati, Ada, 296.
Lorenzi, Stellio, 141, 173.
Loris, Fabien, 106.
Louis, Roger, 136, 195.
Loursais, Claude, Claude Croutelle *dit*, 116, 119.
Luc, Jean, 115, 122.
Luchaire, Boby, 108.
Luguet, André, 201.
Lumière, Louis, 15, 242.
Luter, Claude, 108, 109.
Lux, Guy, 210.

M

Magnane, Georges, 55.
Maillan, Jacqueline, 163.
Malle, Louis, 173.
Malraux, André, 319.
Marais, Jean, 80.
March, Fredric, 205.
Marchand, Jean José, 230.
Marchand, Jean-Pierre, 183.
Marconi, Guglielmo, 35.
Margaritis, Catherine, 170.
Margaritis, Gilles, 90, 139, 165-172, 286.
Margaritis, Hélène, 170.
Marielle, Jean-Pierre, 31.
Marquand, Christian, 211.
Marquand, Serge, 211.
Marsac, Jean, 180.
Marsan, Jean, 105, 243.
Mary, Renaud, 80.
Mathelin, René, 81, 139, 140.
Mauriac, François, 56.
McDonald, Jimmy, 234.
Medini, Franco, 167, 168.
Méliès, Georges, 168.
Méliès, Marie-France, 83.
Menez, Bernard, 276.
Merle, Eugène, 168.
Merle, Pierre, 168.
Merle, Robert, 55, 117.
Méry, Michel, 181.
Meurisse, Paul, 273.
Michel, Claude, 307.
Miller, Claude, 276, 305.
Milton, Georges, 139.
Mitchell, Thomas, 68.
Mitry, Jean, 77(n), 84.
Mitterrand, Frédéric, 321.
Mnouchkine, Alexandre, 319.
Modiano, Patrick, 16.
Modot, Gaston, 11.
Mollet, Guy, 122.
Monicelli, Mario, 257, 332.
Montand, Yves, 163.
Monti, Nino, 154.
Moreau, Jeanne, 260, 276.
Morel, Jacques, 296.
Moreno, Marguerite, 11.
Morisse, Lucien, 120.
Morlay, Gaby, 205.
Morris, 247, 298.
Mouézy-Éon, Michèle, 168.
Mougeotte, Etienne, 327.
Mouloudji, Marcel, 196.
Mourousi, Yves, 292.
Moustache, 109, 242.
Mundwiller, Jean-Louis, 84, 85.
Musson, Bernard, 306.

N

Nahmias, Robert, 111.
Nahum, Jacques, 83.
Namur, Jean, 83.
Nash, Clarence, 234, 235.

Nichols, Dudley, 68.
Noël-Noël, 206, 331.
Nohain, Jean, 38, 161, 163.
Noiret, Philippe, 304, 332.

O

O. Henry, 241.
Obaldia, René de, 11.
Oberlin, Jean-Marie, 96.
Olaf, Pierre, 107, 109.
Ouvrard, 211.

P

Pabst, Georg Wilhelm, 268.
Page, Louis, 77.
Pagnol, Marcel, 41, 138, 253, 254.
Paqui, Jean, 157.
Pasquette, Marc, 117.
Patachou, 157, 158, 160, 163.
Penzer, Jean, 81.
Perdrière, Hélène,157.
Périer, François, 201.
Perret, Émile, 21.
Perret, Jacques, 34(n).
Persin, Henri, 117.
Philipe, Gérard, 232, 306.
Piaf, Edith, 311.
Pickford, Mary, 278(n).
Piéplu, Claude, 161.
Pierre, Philippe, 161.
Pierre, Roger, 90, 112, 154, 160, 221, 222, 242-244, 246.
Pierre-Louis, 268.
Pinay, Antoine, 143.
Pintade, Jules, 182.
Planchon, Pierre, 9.
Poiré, Alain, 256, 257.
Poiret, Jean, 11, 112, 160, 161, 181, 315-318.
Poirier, Henri, 306.
Popp, André, 104.
Porché, Wladimir, 115.
Poudovkine, Vsevolod, 77.
Prat, Jean, 210.
Prévert, Jacques, 92, 97, 100, 106, 252, 254.
Prim, Suzy, 89.

Q

Queneau, Raymond, 100.
Quimby, Fred, 206.
Quinson, René, 325.

R

Rampling, Charlotte, 255.
Rauzena, Fernand, 190.
Raynaud, Fernand, 163, 238.
Ré, Michel de, Michel Gallieni *dit*, 104-107.
Renard, Jules, 134.
Renaud, Henri, 108.
Renoir, Jean, 70, 71.
Renoir, Pierre, 70.
Resnais, Alain, 267.
Revol, Max, 90, 91.
Rhum, 171.
Ribes, Jean-Michel, 11.
Richard, Jean, 88-90, 171, 199, 200, 225, 288.
Rigaux, Jean, 180, 185.
Robert, Yves, 287.
Rocca, Danielle, 181.
Rocca, Robert, 180-185.
Rollis,Robert, 221, 225, 306.
Romer, Jean-Claude, 15, 267, 268, 276.
Roquevert, Noël, 289.
Rossi, Tino, 89.
Rossif, Frédéric, 214.
Rostand, Edmond, 66.
Rostand, Jean, 173.
Rouillard, Jacqueline, 110.

Rouland, Jacques, 267, 269, 270, 276, 292.
Rousseau, Jean-Jacques, 24, 55.
Rousseau, Madeleine, 84.
Rouzié, Simon, 180.
Royer, Michel, 321, 322.

S

Sabbagh, Pierre, 103, 104, 110, 115-122, 152, 193, 201, 215.
Sadoul, Georges, 84.
Saint-Cyr, Renée, 68.
Sallebert, Jacques, 116, 119.
Sanders, Dirk, 211.
Santelli, Claude, 110, 211, 289.
Sapritch, Alice, 106, 108, 109.
Sarde, Alain, 315, 319.
Sartre, Jean-Paul, 55, 182.
Satie, Erik, 97.
Sautet, Claude, 9, 81, 83, 85.
Sauvage, Catherine, 104.
Schaeffer, Pierre, 95.
Schmouker, Jean, 89.
Schubert, Franz, 38.
Schumann, Maurice, 38, 333.
Segar, Elzie Crisler, 47.
Seldow, Michel, 169.
Sempé, Jean-Jacques, 298.
Serrault, Michel, 9-12, 112, 160, 161, 181, 222, 255, 279, 281-287, 304, 309, 315-319.
Serrault, Nathalie, 289.
Serrault, Nita, 9, 160.
Signoret, Simone, 51.
Simon, Michel, 71, 272.
Smaïn, 325.
Souplex, Raymond, 181, 182, 189.
Spaak, Charles, 253.
Spade, Henri, 316, 317.
Speicher, Georges, 45.
Steeman, Stéphane, 296.
Stévenin, Jean-François, 276.
Straub, Jean-Marie, 11.
Stroheim, Eric von, 70, 78.
Suhard, Mgr, 141.

T

Tamiz, Edmond, 169.
Tardieu, Jean, 95, 98.
Tarta, Alexandre, 28, 83, 85, 154, 158, 176-178, 310.
Tati, Jacques, 226.
Taviani, Paolo et Vittorio, 220.
Terrenoire, Louis, 184, 185.
Terzian, Alain, 319.
Thibault, Jean-Marc, 90, 101, 112, 130, 154, 160, 188, 221, 222, 246, 296.
Tissier, Jean, 11.
Tornade, Pierre, 296.
Toulet, Paul-Jean, 159.
Tourenne, Paul, 13, 14.
Tournier, Jean, 280.
Trabaud, Pierre, 296.
Trauner, Alexandre, 77.
Trevor, Claire, 68.
Trintignant, Nadine, 211.
Truffaut, François, 67, 276, 331, 332.

U

Uderzo, Albert, 245, 295-300.

V

Van Parys, Blanche, 108.
Van Parys, Georges, 105, 242.
Van Tieghem, Philippe, 55.
Varte, Rosy, 110, 280, 286, 287.
Vaucaire, Cora, 163.
Vautier, René, 83.
Ventura, Linda, 259, 261.
Ventura, Lino, 14, 246, 259-262.

Ventura, Odette, 159, 261, 262.
Veratti, Ciro, 68.
Vialatte, Alexandre, 100.
Vian, Boris, 104, 108, 160.
Vietto, René, 45.
Vigo, Jean, 165, 168.
Vilar, Jean, 287.
Virlojeux, Henri, 252, 296.
Vivié, Jean, 77, 85.
Volleraux, Sonia, 310.

W

Wakhévitch, Michel, 116.
Waller, Fats, 62.
Watrin, Pierre, 295.
Wayne, John, 68, 236.
Weber, André, 110.
Welles, Orson, 68, 117, 152.
Wellman, William, 205.

Y

Yanne, Jean, 99, 246, 278.

Z

Zavatta, Achille, 200, 201.
Zecca, Ferdinand, 15.
Zidi, Claude, 300.
Zimmer, Bernard, 253.
Zimmerman, 162.
Zitrone, Léon, 214, 215, 246.

Index des émissions de télévision et téléfilms

« 36 chandelles », 136, 143, 161-163.
« 7e art, 7e case », 269.

« Âge tendre et tête de bois », 210.
« Ami public no 1, L' », 223, 230-235, 239, 323.
« Amoureux de la tour Eiffel, Les », 153, 154.
« Apostrophes », 292.
« Arc-en-ciel », 178.
« Au théâtre ce soir », 110, 111, 212, 213, 265.
« Aux quatre coins de Paris », 157, 158.

« Belle et Sébastien », 210.
« Belphégor », 265.
« Boîte à sel, La », 143, 179-191, 316.
« Bonjour la télé ! », 321-324.
« Bonne nuit les petits », 210.
Bouvard et Pécuchet, 131.

« Caméra cachée, La », 19, 292.
« Caméra explore le temps, La », 143.
« Caméra invisible, La », 183, 212, 267, 292, 326.
« Canard Saturnin, Le », 210.
« Capitaine Troy », 209.
« Casimir », 292.
« Ces Messieurs nous disent », 274.
« Cinq Colonnes à la une », 98, 193-201, 233-237.
« Cinq dernières minutes, Les », 116, 143.
« Clef des champs, La », 63, 316.
« Club des inventeurs, Le », 152.
Controverse de Valladolid, La, 131.

« Dallas », 292.
« Dernier des cinq, Le », 274.
« Des Chiffres et des lettres », 210.
« Discorama », 210.
« Dossiers de l'écran, Les », 292.
« Droit de réponse », 292.
« Disneyland », 235.

« En direct du fond de la mer », 173.
« En votre âme et conscience », 143.
« Enfants de la télé, Les », 12, 18, 19, 325-328.
Exécution, L', 210.

Grâce, La, 298, 309, 310.
« Guignols de l'info, Les », 326.

Héloïse, 309.

« Homme du xxe siècle, L' », 266.
Huguenot récalcitrant, Le, 226.
Huissier, L, 309.

« Intervilles », 210.

« Janique Aimée », 209.
« Jeudi Cinéma », 275.
« Jeux de 20 heures, Les », 292.
« Jeux du jeudi, Les », 230.
« Joie de vivre, La », 138, 143, 316, 317.
Journal de Jules Renard, Le, 181.

« Lectures pour tous », 98, 136, 143, 196.
Lucienne et le Boucher, 310, 311.
« Magazine des explorateurs, Le », 152.

« Manège enchanté, Le », 210.
« Mardi Cinéma », 19, 232, 272, 273, 275, 292, 323.
« Monsieur Cinéma », 10, 19, 265-276, 292, 322.
Monsieur Muget s'évade, 163.
« Mot le plus long, Le », 210, 266.

« Music-Hall Parade », 168.

« Noël à Paris », 317.
« Notre télévision », 322.
Nos Cousins d'Amérique, 198.
« Nuls l'Émission, Les », 323.

Passe-Muraille, Le, 309.
« Petit Rapporteur, Le », 292.
« Piste aux étoiles, La », 138, 165, 167, 168, 170, 200.

« Rin-Tin-Tin », 209.
« Rocambole », 212.
« Rois maudits, Les », 292.

« Saintes chéries, Les », 265.
Schulmeister, 110.
« Surprise, surprise », 326.
« SVP Disney », 238.

« Temps des copains, Le », 209.
« Tête et les Jambes, La », 266, 322 .
« Théâtre de la jeunesse, Le », 211, 289.
« Thierry La Fronde », 209, 210.

Vider les camps, 196, 197.
« Vie des animaux, La », 214.

« Zygomaticorama », 293.

Index des films de cinéma

101 Dalmatiens, Les, 232.
14 juillet, 257.

À nous la liberté, 78, 257.
Actualités burlesques, 169.
Allez France !, 186, 223-226, 286, 288.
Amant de Bornéo, L', 11.
Arroseur arrosé, L', 242.
Astérix et Cléopâtre, 245.
Atalante, L', 165, 168.
Aventures de Tom Sawyer, Les, 66.
Avoir vingt ans dans les Aurès, 83.

Ballade des Dalton, La, 297.
Belle Américaine, La, 218-223.
Belle et la Bête, La, 233.
Bernard et Bianca, 232.
Bête Humaine, La, 66, 71.
Blanche, 272.
Blanche-Neige et les sept nains, 66, 67, 231, 232, 235.
Bonjour l'angoisse, 293.

C'est arrivé demain, 257.
Cage aux folles, La, 9, 282.
Cage aux rossignols, La, 206.
Carambolages, 251-256.
Casablanca, 88.
Casse-pieds, Les, 331.
Chemin aux images, Le, 80-82.
Chevauchée fantastique, La, 67, 68, 236.
Cinq sous de Lavarède, Les, 66.
Circonstances atténuantes, 48, 49.
Citizen Kane, 68, 82, 88.
Communale, La, 226, 227.
Corniaud, Le, 269, 319.
Corsaire noir, Le,68.
Couronne de fer, La, 68.
Crime de Monsieur Lange, Le, 78.

Der Führer's Face, 233.
Destin fabuleux de Désirée Clary, Le, 205.
Diable au corps, Le, 88.
Disparus de Saint-Agil, Les, 66.
Docteur Jivago, 265.
Don Camillo, 139.
Douze Travaux d'Astérix, Les, 295.
Drôle de drame, 97.
Dupont Lajoie, 131.

Education for Death, 254.
Enfants du Paradis, Les, 70, 77, 97, 106.
Entr'acte, 257.
Éternel Retour, L', 80.

Fanfan la Tulipe, 232.
Fanfaron, Le, 203.

Fantôme à vendre, 257.
Faucon maltais, Le, 62.
Félix le chat, 204.
Femme du Boulanger, La, 66.
Fêtes galantes, Les, 257.
Folie des grandeurs, La, 271.
Fric-frac, 40.

Garde à vue, 255, 276.
Gaspards, Les, 303-306.
Grand Blond avec une chaussure noire, Le, 131.
Grand Sommeil, Le, 88.
Grande Guerre, La, 257.
Grande Illusion, La, 71.
Grande Vadrouille, La, 265, 319.
Guerre des boutons, La 287.
Guerre et Paix, 27.
Gueule de l'autre, La, 293, 317-320.

Habit vert, L',49.
Harry dans tous ses états, 328.
Hellzapoppin, 207, 268.
Homme au complet blanc, L', 203.
Hôtel du Nord, 66.
Huitième femme de Barbe-Bleue, La, 66.

Impossible Mr Bébé, L', 66.

Jardin des Finzi-Contini, Le, 271.
Jean de la lune, 253.
Jeux interdits, 319, 320.
Jour se lève, Le, 11, 66.
Journal de Salavin, Le, 71.

Koko le clown, 205.

Lacombe Lucien, 31.
Lièvre et la tortue, Le, 42.
Ligne générale, La, 80.
Lucky Luke (Daisy Town), 246, 277.

Macao, l'enfer du jeu, 70.
Ma Femme est une sorcière, 257.
Marius, 41.
Mickey Pompier, 42.
Million, Le, 105, 257.
M le Maudit, 268.
Monsieur Verdoux, 88.
Monstres, Les, 203.
Mortelle Randonnée, 276.

Napoléon, 85.
Ninotchka, 88.
Noblesse oblige, 203.
Nuit américaine, La, 276.

Œuf, L', 268.
On ne meurt que deux fois, 255.
Out of the Inkwell, 205.

Pacific 231, 84.
Pigeon, Le, 203.
Popeye le marin rencontre Sinbad le marin, 204.
Portes de la nuit, Les, 80.

Quai des Brumes, Le, 66, 274.
Quai des Orfèvres, 88.
Quatre Mousquetaires, Les, 139, 168-170.

Raisins de la colère, Les, 88.
Rapaces, Les, 78.
Règle du jeu, La, 51, 66, 71.
Robin des Bois (Disney), 232.
Robin des Bois (Curtiz), 66, 67.
Roi, Le, 19.
Roses écarlates, 68.

Sherlock Junior, 207.
Si tous les gars du monde..., 319.
Silence est d'or, Le, 88, 106, 257.
Silly symphonies, 47.
Symphonie fantastique, La, 69.
Symphonie inachevée, 84.

Tempête sur l'Asie, 77.
Terminator 3, 51.
To be or not be, 88.
Tontons Flingueurs, Les, 254.
Tout le monde il est beau, tout le monde il est gentil, 278.
Trésor de la Sierra Madre, Le, 88.
Trois petits cochons, Les, 42.
Tueurs de dames, 203.
Un homme et une femme, 265.
Une aventure de Salvatore Rosa, 68.
Une étoile est née, 205.

Valseuses, Les, 306.
Viager, Le, 247, 277-290, 303-305.
Vignes du seigneur, Les, 253.
Visiteurs du soir, Les, 97.
Vous ne l'emporterez pas avec vous, 66.

Ouvrages consultés

Jean Carmet, *Ce semblant de journal*, Paris, Plon, 2001.
Raymond Castans, *Les Meilleurs Amis du monde*, Paris, Jean-Claude Lattès, 1985.
Dominique Chabrol, *Michel Audiard*, Paris, Flammarion, 2001.
Raymon Marillac (éd.), avec la collaboration de Pierre Tchernia, *Chronique de la télévision*, Tressilac, Éditions Chronique, 1986.
Jean-François Deniau, *Mémoires de sept vies*, Paris, Stock, 1994.
Philippe Durant, *Michel Audiard : la vie d'un expert*, Paris, Dreamland, 2001.
Dominique Froissant, *176, rue de l'Université*, Cogedim, s.d.
Les Grands témoins, INA, 1994.
Jacqueline Joubert, *Lettre à Emma*, Paris, Hachette littératures, 1980.
Levallois mémoires, ADEP Levallois.
Hervé Michel, *Les Grandes Dates de la télévision*, Paris, PUF, 1995.
Jacques Mousseau et Christian Brochand, *Histoire de la télévision française*, Paris, Nathan, 1982.
Jean-Marc Orin, *Seul sur la banquise*, Saint-Jean Richelieu (Canada), Éditions du Fleuve, s.d.
Roger Pierre, *Éclats de rire*, Paris, Presses de la cité, 1982.
Rdyé, Mougenot et Royer, *La Télé des allumés*, Paris, Aubier/INA, 1988.
Michel Serrault, *Vous avez dit Serrault ?*, Paris, Florent Massot, 2001.
Jean-Marc Thibault, *De mémoire d'homme*, Paris, Stock, 1996.

Table

À propos ... 9
Août 1994 ... 17
La famille ... 21
L'école ... 31
Magic Ciné ... 41
Le lycée ... 53
L'envie ... 65
L'ETPC ... 75
L'IDHEC ... 83
Au théâtre ... 87
Le Club ... 95
Zigzags ... 103
Le Journal télévisé ... 115
Cognacq-Jay ... 125
Jean Carmet ... 129
Les années 1950 ... 135
Les speakerines ... 145
Quelques amis ... 151
Gilles Margaritis ... 165
En direct de... ... 173
« La Boîte à sel » ... 179
« Cinq Colonnes à la une » ... 193
Rinetoc ... 203
Les années 1960 ... 209

Les Branquignols 217
Walt Disney 229
René Goscinny 241
Carambolages 251
Perce-Neige 259
« Monsieur Cinéma » 265
Le Viager 277
Les années 1970-1980 291
Idéfix 295
Les Gaspards 303
Marcel Aymé 307
La Gueule de l'autre 315
« Bonjour la télé ! » 321
« Les Enfants de la télé » 325
Après-propos 329

Index des noms 337
Index des émissions de télévision et téléfilms 347
Index des films de cinéma 349
Ouvages consultés 353

Composition et mise en pages réalisées
par ÉTIANNE COMPOSITION
à Montrouge

Impression réalisée sur CAMERON par
BRODARD ET TAUPIN
La Flèche

pour le compte des Éditions Fayard
en octobre 2003

Dépôt légal : octobre 2003
N° d'édition : 40356 – N° d'impression : 20807
ISBN : 2-213-61514-4
35-30-1714-1/01

Imprimé en France